COLEÇÃO
Direito PROCESSUAL na Ordem CONSTITUCIONAL

Entre a cruz e a espada

o Supremo Tribunal Federal diante do Presidencialismo de Coalizão e da Judicialização da Política

COLEÇÃO
Direito
PROCESSUAL
na Ordem
CONSTITUCIONAL

Coordenadores
Luiz Rodrigues Wambier
Fábio L. Quintas
Georges Abboud

Entre a cruz e a espada

o Supremo Tribunal Federal diante do Presidencialismo de Coalizão e da Judicialização da Política

Prefácio
Gilmar Ferreira Mendes

Kayo César Araújo da Silva

2020

EDITORA JusPODIVM
www.editorajuspodivm.com.br

EDITORA
*Jus*PODIVM
www.editorajuspodivm.com.br

Rua Território Rio Branco, 87 – Pituba – CEP: 41830-530 – Salvador – Bahia
Tel: (71) 3045.9051
• Contato: https://www.editorajuspodivm.com.br/sac

Capa: Marcelo S. Brandão *(santibrando@gmail.com)*

E61 Entre a Cruz e a Espada: O Supremo Tribunal Federal Diante do Presidencialismo de Coalizão e da Judicialização da Política / Francisco Mário – Salvador: Editora JusPodivm, 2020.
224 p. (Direito Processual na Ordem Constitucional / coordenadores Luiz Rodrigues Wambier, Fábio L. Quintas, Georges Abboud)

Inclui bibliografia.
ISBN 978-85-442-3304-7

1. Separação dos poderes. 2. Direito Constitucional. 3. Ativismo Judicial. I. Silva, Kayo César Araújo da. II. Wambier, Luiz Rodrigues. III. Quintas, Fábio L. IV. Abboud, Georges. V. Título.

CDD 341.233

Com carinho, esta produção é
inteiramente dedicada ao meu pai,
Carlos Rivaldo, à minha mãe, Magna Vieira,
e aos meus queridos irmãos, Adria Carina,
Carlos Kayque e Isabele Almeida.

AGRADECIMENTOS

Sou natural de Açailândia do Maranhão, cresci em Belém do Pará e me formei, como escritor, nas idas e vindas à capital federal (e não foram poucas as vezes que elas se deram). Aos meus queridos pais, Carlos Rivaldo e Magna Vieira, e irmãos, Carlos Kayque, Adria Carina e Isabele Almeida, dedico a formação e a conclusão desse livro. Não só pela educação dada, mas, também, pelo cidadão que deram conta de formar. Hoje, além de jurista com consciência social, sinto que estou apto a andar sozinho diante das incertezas que a vida, dia após dia, nos dá.

O período vivido no Instituto Brasiliense de Direito Público – IDP/DF trouxe, além de aprendizados, a possibilidade de conviver com grandes cabeças que, mais tarde, acabaram se tornando amigos queridos. Deles, destaco os amigos Eduardo Mundim, Samuel Sales Fonteles, Ezikelly Barros, Marcus Vinicius, José Guimarães Mendes Neto, Ariel Uarian, Fernando Torreão e Pedro Henrique. À vocês, o meu reconhecimento. Nas mais diversas situações, uniram vontade e disciplina para superar os variados desafios lançados pelo programa de pós-graduação.

A minha gratidão reside, também, na boa amizade dos amigos que tive que deixar em Belém do Pará, mas que, de longe, ajudaram a superar as dificuldades desta nova vida. Aos queridos Alisson Guimarães, Gerfison Soares Silva e Marcelo Carvalho, a feliz lembrança dos momentos legais que vivemos. Há um futuro lindo pela frente!

Repetindo o caminho que fiz há 5 anos atrás, direciono o meu agradecimento ao professor de história Marcio Marçal, por acreditar naquele jovem, até então, perdido nas inseguranças do ensino médio e ao professor de geografia Carlos Viana, por desenvolver, em mim, o início do espírito crítico que, hoje, me acompanha.

Não há como esquecer das professoras Patrícia Blagitz, Loiane Verbicaro e do professor Elísio Bastos, profissionais e professores dedicados que foram responsáveis por ter apresentado a este jovem escritor o Direito Constitucional. Foram, em suas tutorias, indicações e debates, que o amor pela disciplina nasceu e segue, até hoje, florescendo. À vocês, professores, o meu respeito e agradecimento!

Não poderia deixar de citar o querido professor Rafael Silveira e Silva e o eminente professor Paulo Gustavo Gonet Branco que, no ato da qualificação, dispuseram sua atenção e seu tempo na construção dos seguros comentários acerca de meu trabalho. Com toda a certeza, a formação intelectual foi facilitada pelas críticas recebidas no curso desta obra. Com a firmeza necessária, elas, jamais, serão esquecidas. Meu muito obrigado!

De modo especial, encaminho o agradecimento ao meu orientador, o professor Georges Abboud. Essencialmente, a gratidão pelo acompanhamento reside na confiança, conversa e atenção destinada à produção deste trabalho.

Devo reconhecer que, desde o primeiro dia, a liberdade de pensamento e o espírito crítico estiveram presentes na parceria. A cada conversa, barreiras eram quebradas e o sentimento de que a conclusão do trabalho era possível, dia após dia, era reforçada. Hoje, o meu primeiro livro (de muitos que virão) está aqui: pronto! A você, professor Georges, meu muito obrigado pelo acompanhamento e por auxiliar no desenvolvimento crítico desta obra.

Por fim, à Editora Juspodivm e à toda a sua equipe editorial, estendo o agradecimento pelo profissionalismo demonstrado e pela tranquilidade que o processo de elaboração se deu.

Agora, à leitura!

Belém/PA, 11 de fevereiro de 2020.

Kayo César Araújo da Silva

"O Poder Legislativo é o grande poder do Estado; é o poder que elabora a lei; é o poder que julga os presidentes e os destitui; é o poder que verifica as eleições presidenciais; é o poder que nomeia os membros da mais alta magistratura republicana; é o poder dos poderes: tem por limite unicamente os limites que a Constituição lhe traça e a Justiça, que é o intérprete da Constituição, lhe interpreta."

Ruy Barbosa

PREFÁCIO

Em sistemas de governo presidencialistas e, especialmente, em nosso modelo, as eleições para a Chefia do Executivo e para o Parlamento são independentes. Daí afirmar-se que essa sistemática vigente no Brasil não é o governo resultado de uma maioria parlamentar, mas esta, a maioria parlamentar, é que deve ser conquistada pelo Governo eleito.

Do mesmo modo, a base de apoio parlamentar do governo pode modificar-se no curso da legislatura, por meio de defecções de alguns partidos, o que é bastante comum. Isso significa que, no Brasil, a relação governo-oposição, ou maioria-minoria, muitas vezes é alterada no curso de uma mesma legislatura.

Nesse cenário, é válido mencionar o alerta de Carl Schmitt sobre a necessidade de se manter vivo o princípio da igualdade de chances para se alcançar a maioria parlamentar, sobretudo, em proteção às minorias que se encontrem fora da coalizão governamental e, especialmente, de se garantir a efetividade da deliberação de uma possível nova maioria.

Uma das principais atribuições de uma Corte Constitucional, como asseguradora da liberdade em seu sentido positivo, isto é, do próprio exercício da democracia, é a proteção dos direitos da minoria, inclusive parlamentar, uma vez que vivemos sob o regime representativo.

À vista disso, esta obra cumpre a importante tarefa de analisar a atuação do Supremo Tribunal Federal em meio a essa relação entre os Poderes, com uma abordagem aprofundada, desde a origem do nosso sistema de governo, dos contornos institucionais que propiciaram o atual modelo de Presidencialismo de Coalizão.

Nesse sentido, fundamental é o estudo realizado acerca do fenômeno da judicialização da política e do ativismo judicial no Brasil, que é complementado com um estudo empírico da jurisprudência do STF sobre as ações ajuizadas por partidos políticos com representação no Congresso Nacional, em face de Medidas Provisórias ajuizadas pelo Presidente da República.

Assim, esta obra, escrita por este competente autor, com atenção e zelo de quem bem acompanha os passos do Supremo Tribunal Federal, permite ao leitor conhecer uma relação intrínseca do sistema de governo brasileiro entre os partidos da coalizão e a agenda política do governo, que sempre esteve na pauta da nossa Suprema Corte e, para que se garanta a observância das garantias constitucionais do Estado Democrático de Direito, deve ser verificada com atenção.

Desejo a todos uma ótima leitura!

Gilmar Ferreira Mendes

Ministro do Supremo Tribunal Federal
Professor de Direito Constitucional de graduação e pós-graduação da Faculdade de Direito da Universidade de Brasília e do Instituto Brasiliense de Direito Público.

LISTA DE ABREVIATURAS

ADIn – Ação Direta de Inconstitucionalidade

AM – Amazonas

ARENA – Aliança Renovadora Nacional

BA – Bahia

CADE – Conselho Administrativo de Defesa Econômica

CEBRAP – Centro Brasileiro de Análise e Planejamento

CF – Constituição Federal

CLT – Consolidação das Leis Trabalhistas

Conab – Companhia Nacional de Abastecimento

CPC – Código de Processo Civil

CR – Constituição Republicana

CVRD – Companhia Vale do Rio Doce

DEM – Democratas

DF – Distrito Federal

DNIT – Departamento Nacional de Infraestrutura de Transportes

EC – Emenda Constitucional

EUA – Estados Unidos da América

FHC – Fernando Henrique Cardoso

FNSP – Fundo Nacional de Segurança Publica

INPI – Instituto Nacional da Propriedade Industrial

MP – Medida Provisória

NECI – Núcleo de Estudos Comparados e Internacionais

OAB – Ordem dos Advogados do Brasil

ONU – Organização das Nações Unidas

PB – Paraíba

PC do B – Partido Comunista do Brasil

PDC – Partido Democrata Cristão

PDS – Partido Democrático Social

PDT – Partido da Democracia Trabalhista

PFL – Partido da Frente Liberal

PL – Partido Liberal

PMDB – Partido do Movimento Democrático Brasileiro

PPS – Partido Popular Socialista

PR – Partido Republicano

PSB – Partido Socialista Brasileiro

PSDB – Partido da Social Democracia Brasileira

PSL – Partido Social Liberal

PSOL – Partido Socialismo e Liberdade

PT – Partido dos Trabalhadores

PTB – Partido Trabalhista Brasileiro

PV – Partido Verde

RJ – Rio de Janeiro

SD – Solidariedade

STF – Supremo Tribunal Federal

USP – Universidade de São Paulo

LISTA DE ILUSTRAÇÕES

LISTA DE TABELAS

SUMÁRIO

1

INTRODUÇÃO

O Brasil, como todas as sociedades modernas, vem assistindo, ao longo da maturação de sua Democracia constitucional, um ambiente que constantemente oferta um ambiente facilitador às judicializações das demandas políticas.

Diversos são os atores políticos que, ao vislumbrarem esse espaço de questionamento, passam a provocar o Supremo Tribunal Federal (STF) a fim de projetar, por meio do jurídico, clara intervenção no campo das opções políticas. Dessas tantas opções, destacam-se as edições pelo Presidente da República das Medidas Provisórias, quando organiza ao país a agenda política eleita pelo voto popular.

É nesse cenário que a oposição, por meio dos partidos políticos, passa a oferecer resistência nas vias de diálogo dentro do Congresso Nacional, como, também, questionar essas opções junto do Poder Judiciário, levando para dentro do Supremo Tribunal Federal, as tentativas mais variadas de obstrução, de trancamento ou, até mesmo, de reversão da aludida opção presidencial. Para este último, ao que se ver, é tentativa de configurar no desempenho da atuação judicial do Supremo Tribunal Federal o mais novo local de repescagem das desmandas perdidas na política.

É importante registrar que esse movimento passou a se notabilizar, de maneira mais comum, no curso do primeiro governo de Fernando Henrique Cardoso (FHC), após o 1º de janeiro de 1995, que, no exercício de suas funções constitucionais, teve de lidar com uma série de ações diretas de inconstitucionalidade ajuizadas pelos partidos políticos de oposição, a fim de questionar se as famigeradas Medidas Provisórias editadas teriam o lastro da constitucionalidade (ou não).

Ao longo dos últimos 25 anos de nossa Democracia Presidencialista, o Supremo Tribunal Federal, ao receber estes questionamentos, de maneira variável, acabou acolhendo alguns desses pedidos. Em alguns deles e – de maneira cautelar – optou por suspender a vigência dos termos lançados pela Medida Provisória (MP), principal instrumento concretizador da agenda política do governo.

Esses posicionamentos que suspendiam (ou não) os efeitos das Medidas Provisórias acabaram gerando na comunidade jurídica um número elevado de questionamentos acerca da autorização constitucional que a Suprema Corte brasileira teria para suspender o diploma respectivo.

Foi vislumbrando a relação direta gerada no atrito causado pelo Presidencialismo de Coalizão e pelo perfil de atuação do Supremo Tribunal Federal que essa dissertação decidiu investigar se a Suprema Corte brasileira, ao avaliar os pedidos de inconstitucionalidade propostos pelos Partidos Políticos com representação no Congresso Nacional, acabara sendo ativista (ou não) em suas decisões.

Questiona-se, então, se o Supremo Tribunal Federal, ao suspender a vigência das Medidas Provisórias no curso do mandato de quem as editou, usando do álibi provocado pela Judicialização da Política, acabara pondo no conteúdo das suas decisões critérios voluntaristas à revelia do que disporia a legislação de regência.

O estudo, então, busca esclarecer o questionamento desvelando a tese com alguma predominância no ambiente cientifico e político de que seria, o Supremo Tribunal Federal, o principal acolhedor das demandas políticas formuladas pelos Partidos Políticos, que evidenciaria uma possível transferência do centro decisório do plenário do Congresso Nacional para dentro do Pleno do Supremo Tribunal Federal.

Diante da ausência de estudos específicos que indiquem não só a influência do Presidencialismo de Coalizão no perfil de atuação da Suprema Corte, como também, o registro se determinada atuação judicante teria sido (ou não) ativista, o escrito busca, em quatro partes, contribuir com suas análises na busca por maior racionalidade ao debate, pondo luz na atuação do Supremo Tribunal Federal.

Na primeira parte, o estudo situa as suas raízes nas razões que teria levado o Constituinte Originário a produzir um sistema político absolutamente próprio. Para isso, rememora o ambiente pós-Golpe de 64, situação essa marcada pela violência da atuação do Estado e com gravíssimas restrições à imprensa, às artes, além do banimento da atividade política e violenta perseguição aos opositores do regime, situações estas que, além de produzir gravíssima crise de legitimidade, se pôs como fundamental para as mais variadas aspirações pela redemocratização do país.

Partindo da eleição dos Governadores em 1982 e do movimento das Diretas-Já em 1984, o estudo explica como esses eventos teriam se tornado essenciais à demanda pelo direito ao voto e, consequente, convocação da Assembleia Nacional Constituinte, fazendo surgir uma nova república que teria como pressuposto a manutenção do modelo, a convivência, numa mesma praça, entre os governos civis e a Democracia.

Narra-se, então, que após a gravíssima enfermidade que teria acometido o presidente eleito, Tancredo Neves, José Sarney acabou veio a ser empossado como Presidente da República e, tão logo investido no cargo, teria enviado ao Congresso Nacional mensagem buscando convocar uma Assembleia Nacional Constituinte.

A dissertação, então, explica como a mecânica de formação institucional teria preferido – de início –, na Assembleia Nacional Constituinte, a adoção do Parlamentarismo, rememorando o processo de esvaziamento das funções legislativas do Congresso Nacional e, decorrente, crescimento das funções do Poder Executivo à época do regime militar, o qual acabou atingindo o seu ápice com a publicação do Ato Institucional nº 5, 13 de dezembro de 1968, que teria decretado recesso do Congresso Nacional.

Esses fatores, conforme se vê, acabaram empurrando, para dentro da Assembleia Nacional Constituinte, a necessidade de um sistema político que viabilizasse a harmonia entre os poderes da república. Estava, na busca pelo consenso, as razões que teriam levado o Constituinte em aderir ao projeto de um país Parlamentarista.

Mas foi nos debates lançados pela Emenda Lucena, entendida, até então, como a pedra de toque do atual Presidencialismo de Coalizão, que a mudança pela opção se deu. Em suma, ofertava, ao Poder Legislativo, a possibilidade de atender as vozes das ruas, que pedia o direito de voto ao Presidente da República, como também, o dever constitucional de controle do poder dele, ao ter a função constitucional de escrutinar a Medida Provisória e, consequentemente, convertê-las em lei. Era a máxima aspiração de controle do poder pelo próprio poder: Estava, ali, desenhado o sistema político que vigeria no texto constitucional de 1988.

Esta primeira parte conclui registrando que a Constituição Federal (CF) de 1988, apesar de imperfeita, lançou para o presente uma promessa de um país novo. Pelas circunstâncias históricas, o Constituinte acabou produzindo um texto fundamental essencialmente presidencialista, mas com fortes traços parlamentaristas. Esse era o início do tipo de Presidencialismo que, mais tarde, veio a ser insculpido no coração do texto constitucional.

Após fixar as razões na formulação da engenharia institucional, a segunda parte evidencia quais seriam os pressupostos desse novo sistema político, alcunhado por Abranches, em novembro de 1987, como Presidencialismo de Coalizão. O início desta seção é marcado pela fixação de alguns conceitos essenciais à marca do Presidencialismo de Coalizão que acabou nascendo após o ajuntamento, pelo Constituinte, do "[...] presidencialismo, do federalismo, do bicameralismo, do multipartidarismo e da representação proporcional [...]"[1], sendo, então, um sistema instável e de alto risco, cuja sustentação, quase exclusivamente, se basearia no desempenho corrente do governo em dar respostas rápidas e efetivas às demandas da sociedade moderna.

Para isso, o escrito constrói o seu raciocínio mostrando haver, nas mãos do Presidente da República, instrumentos essenciais para a consecução da agenda política, dispostos nos regimentos internos das Casas Legislativas, nos estatutos partidários e no Texto Constitucional, como é o caso da Medida Provisória, fazendo gerar, rumo ao Congresso Nacional, processo de submissão à pauta do proposta pelo Poder Executivo. Ele explicita também, no caminho das bases do Presidencialismo de Coalizão, como são feitas as coalizões, a fim de aprovar, durante a execução do modo de governar, as bases da agenda eleita pelo voto popular.

Ao final, o capítulo demonstra as cinco fases do sistema político e como os custos da governabilidade passaram a gerar, para dentro do funcionamento do modelo, mudança na forma como ele é compreendido pela sociedade civil.

Se antes o sistema era visto como solução para a superação dos custos impostos pela Democracia constitucional, a partir de 2010, os pesos desta escolha acabaram gerando na forma, a razão para pôr o Presidencialismo de Coalizão como grande vilão.

É nesse ambiente, marcado pelo fato que mostra que as instituições brasileiras não teriam sido "desenhadas para vetar, para paralisar"[2], que a hegemonia do Poder Executivo se evidencia, gerando, além do decréscimo de qualidade na Democracia, efeito

---

1 ABRANCHES, Sérgio Henrique H. de. O presidencialismo de coalizão: o dilema institucional brasileiro. **Revista de Ciências Sociais**, Rio de Janeiro, v. 31, n. 1, p. 5-38, 1998. p. 10.

2 LIMONGI, Fernando. A democracia no Brasil: presidencialismo, coalizão partidária e processo decisório. **Novos estudos – CEBRAP**, São Paulo, n. 76, p. 32, nov. 2006. Disponível em: <http://dx.doi.org/10.1590/S0101-33002006000300002>. Acesso em: 20 jan. 2018.

rebote às mãos do Supremo Tribunal Federal que, já a mais de 2 décadas, vem sendo constantemente convidado a responder diversos questionamentos lançados pelos partidos políticos, sobretudo os de oposição, toda vez que uma insatisfação com o modo de governar se apresenta, acabando por transbordar, para dentro do Plenário da Suprema Corte brasileira, a eminente tensão gerada na relação Executivo-Legislativo, vista na forma como esses assuntos são tratados pelo Supremo Tribunal Federal.

Entrando na terceira parte, o estudo passou a fixar as bases para o conhecimento do que viria ser judicialização da política e ativismo judicial. Para tanto, reestabelece o cenário caótico do século XX, marcado – em grande medida – pela ocorrência das duas grandes guerras, seguido pelos regimes totalitários, indicando, ao final, como esses eventos influenciaram na construção futura das sociedades democráticas.

Estando presente no sistema jurídico da Common Law e o modelo de *judicial review*, somado à superação pura e simples do paradigma positivista, e, consequentemente, do silogismo como fundamento para a resolução de conflito, o paradigma pós-positivista aparece, buscando ultrapassar a concepção autoritária até chegar no modelo que melhor fizesse justiça a esses direitos em nível teórico moderno. Desse modo, cita-se, como responsável pela formulação do paradigma, Friedrich Muller e sua Teoria Estruturante do Direito que buscava, diante dos equívocos do passado, privilegiar as bases do Estado Democrático de Direto.

Posteriormente, o capítulo dedica atenção a demonstrar quais as condições que facilitariam a judicialização da política em âmbito mundial e, posteriormente, quais teriam instigado, no cenário brasileiro, a expansão do poder judicial. Então, o estudo, após deixar claro o que viria ser a judicialização da política, dedicou atenção a necessária distinção com aquilo que convencionou-se chamar de ativismo judicial.

Ultrapassando variados significados e distinções ao emprego do mesmo termo, localizou-se existir evidente poluição semântica no emprego do sentido desse. O tópico em questão fixa entendimento abalizado que acaba por orientar o ativismo judicial na tensão entre o *judicial review* e o *self-restraint*, sendo considerado ativista quando o interprete decide realizar o controle de constitucionalidade "[...] quando não o deveria ter feito bem como quando deixar de efetuar o controle nas hipóteses que, juridicamente, deveria fazê-lo."[3]

Outrossim, o conceito essencial de ativismo é verificando quando a postura jurídica é viabilizado a partir da suspensão dos termos da legalidade vigente (CF + leis) para fazer prevalecer, em seu conteúdo, a própria subjetividade do julgador, seja ela de viés ideológico, político, religioso e etc., criando, assim, estado de exceção hermenêutico marcado por atividades arbitrárias, fato absolutamente lesivo à Democracia.

A quarta e última parte do trabalho dedica-se, especificamente, a repercutir como a Judicialização da Política ocorre nas democracias presidencialistas e quais os reflexos, disso, no formato de decisão do Supremo Tribunal Federal.

Após evidenciar o formato comportamental próprio dos Poderes da República, claramente descrito pelo acúmulo de instrumentos às mãos do Presidente da República, como o exemplo da Medida Provisória que possibilita centralização da agenda política do país, e o pouco poder de reação por parte da oposição política, mostra-se que o protelamento/questionamento das opções do Presidente da República, acaba por ser uma das poucas formas possíveis de reação à essa imposição constitucional.

Assim, a oposição, tendo ciência desse fato constitucional, antevendo perder o embate no campo da política, tende a convidar o Supremo Tribunal Federal a se posicionar como grande árbitro do conflito, tentando, por lá, suspender a vigência das Medidas Provisórias editadas pelo Presidente da República.

---

3 ABBOUD, Georges. **Processo constitucional brasileiro**. 2. ed. São Paulo: Revista dos Tribunais, 2018. E-book.

Faz-se necessária, assim, uma análise quantitativa e qualitativa dos dados coletados no sítio eletrônico do Supremo Tribunal Federal desde 1º de janeiro de 1995 à 22 de novembro de 2019, objetivando questionar se a Suprema Corte brasileira, quando recebia as Ações Direitas de Inconstitucionalidade ajuizadas por Partidos Políticos, se portava como gabinete de repescagem às demandas perdidas da política ou se prosseguia honrando o seu dever de guarda constitucional.

Esmiúça-se dentro do lapso temporal dos últimos 25 anos, um total de 3.914 decisões em sede de Ação Declaratória de Inconstitucionalidade. Destas tantas, um total de 148 ações, propostas por partidos políticos com representação no Congresso Nacional, levaram as Medidas Provisórias editadas pelo Presidente da República para a análise do STF.

Destas 148 ADIs, o STF, em 19 ações distintas e dessa natureza, mandou suspender cautelarmente a vigência das Medidas Provisórias no curso do mandato presidencial de quem as editou.

Questiona-se assim, se esses provimentos, ao suspender a legislação em vigor, poderiam ser alcunhados como ativistas, o que, em palavras finais, carregaria rumo a atuação do Supremo Tribunal Federal, a pecha de violador da função constitucional de guarda do texto fundamental.

A dissertação, para isso, buscando analisar a relação existente entre estes Poderes, o faz com base em acervo bibliográfico (livros, periódicos e artigos publicados na literatura especializada), nos materiais produzidos pelo Núcleo de Estudos Comparados e Internacionais (NECI) da Universidade de São Paulo (USP), que desenvolve o projeto Instituições Políticas, Padrões de Interação Executivo-Legislativo e Capacidade Governativa, especializado em explicitar os efeitos causados pelo uso do papel legislativo pelo Poder Executivo e o que isso vem acarretando no perfil do Legislativo, além da Jurisprudência do Supremo Tribunal Federal.

O Estado Democrático de Direito exige dos poderes da república comportamentos que respeitem o texto constitucional.

Ao Poder Judiciário, exige-se postura que confira privilégio aos pactos democráticos (Constituição e Legislação), o que, por consequência lógica, acaba gerando no exercício de sua função, a vedação da atuação que suspenda o primado da lei pôr raciocínios volitivos, discricionários e subjetivistas.

O Direito é o início, o meio e o fim, cabendo, ao Poder Judiciário, atuar de maneira transparente no exercício de sua atuação, respeitando, sobretudo, a Constituição Federal de 1988.

2

O BRASIL, O GOLPE DE 1964 E A CONSTITUIÇÃO DE 1988: DOS ANTECEDENTES HISTÓRICOS À ASSEMBLEIA NACIONAL CONSTITUINTE COMO A MAIS NOVA UNANIMIDADE NACIONAL

A década de 60 do século passado ficou marcada pela ocorrência dos mais variados fatos que iam desde a Revolução Cubana, que instaurava – com apoio soviético – o primeiro regime socialista da América Latina, passando pela intensificação do conflito militar na Indochina, aos assassinatos dos irmãos John e Robert Kennedy e do Pastor Martin Luther King nos Estados Unidos (EUA), até as crises dos mísseis em cuba. Em cada um desses eventos, o mundo seguia sendo sacudido pelos diversos acontecimentos políticos.

> Nas esferas militar, cientifica, tecnológica e social, outros eventos espetaculares de grandes mudanças ocorreram nessa década, do lançamento do Sputnik pela ex-união soviética e a contrapartida norte-americana materializada na chegada do homem à Lua, à revolução dos costumes (representada pela liberalização da conduta feminina, com a revolução sexual, a qual se exemplificaria pelo uso da minissaia e da pílula anticoncepcional), que teve como um de seus episódios mais representativos, entre

> outros, a realização do festival da Woodstock. Não bastassem todos os acontecimentos mencionados, não se pode esquecer a Revolução Cultural na China e o erguimento do Muro de Berlim no auge da Guerra Fria.[1]

Toda essa miríade de acontecimentos não se negaria a bater na porta da América do Sul e, consequentemente, impor as suas facetas desta polarização. Como reflexo da Revolução Cubana de 1959, "[...] num contexto de uma espécie de 'guerra civil internacional', surgiram os regimes militares do Brasil (1964), do Peru (1968), da Bolívia (1971), do Chile (1973), do Uruguai (1973) e da Argentina (1976) [...]"[2], passando, todos, a se alinhar ao lado dos EUA na guerra contra a expansão do comunismo.

Distintas são as formas de análise das razões levadas pelo regime burocrático-autoritário, na noite do 31 de março de 1964, a instaurar, através do Golpe de 64, 21 anos[3] de Ditadura no Brasil. Em São Paulo, o Comandante do II Exército, Amaury Kruel, junto com seus generais, anunciava, na noite do 31 de março de 1964, a execução do golpe militar no Brasil que sob o seu comando, "[...] coeso e disciplinado, unido em torno de seu chefe, acaba de assumir atitude de grave responsabilidade com o objetivo de salvar a pátria em perigo, livrando-a do julgo vermelho [...]"[4] mirando, assim, a artilharia à deposição do governo de João Goulart.[5]

---

1 PEIXOTO, João Paulo Machado. **Presidencialismo no Brasil**. Brasília: Senado Federal, 2015. p. 25.

2 Ibid., p. 25-26.

3 A intervenção militar no Brasil iniciou-se em 31 de março de 1964, durando, até o 15º dia do mês de março de 1985, data da posse de José Sarney, primeiro presidente da república, pós regime ditatorial.

4 FRAGA, Plinio. **Tancredo Neves, o Príncipe Civil**. Rio de Janeiro: Objetiva, 2017. p. 384.

5 Ao falar sobre governo de João Goulart (1961-1964), Peixoto aduz que, à época, existia uma crise estrutural no país a provocar um colapso em seu governo populista. Em suas linhas, "[...] havia uma crise política, econômica e social na qual a crescente fragmentação do sistema partidário, uma crise de autoridade sem precedentes nas Forças Armadas [...] foram fatores determinantes para a ruptura do regime democrático. Ademais, esses fatores domésticos, aliados aos

Com apoio dos EUA[6], reacionários da sociedade civil executaram um processo de insurreição militar traçado por Kruel. Mas foi, à revelia do movimento golpista, que o general Olympio Mourão Filho, comandante da 4ª Região Militar, sediada em juiz de fora, decidiu pôr sua tropa em marcha rumo ao Rio de Janeiro, objetivando, de maneira clara, retirar o poder do presidente Goulart[7]. Atento a essa movimentação, viajara do Rio de Janeiro para Brasília e, de lá, para Porto Alegre, local em que Leonel Brizola organizava resistência ao golpe militar que seguia tomando corpo neste país.

Nesse ínterim, da tribuna da casa legislativa, o Presidente do Senado Federal, Auro de Moura Andrade, convocara sessão conjunta e secreta no Congresso Nacional e, na madrugada do dia 2 de abril de 1964, "[...] nos termos da Constituição para o fim de restaurar, na pátria conturbada, a autoridade do governo, a existência de

---

internacionais, sintetizados na Guerra Fria, também, produziram os fatos que levaram os militares a tomarem o poder, não mais na condição de 'moderadores' como no passado – mas como 'dirigentes', pela primeira vez no século XX." Toledo, ao se referir a João Goulart, narra que o governo nasceu, conviveu e morreu sob o espectro d´um golpe de Estado. PEIXOTO, João Paulo Machado. **Presidencialismo no Brasil**. Brasília: Senado Federal, 2015. p. 24; TOLEDO, Caio Navarro de. 1964: o golpe contra as reformas e a democracia. **Revista Brasileira de História**, São Paulo, v. 24, n. 47, p. 13-28, 2004. Disponível em: <http://ref.scielo.org/gf64j5>. Acesso em: 8 jun. 2018. p. 17.

6 Schwarcz e Starling, quando fala sobre a Operação Brother Sam, explica se tratar de plano de ação preparado por Washington, com a cumplicidade de militares brasileiros para providencias e de apoio a todos os golpistas. Segundo informa, tinha a orientação de se "[...] dividir e, três ao atingir as águas brasileiras: uma parte dos navios deveria chegar ao porto de Santos, outra ao Rio de Janeiro e a terceira a Carapebus, perto de Vitória, no Espirito Santo. A determinação era somente de apoio logístico, sobretudo em caso de resistência prolongada." SCHWARCZ, Lilia Moritz; STARLING, Heloisa Murgel. **Brasil**: uma biografia. São Paulo: Companhia das Letras, 2015. p. 446.

7 Gaspari é categórico quando afirma que o desmanche do governo Goulart, ao menos virtualmente, aconteceu no 1º de abril de 1964, as 4 da tarde, quando pode se ver 5 cinco tanques M-41, do 1º Regimento de Reconhecimento Mecanizado, realizando percurso emblemático das derrotas, indecisões e vitórias da jornada. GASPARI, Elio. **A Ditadura envergonhada**. São Paulo: Companhia das Letras, 2002. p. 110.

governo [...]"[8], após reconhecer a vacância do cargo de Presidente da República, declarou o Presidente da Câmara dos Deputados, Ranieri Mazzilli, o novo Chefe do Poder Executivo.

Tancredo Neves, sabendo que Jango estaria no território nacional, aos gritos, informara a farsa da sessão, fator este que acabaria vedando, então, a supressão de seus direitos como Presidente da República. O Presidente do Senado Federal, ao ouvir, titubeou e, em resposta, "[...] cortou o som, apagou as luzes do congresso (optando) por consumir o golpe [...]"[9]. Agora, as Forças Armadas passariam a ter poderes imperiais (nunca vistos, até então).

No dia 9 de abril de 1964, o governo, ao autoproclamar-se como sendo um movimento civil-militar que, se investiu no exercício do Poder Constituinte Originário, representado pelo Comando Supremo da Revolução, editou o Ato Institucional nº 1. No papel, indicando buscar a paz e a proteção da honra nacional, passou a autorizar que fosse sustado diversas disposições constitucionais, dos quais, destacam-se a suspensão dos direitos políticos, a cassação de mandatos eletivos, além do reestabelecer, nas mãos do Chefe do Executivo, o poder de decretar Estado de Sítio, e a relativizar as garantias de estabilidade e vitaliciedade.

De 1964 a 1985, o povo brasileiro se viu obrigado a ter de conviver com as gravíssimas restrições, das quais, destacam-se as censuras à liberdade, à imprensa e às artes, além do banimento da atividade política e violenta perseguição aos opositores do regime. Era assim que o regime militar governava.

---

8 Discurso do Presidente do Congresso Nacional, Auro de Moura Andrade, declarando vago à cadeira de Presidência da República, até então ocupada por João Goulart. A integra do discurso pode ser vista em ANDRADE, Auro Moura. Na presidência do Congresso Nacional, declara vaga a Presidência da República. In: GRANDES momentos do parlamento brasileiro. Brasília: Senado Federal, 1998. v. 1, CD 4.

9 SCHWARCZ, Lilia Moritz; STARLING, Heloisa Murgel. **Brasil**: uma biografia. São Paulo: Companhia das Letras, 2015. p. 447.

Mas foi objetivando assegurar "[...] autêntica ordem democrática, baseada na liberdade, no respeito à dignidade da pessoa humana, no combate à subversão e às ideologias contrárias às tradições de nosso povo, na luta contra a corrupção"[10], que o Ato Institucional nº 5, de 13 de dezembro de 1968[11], acabou instrumentalizando o Estado com sua a veste mais violenta.

As ruas, gradativamente e contrariando os acontecimentos, passaram a ser tomadas pela população a partir da eleição dos Governadores em 1982 e, com muito mais força, em 1984, nas Diretas-Já[12-13], quando movimentos sociais e políticos, ao se unirem, passaram a realizar manifestações públicas em formatos de comícios, passeatas, caravanas e etc., reivindicando não só "[...] uma nova ordem constitucional que refizesse o pacto político-social [...]"[14], mas, também, o

---

10 Trecho retirado do preâmbulo do Ato Institucional nº 5, de 13 de dezembro de 1968. BRASIL. Presidência da República. Ato Institucional nº 5. **Diário Oficial da União**: Brasília, 13 dez. 1968. Seção 1, p. 10.801.

11 Das funções que o AI-5 passava a conferir ao Presidente da República, destaca-se a expressa autorização de promover, por conta própria, o fechamento do Congresso Nacional, o poder de intervir nos Estados e nos Municípios, além de poder cassar mandatos parlamentares, suspender, por dez anos, os direitos políticos de qualquer cidadão, passando a autorizar a decretação do confisco de bens considerados ilícitos, além de matar a garantia do *habeas corpus* em todo território.

12 Para uma leitura mais apurada sobre o fato, recomendo o "Eu quero votar para presidente": uma análise sobre a Campanha das Diretas, de Edison Ricardo Emiliano Bertoncelo.

13 Esse movimento político carregava, consigo, crença consolidada na teoria social "[...] de que o ressurgimento da sociedade civil no momento da campanha pelas 'Diretas Já' teria sido determinante para a inédita permeabilidade do processo constituinte brasileiro de 1987-88." MUDROVITSCH, Rodrigo de Bittencourt. Poder executivo forte. **Observatório da Jurisdição Constitucional**, [S.l.], v. 1, p. 73-83, 2014. p. 7.

14 SILVA, José Afonso da. Prefácio. In: LIMA, João Alberto de Oliveira; PASSOS, Edilenice; NICOLA, João Rafael. **A gênese do texto constitucional**. Brasília: Senado Federal, 2013. p. xx.

direito de votar para Presidente da República[15]. Ficava claro a união de forças políticas por um novo Brasil!

Foi imerso nessa lógica que a busca pela redemocratização do país orquestrava o seu caminho. Inicialmente, ela aconteceu pelas mãos do Deputado Federal Dante Martins de Oliveira que, buscando registrar no texto constitucional eleições diretas para sucessão do general Figueiredo no final de 1984, apresentou a Proposta de Emenda à Constituição nº 5, no dia 18 de abril de 1983.

Após intensa pressão e mobilização por parte dos militares, a sessão que votava a Emenda Dantes de Oliveira foi esvaziada e, do total de congressistas, 113 deputados federais acabaram não aparecendo na sessão, faltando quórum para aprovação da emenda. Formalmente, o sentimento morria. Mas, substancialmente, não.

Tancredo Neves, naquela situação, acabou vindo a ser escolhido para representar uma coligação de partidos de oposição reunidos na Aliança Democrática que, àquela época, vislumbrava disputar a eleição indireta produzida pelo Colégio Eleitoral.

Depositando a vontade de virar a página do passado, o congressista carregava consigo a promessa de convocação à Assembleia Nacional Constituinte. Foi neste ambiente que Tancredo Neves saiu do pleito eleitoral vitorioso[16] e com totais condições de instaurar uma Nova República, reunindo, numa mesma praça, os governos civis e a Democracia.

---

15 A existência do pleito pela redemocratização não era novidade, até então. Todavia, o que a realidade institucional demonstrava, era de que "[...] sempre que as tentativas de democratização se chocavam publicamente com a ditadura [...]", era de prevalecer os termos da ditadura. GASPARI, Elio. **A Ditadura envergonhada**. São Paulo: Companhia das Letras, 2002. p. 22.

16 Por 480 votos a 180, Tancredo Neves, do Partido do Movimento Democrático Brasileiro (PMDB), venceu a disputa contra Paulo Maluf, candidato do Partido Democrático Social (PDS), partido de sustentação política do governo militar, sucessor da Aliança Renovadora Nacional (ARENA).

Mas, antes de tomar posse, uma súbita enfermidade levou o falecimento de Tancredo Neves[17], fazendo com que o Vice-Presidente, José Sarney, viesse a ser empossado, em 15 de março de 1985, para exercer o mandato de seis anos.

Apesar da proximidade com o regime militar, José Sarney cumpriu com a promessa central da chapa eleita. Foi, em seu mandato, que as eleições passaram a ter a marca do voto popular. Agora, como o mais novo Presidente da República, Sarney enviou, no dia 27 de junho de 1985, ao Congresso Nacional, a Mensagem nº 330 propondo convocação da Assembleia Nacional Constituinte.

Em resposta, por meio da Emenda Constitucional (EC) nº. 26/85, as Mesas do Senado Federal e da Câmara dos Deputados determinaram que os membros das duas casas legislativas, então, se reunissem, de maneira unicameral, em Assembleia Nacional Constituinte, a fim de produzir o novo texto fundamental.

Esse novo texto, em suma, nascia objetivando reequilibrar a relação entre o poder estatal e os direitos fundamentais do homem, balanceando a relação existente entre o poder central e os poderes regionais e locais, como também, a relação existente entre os poderes (especialmente, entre o Legislativo e o Executivo).

Segundo Silva, naquele momento, O Brasil passava pela situação constituinte, que se caracterizava pela "[...] necessidade de

17 Schwarcz e Starling lembram bem como foi esse período. Segundo ela, "[...] enquanto Tancredo enfrentava a primeira cirurgia e o Brasil entrava em estado de choque, o PMDB agiu para garantir a transmissão do cargo. A constituição determinava que a sucessão seguisse do presidente para o vice-presidente e, na falta deste, para o presidente da Câmara dos Deputados – no caso, Ulysses Guimarães. Por uma única vez, o general Figueiredo e o grupo dos autênticos do PMDB se puseram de acordo: se Tancredo não havia assumido, seu sucessor legal era Ulysses Guimarães. Mas Ulysses recusou. Alegou prognósticos dos médicos de que Tancredo estaria em condições de tomar posse em 48 horas – divulgado pelo secretário particular de Tancredo, Aécio Neves, pela televisão. E insistiu para que Sarney assumisse e exercesse temporariamente o governo. Convenceu todo mundo." SCHWARCZ, Lilia Moritz; STARLING, Heloisa Murgel. **Brasil**: uma biografia. São Paulo: Companhia das Letras, 2015. p. 487.

criação de normas fundamentais, consagradoras de nova ideia de direito, informada pelo princípio da justiça social, em substituição ao sistema autoritário que nos vinha regendo havia já cerca de vinte anos."[18] A conclusão é de que:

> Aquele espírito do povo, que transmuda em vontade social, que dá integração à comunidade política, já se despertara, como sempre acontece nos momentos históricos de transição, em que o povo reivindica e retoma o seu direito fundamental primeiro, qual seja, o de manifestar-se sobre a existência política da Nação e sobre o modo desta existência, pelo exercício do poder constituinte originário.[19]

O desejo pela Constituinte se posicionava, nos quatro cantos do país, como "a mais nova unanimidade nacional."[20] Foi, assim, após aclarar as inspirações, que a Assembleia Nacional Constituinte nasceu debatendo o novo texto em 8 comissões centrais, cada qual dividida em três subcomissões, com quatro etapas de decisão. Estava desenhado o esqueleto de como viria ser construído o novo texto constitucional.

2.1 A MEMÓRIA LEGISLATIVA DA ASSEMBLEIA NACIONAL CONSTITUINTE E A ADOÇÃO PELO PRESIDENCIALISMO: O PARLAMENTARISMO COMO FORÇA CENTRALIZADORA DOS DEBATES E A EMENDA LUCENA COMO PEDRA DE TOQUE DO ATUAL SISTEMA POLÍTICO

Caminhando pela memória do Constituinte, o Congresso Nacional acabou aprovando, por meio da Resolução nº 2/87, o Regimento Interno da Assembleia Nacional Constituinte. Essencial-

18 SILVA, José Afonso da. Prefácio. In: LIMA, João Alberto de Oliveira; PASSOS, Edilenice; NICOLA, João Rafael. **A gênese do texto constitucional**. Brasília: Senado Federal, 2013. p. xxi.

19 Ibid., p. xxi.

20 SADER, Emir. Constituinte, democracia e poder. In: SADER, Emir et al. **Constituinte e democracia no Brasil hoje**. São Paulo: Brasiliense, 1985. p. 128.

mente, a sua concepção buscava disciplinar um formato adequado a fim de viabilizar a fruição dos debates nos mais variados temas, passando a fixar fluxograma, em quatro fases de decisão, e um organograma, prevendo vinte e quatro foros de discussão para a deliberação de cada tema tratado.

De maneira mais específica, a engrenagem da Constituinte, além de complexa, consistiria, conforme lembra Silva assim:

> A matéria bruta entrava pelas vinte e quatro subcomissões, onde sofria o primeiro tratamento, mediante emenda e substitutivos, de onde saía a primeira formulação constitucional em forma de anteprojetos temáticos. Estes seguiam para a segunda instância de decisão, as oito comissões temáticas em que se apurava e depurava o material vindo das subcomissões, formando um anteprojeto de constituição que, por sua vez, passava à Comissão de Sistematização, onde o material era reelaborado e sistematizado num projeto de constituição a ser submetido ao Plenário da Assembleia Nacional Constituinte, em que sofria dois turnos de discussão e votação para se chegar à Constituição, como se chegou à Constituição de 1988.[21]

Dessa forma, foi assim que a Assembleia Nacional Constituinte acabou criando a comissão i) da Soberania e dos Direitos e Garantias do Homem e da Mulher, ii) da Organização do Estado, iii) da Organização Eleitoral, Partidária e Garantia das Instituições, iv) do Sistema Tributário, Orçamento e Finanças, v) da Ordem Econômica, vi) da Ordem Social, vii) da Família, da Educação, Cultura e Esportes, viii) da Ciência e Tecnologia e da Comunicação; e, por fim, a que nos é de total interesse, ix) a Comissão da Organização do Estado.

Num congresso eminentemente conservador, os avanços só puderam ser concretizados graças à atuação estratégica do, até

---

21 SILVA, José Afonso da. Prefácio. In: LIMA, João Alberto de Oliveira; PASSOS, Edilenice; NICOLA, João Rafael. **A gênese do texto constitucional**. Brasília: Senado Federal, 2013. p. xxiv.

então, Senador da República, Mario Covas que, além de líder do Partido do Movimento Democrático Brasileiro (PMDB), partido de maior bancada na constituinte, era responsável por coordenar os trabalhos.

Silva, lembrando da atuação de Mario Covas, registrava que o Senador da República possuía em mente uma Constituição com dois eixos centrais: tinha de ser parlamentarista e possuidora de farto conteúdo social.[22] Para isso, entendeu-se que a composição da engrenagem dos eixos de decisão deveria ter pessoas de formação progressista e inspiração parlamentarista.

Foi assim que os "[...] 132 cargos de presidentes, vice-presidentes e relatores das subcomissões e comissões, além dos oito cargos de vice-presidente, secretários e suplentes da Mesa [...]"[23] acabaram vindo a ser organizadas.

Algumas comissões e subcomissões tinham que ser estrategicamente montadas, a fim de possibilitar que a minoria progressista pudesse ser capaz de "construir uma obra progressista."[24] Seguindo esse perfil[25], a montagem acabou priorizando:

> [...] a Comissão I: da Soberania e Garantias do Homem e da Mulher, e suas subcomissões; a Comissão III: da Organização dos Poderes e Sistema de Governo e suas subcomissões; a Comissão VI: da Ordem Econômica e sobretudo suas Subcomissões VI-A e VI-C; a Comissão VII: da Ordem Social, sem maior preocupação com suas subcomissões; a Comissão VIII: da Família,

22 Ibid.

23 SILVA, José Afonso da. Prefácio. In: LIMA, João Alberto de Oliveira; PASSOS, Edilenice; NICOLA, João Rafael. **A gênese do texto constitucional**. Brasília: Senado Federal, 2013. p. xxiv.

24 Ibid., p. xxiv.

25 Silva indica que Covas sabia que "[...] a maioria da Assembleia Nacional Constituinte era composta de conservadores, de sorte que a montagem tinha que ser estratégica para que a minoria progressista fosse capaz de construir uma obra progressista. Veja-se, pois, como a questão do procedimento é fundamental na construção constitucional: procedimento justo dá resultado justo." Ibid., p. xxiv.

da Educação, Cultura e Esporte, da Ciência e Tecnologia e da Comunicação e sobretudo sua Subcomissão VIII-B.[26]

Dessa forma, a comissão referente à Organização dos Poderes e Sistema de Governo, a formatação da Presidência e da Relatoria, tinha característica bastante peculiar. Enquanto a primeira ficava a cargo do conservador Oscar Corrêa, a segunda tinha como perfil o progressista Egídio Ferreira Lima. O único tema sensível aos dois estava na opção pelo Parlamentarismo. Passou com tranquilidade. Começava, ali, a instrumentalização do Parlamentarismo "[...] dominante durante a elaboração do texto até o projeto final da comissão de sistematização."[27]

Vale gastar um pouco mais de tempo na dicotomia estabelecida entre os dois sistemas de governo e nas razões iniciais que acabariam por levar, os Constituintes, a aderir – naturalmente – ao Parlamentarismo.

A mecânica de formação institucional, existente na relação entre os poderes era draconiana para o Poder Legislativo. Segundo se extrai da história da formação das premissas estabelecidas pelo regime ditatorial, a pecha de baixa eficiência, "[...] lentidão, localismos dos parlamentares, deficiência técnica, pouca flexibilidade e resistências à mudança [...]"[28] estaria relegada ao exercício das funções por parte do Poder Legislativo. Em outros termos, isso faria nascer a premissa, instrumentalizada pelos executores do golpe militar, de premente necessidade de compensação do insuspeito déficit de representatividade.

Destarte, traçou-se um modelo institucional que viabilizasse esse esquema, com um Executivo absolutamente forte e com

---

26 Ibid., p. xxi.

27 ARANTES, Rogério Bastos. **Judiciário e política no Brasil**. São Paulo: Idesp; Sumaré: Fapesp; Educ, 1997. p. 117.

28 VASCONCELOS, Cláudio Beserra de. Os militares e a legitimidade do regime ditatorial (1964-1968) a preservação do Legislativo. **Varia História**, Belo Horizonte, v. 29, n. 49, p. 342, jan./abr. 2013.

poderes imperiais, e consequente enfraquecimento do Congresso Nacional, viabilizado pelo esvaziamento de sua função legislativa.

Vasconcelos, citando Roberto Campos, ex-ministro do Planejamento do governo do general Humberto Castelo Branco, entendia que, diante da complexidade da vida nacional, estaria no Poder Executivo o lugar apropriado para a solução dos problemas da vida nacional, muito pelo fato do mesmo ser provido de "[...] equipes capazes de trabalhar com a crescente complexidade técnica das leis e, também, com a agilidade necessária que as matérias de política fiscal e cambial exigiriam."[29] Nesse sentido, o esvaziamento das funções do Congresso Nacional[30] tem, aqui, o seu lastro.

Menezes, claramente, registra como esse processo de esvaziamento das funções legislativas do Congresso Nacional acabou vindo a ser viabilizado.[31] É, a partir do Golpe de 64, que o Comando Supremo da Revolução, representado pelos Comandantes e Chefe do Exército, da Marinha e da Aeronáutica, ao editar o Ato Institucional n.º 1, acabou revogando a exclusividade da iniciativa legal por Parte do Poder Legislativo ao possibilitar que o envio de "projetos de lei sobre qualquer matéria" pudesse ser, também, realizado pelo Poder Executivo.

Em outubro de 1965, lançou-se, no ordenamento jurídico, o Ato Institucional nº. 2 que, dentre diversos poderes, conferia ao Presidente da República a competência de editar "[...] decretos sobre matéria de segurança nacional e, estando o Congresso em recesso, sobre qualquer matéria."[32].

---

29 Ibid., p. 342-343.

30 Vasconcelos, quando fala do pequeno tamanho dado ao Poder Legislativo, afirma que "embora a imagem de Legislativo fraco pudesse contrastar com a de um Legislativo preservado para servir à 'Revolução', ela sugere ainda que, dentro de um quadro híbrido de dominação, sua manutenção tinha por objetivo legitimar as ações do Executivo". Ibid., p. 343.

31 MENEZES, Andrea Christina de Souza Barcelos. **Medida provisória e principais propostas de aperfeiçoamento**: análise crítica. Brasília: [s.n.], 2007. p. 15-17.

32 Ibid., p. 15.

Em seguida, sobreveio a Emenda Constitucional nº 17, proposta pelo Executivo e aprovada pelo Congresso, a qual permitia, dentre outras atribuições, delegar internamente os poderes legislativos às comissões, fixando, em 45 dias, "[...] o prazo para tramitação, em cada uma das Casas, dos projetos de lei oriundos do Poder Executivo."[33]

Já no ano de 1966, após a edição do Ato Institucional nº 4, a legislação por decreto, caminhou rumo à matéria financeira "[...] durante a convocação extraordinária do Congresso Nacional e até sua ordinária, e à matéria administrativa, do fim da convocação extraordinária até a reunião ordinária."[34]

A Constituição de 1967, conforme se verá em tópico próprio, retornou à atividade "[...] legislativa ao Poder Executivo para edição de atos normativos primários ao âmbito constitucional [...]"[35], por meio da expedição de Decretos com força de lei. Mas, é no Ato Institucional nº 5/68 que o Poder Legislativo chega ao seu menor tamanho. Segundo ela, o AI 5:

> [...] autorizava o Presidente da República, independentemente de qualquer apreciação judicial, a intervir nos estados e municípios sem as limitações previstas na Constituição; a cassar mandatos eletivos; a suspender por dez anos os direitos políticos de qualquer cidadão; e a suspender a garantia de habeas-corpus. Concomitantemente, em 13 de dezembro de 1968, foi editado o Ato Complementar nº 38, decretando o recesso do Congresso Nacional por tempo indeterminado, nos termos do artigo 2º e seus parágrafos do AI-5. Inaugurou-se o período mais longo de recesso parlamentar depois do Estado Novo, subtraindo do Congresso a competência legislativa.[36]

---

33 MENEZES, Andrea Christina de Souza Barcelos. **Medida provisória e principais propostas de aperfeiçoamento**: análise crítica. Brasília: [s.n.], 2007. p. 16.

34 AMARAL JUNIOR, José Levi Mello do. Comentário ao Art. 62. In: CANOTILHO, J. J. Gomes et al. (Coords.). **Comentários à Constituição do Brasil**. São Paulo: Saraiva: Almedina, 2013. p. 2419-2434.

35 MENEZES, op. cit., p. 16.

36 Ibid., p. 16.

É nesse cenário marcado pelo brutal fortalecimento do Executivo, insculpido num Presidencialismo ditatorial, que, dia após dia, o Legislativo seguia sendo esvaziado em suas funções.

Por ainda, terem viva a lembrança do controle exercido pela ditadura militar, os Constituintes posicionavam-se a fim de consignar um sistema político que tivesse, no seu nascedouro e desenvolvimento, o consenso parlamentar, afastando do texto constitucional, um sistema político que não transformasse o Poder Legislativo em instrumento dócil disposto às mãos do Executivo.

Não bastava, apenas, a autonomia do Poder Legislativo. Buscava-se, então, a possibilidade do Congresso Nacional realizar seus atos. Estavam mais que desenhadas as razões pela qual, naquele momento, a preferência caminhava ao Parlamentarismo.[37]

Passando pelas vinte e quatro subcomissões, apurando e depurando o tema em específico, formava-se um anteprojeto de constituição, que viria ser reelaborado e, mais tarde, organizado pela comissão de sistematização, num projeto de constituição, a ser submetido, em dois turnos de discussão e votação, ao Plenário da Assembleia Nacional Constituinte.

Nesses termos, a comissão de sistematização, em seu primeiro ato, por meio do Substitutivo I, de 26 de agosto de 1987, prescrevia ao Presidente da República a condição de Chefe de Estado e Co-

37 Segundo registra Victor, o Parlamentarismo, em todas as suas variantes e a partir de Loewenstein, caracteriza-se pelo fato de ser o governo ou o gabinete "[...] constituído pelos líderes do partido majoritário, ou da coalizão predominante, de forma que, sendo todos os parlamentares, o Gabinete, convola-se em um comitê do Parlamento. Há uma fusão do entre o Governo e Parlamento, aquele sendo parte deste, todavia, ambos permanecem funcionalmente separados, o que gera o que Loewenstein denominou de interdependência por integração." Em outras palavras, num autêntico sistema parlamentar de governo, "[...] o Primeiro-Ministro, ou o Presidente do Conselho de Ministros, ostenta uma situação de supremacia, ou seja, exerce a liderança do poder governamental." VICTOR, Sergio Antonio Ferreira. **Presidencialismo de coalizão**: exame do atual sistema de governo brasileiro. São Paulo: Saraiva, 2015. p. 73.

mandante Supremo das Forças Armadas, visando garantir princípios básicos do texto constitucional[38], tornando claro a inspiração parlamentarista.

Esse texto, lançado no Substitutivo I, permaneceu intacto no Substitutivo II[39], de 18 de setembro de 1987, e no Projeto A[40], de 24 de novembro de 1987. Mas é na 230ª Sessão da Assembleia Nacional Constituinte, do dia 22 de março de 1988, que a alteração estrutural e fundamental acabou sendo concretizada na votação da Emenda Coletiva nº 1.830, subscrita, em primeiro lugar, pelo Constituinte Humberto Lucena.

Em síntese, a emenda trazia uma sequência de novidades, as quais, destaca-se o aumento das atribuições privativas do Presidente da República que, naquele momento, aumentaria em um número de 5 as suas competências (de 22 para 27), o reestabelecimento da eleição direta para o cargo de Presidente da República, a aquisição da imunidade penal, a qual impediria que o ocupante do cargo viesse a ser responsabilizado por atos estranho ao exercício de suas funções na vigência do mandato, mandato de cinco anos e, principalmente, duas outras hipóteses constitucionais: a disposição, às mãos do Presidente da República, da Medida Provisória sem a autorização do primeiro-ministro, além da reunião das competências do Poder Executivo na cadeira do Presidente da República.

Não é novidade, para muitos, que a adoção da Medida Provisória buscava substituir o Decreto-lei, estabelecido pelo regime

38 Art. 109. O Presidente da República é o Chefe de Estado e o Comandante Supremo das Forças Armadas, cabendo-lhe garantir a unidade, a independência, a defesa nacional e o livre exercício das instituições democráticas.

39 Art. 86. O Presidente da República é o Chefe de Estado e o Comandante Supremo das Forças Armadas, cabendo-lhe garantir a unidade, a independência, a defesa nacional e o livre exercício das instituições democráticas.

40 Art. 90. O Presidente da República é o Chefe de Estado e o comandante supremo das Forças Armadas, cabendo-lhe garantir a unidade, a independência, a defesa nacional e o livre exercício das instituições democráticas.

militar na Constituição de 1967, quando buscava privilegiar o exercício da função legislativa pelo Executivo que dava, em seu art. 58, a capacidade institucional de expedir decretos com força de lei, sobre segurança nacional e finanças públicas, quando fosse caso de urgência ou de interesse público relevante, não podendo resultar, da medida, aumento de despesa. Era o texto do art. 58 da época.

Segundo consta o parágrafo único do aludido dispositivo, a edição do decreto geraria vigência imediata, passando a entregar ao Congresso Nacional duas únicas formas de atuação: a aprovação da medida ou a sua rejeição[41]. No prazo de vigência desse instrumento normativo, inexistindo deliberação por parte do Poder Legislativo, o decurso de prazo gerava sua aprovação. Era abuso instrumentalizado nas cores do texto constitucional.

Em outras palavras, o processo de inanição da função legislativo do parlamento caminhava a passos largos. O Executivo crescia de tamanho e, sem nenhuma amarra congressual, imprimia as mais absurdas violações à autonomia dos outros poderes da república. Percebe-se que faltava controle[42] e, conforme pode se ver nos debates gerados na Assembleia Nacional Constituinte, era disseminada que a solução para todos os problemas do país seria resolvido com a adoção do Parlamentarismo como o mais novo sistema de governo do Brasil.

41 O poder de emendar não estava disposto ao Congresso Nacional.

42 Segundo Cléve: "Os vinte anos de regime de exceção, a farta legislação extraordinária produzida por aquele regime, a reiterada edição de decretos-leis no contexto da vigência das duas últimas Constituições, e, mesmo agora, o desmedido número de medidas provisórias já editadas, tudo isto, num contexto em que, apenas, com imensa dificuldade o Congresso Nacional atua a função de controle radicalmente amesquinhada durante o regime autoritário, acaba por justificar uma compreensível desconfiança dos juristas a propósito do cometimento, ao Executivo, da função extraordinária de legislar." CLÉVE, Clemerson Merlin. **Medidas provisórias**. 3. ed. São Paulo: Revista dos Tribunais, 2010. p. 21.

Desde o Substitutivo I[43], passando pelo Substitutivo 2[44], até chegar no Projeto A[45], a medida provisória já era prevista para estar no texto constitucional, mas, estruturalmente, diferente do formato atual. Nessas etapas citadas, o Presidente da República só poderia usar do instrumento quando houvesse, não só a relevância e a urgência da medida, mas, também, solicitação por parte do Primeiro-Ministro, que nascia do parlamento. Era esse o tipo de controle desejável pelos constituintes.

A virada paradigmática desse formato acaba se dando no dia 24 de março de 1988, data em que se pôs a prova, na Assembleia Nacional Constituinte, a votação da Emenda Coletiva nº 1.830. Estando presentes todos os 559 constituintes, o Senador Humberto Lucena (PMDB-PB) subiu ao púlpito para defender a mudança do sistema de governo que, até então, não possuía preferência nas fases da Constituinte.

No início de seu discurso, registrou que a crítica costumeira que se fazia ao Presidencialismo, que seria, ele, a chaga responsável pela ineficiência do país, não deveria ser acolhida, isso porque os grandes avanços econômicos e sociais desta nação só foram viabilizados por ser, o Brasil, um país presidencialista.

43 Art. 94. Em caso de relevância e urgência, o Presidente da República, por solicitação do Primeiro-Ministro, poderá adotar medidas provisórias, com força de lei, devendo submetê-las de imediato, para conversão, ao Congresso Nacional, o qual, estando em recesso, será convocado extraordinariamente para se reunir no prazo de cinco dias.

44 Art. 72. Em caso de relevância e urgência, o Presidente da República, por solicitação do Primeiro-Ministro, poderá adotar medidas provisórias, com força de lei, devendo submetê-las de imediato, para conversão, ao Congresso Nacional, o qual, estando em recesso, será convocado extraordinariamente para se reunir no prazo de cinco dias.

45 Art. 76. Em caso de relevância e urgência, o Presidente da República, por solicitação do Primeiro-Ministro, poderá adotar medidas provisórias, com força de lei, devendo submetê-las de imediato, para conversão, ao Congresso Nacional, que, estando em recesso, será convocado extraordinariamente para se reunir no prazo de cinco dias.

Lembrara ele que, meses antes, o país havia sido tomado por manifestações populares que pediam, dentre outras coisas, o direito de votar para Presidente da República como chefe de governo.

O Senador Humberto Lucena pedia, em defesa dos avanços sociais e econômicos, a implantação de um Presidencialismo Moderno, eleito pelo voto direto e por maioria absoluta. Estando ainda vivo o processo de inanição imposto pelo Poder Executivo, clamava pelo fortalecimento do prestígio do Poder Legislativo por meio de duas medidas: a convocação do Ministro de Estado ao Senado ou à Câmara dos Deputados após a exposição e a resposta às interpelações na sessão seguinte, que poderia vir a ser alvo de resolução apresentada por líder partidário quando discordasse de seu desempenho no plenário, e a moção de censura individual ao Ministro de Estado, situação, esta, que dava, ao Parlamento, capacidade real de interferir no processo político-administrativo.

Por fim, relembrou que o que viria ser votado daria, ao texto constitucional, a espinha dorsal da estrutura de poder no Brasil, estando, no Presidencialismo, o melhor sistema de governo possível[46].

46 Na integra, o Constituinte registrou que: "Os que criticam o presidencialismo costumam dizer que esse sistema tem sido, ao longo da nossa História republicana, fator preponderante de crises institucionais, mas se esquecem de que foi o presidencialismo que assegurou os grandes avanços econômicos e sociais ao povo brasileiro. O grande talento de estadista de Getúlio Vargas nos garantiu o monopólio estatal do petróleo com a Petrobrás e nos trouxe a legislação trabalhista das mais progressistas do Mundo, tanto assim que se transformou, na sua época, num dos maiores líderes do povo brasileiro. E o inesquecível Juscelino Kubitschek de Oliveira (palmas), através de uma ação dinâmica, responsável e corajosa do presidencialismo, fez a ocupação do Brasil Central, com Brasília, com a Belém-Brasília, e ampliou o nosso processo de industrialização, com a indústria automobilística, que foi, inclusive, a grande responsável pelo surto do sindicalismo forte do ABC paulista. Portanto, Sr. Presidente, pedimos a reflexão dos Srs. Constituintes sobre este aspecto fundamental do sistema presidencialista de governo, que está no coração do povo brasileiro, que se acostumou a votar diretamente e quer, agora, ele ser o Presidente pelo voto direto. A grande maioria dos eleitores brasileiros ainda não votou para Presidente da República, e não será agora que vamos, então, cassar o seu direito de escolher o Presidente da República como chefe de governo. Não, Sr. Presidente! Vamos defender os avanços econômicos e sociais do povo brasileiros, votando pela implantação de

O Presidente da Assembleia Nacional Constituinte, Ulysses Guimarães, parlamentarista desde sempre, repassou a palavra ao Constituinte Luiz Viana (PMDB-BA) que deporia contra a emenda.

Inicialmente, o Constituinte pediu licença e passou a ler um trecho do Diário do Congresso, a qual suscitava, principalmente, o resgate do prestígio do Parlamento junto dos outros poderes. Aler-

---

um presidencialismo moderno, com o Presidente da República como Chefe de Estado e Chefe de Governo, eleito pelo voto direto, por maioria absoluta e, ao mesmo tempo, fortalecendo o prestígio do Poder Legislativo, através de duas medidas salutares adotadas pela nossa emenda. Uma, que estabelece que o Ministro de Estado, convocando ao Senado ou à Câmara, após a sua exposição e a resposta às interpelações, na sessão seguinte poderá ser alvo de uma resolução apresentada por líder partidário discordando do seu desempenho no plenário, o que tem acarretado em outros países, como no Uruguai, a sua renúncia pois fica sempre sob suspeita. E a outra, moção de censura individual ao Ministro de Estado, que é uma maneira de o Poder Legislativo poder interferir, diretamente, no processo político-administrativo, afastando do Governo aquele Ministro que fique incompatibilizado, pela sua política setorial com a sociedade brasileira. Sr. Presidente, Srs. Constituinte, o sistema presidencialista que preconizamos na nossa emenda deve, desde logo, ser transferido para os Estados e para os municípios, porque os Secretários dos Estados e os Secretários dos municípios poderão ser também censurados na Assembleia e nas Câmaras Municipais. Se a nossa emenda não prosperasse - O que não vai acontecer, porque tenho certeza da nossa vitória — teríamos um fato sui generis no Brasil: dois sistemas de Governo, quais sejam, o parlamentarismo, no plano federal, e o presidencialismo, nos planos estadual e municipal. Isto seria um absurdo, uma incoerência gritante, gerando um conflito permanente do princípio de autoridade. Mas, Sr. Presidente, Srs. Constituintes, cada um vote de acordo com a sua consciência. O que desejo dizer, antes de concluir desta tribuna, é que não vai vingar o argumento que se tentará lançar neste Plenário de que, no passado, já me pronunciei e votei a favor do parlamentarismo. Isso aconteceu nos idos de 1961, quando estava no meio da rua e no Congresso, como Deputado Federal, defendendo a legalidade, democrática, para assegurar a posse do Vice-Presidente João Goulart, eleito pela plena soberania do povo brasileiro. Portanto, Sr. Presidente e Srs. Constituintes, saio desta tribuna, na convicção de que neste momento, com alta responsabilidade de que vamos construir a espinha dorsal da estrutura de poder no Brasil, ao decidir qual o melhor sistema de governo para o Brasil. E o melhor sistema de governo é aquele que o povo quer; é o presidencialismo, sem dúvida nenhuma." LUCENA, Humberto. [Discurso]. **Diário da Assembleia Nacional Constituinte**, Brasília, p. 8738, 23 mar. 1988. Disponível em: http://www2.camara.leg.br/atividade-legislativa/plenario/discursos/escrevendohistoria/Humberto-Lucena-8738.pdf. Acesso em: 22 set. 2018.

tava, dentre outros fatores, o risco que o Presidencialismo gerava diante de seu personalíssimo exacerbado.

Pedindo voto consciente, indicava não ser esta emenda a responsável por garantir o nascimento da lei fundamental ajustada às aspirações do povo. Segundo ele, a Constituição sonhada por Tancredo Neves teria lastro no Parlamentarismo, muito em função de estar, no governo do gabinete, o resultado do poder conciliador[47]. Eram essas ideias que afastavam o Constituinte do conteúdo que a emenda buscava alterar.

Ulysses Guimarães, então, repassou a palavra ao Constituinte Vivaldo Barbosa (PDT-RJ) que, ao iniciar o discurso, explicou haver uma face sinistra por parte do conservadorismo brasileiro quando se ventilava, pelos quatro cantos do Brasil, que o Parlamentarismo teria trazido estabilidade ao país. Segundo ele, negava-se o fato da ocorrência das repressões geradas nos movimentos sociais, no curto espaço de tempo onde o Brasil teria experimentado esse sistema de governo.

Lembrou também que, no Compromisso com a Nação[48], Tancredo havia pedido "o reestabelecimento imediato das eleições diretas, livres e com sufrágio universal para Presidente da República, Prefeitos nas capitais, nos Estados e Municípios" e, relembrando os antepassados, pedia que os constituintes pousassem o ouvido na terra, de igual forma fariam os nossos antepassados, a fim de ouvir o clamor popular.[49]

---

47 A integra do discurso está no Diário Oficial da Assembleia Nacional Constituinte, de 23 de março de 1988, na página 8.738-8.739, conforme pode se ver aqui http://imagem.camara.gov.br/dc_20.asp?selCodColecaoCsv=R&txPagina=8733&Datain=23/03/1988.

48 O documento em questão tratava-se do programa de governo que registrava uma carta de princípios da Aliança Democrática. Na ocasião, fora assinada por Ulysses Guimarães, Tancredo Neves, Aureliano Chaves e por Marco Maciel.

49 A integra do discurso está no Diário Oficial da Assembleia Nacional Constituinte, de 23 de março de 1988, na página 8.739-8.740, conforme pode se ver aqui http://imagem.camara.gov.br/dc_20.asp?selCodColecaoCsv=R&txPagina=8733&Datain=23/03/1988.

O Presidente da Assembleia Nacional Constituinte abriu o microfone para a fala do Constituinte Nelson Carneiro (PMDB-RJ) que, de maneira sucinta, registrava sua contrariedade à emenda. Nas suas palavras, a crítica consistiria na possibilidade de vir a ser aprovado um monstro, colhida da experiência de vários países, mas que estimulava evidente confusão entre o sistema presidencialista e o sistema parlamentarista.[50]

Caminhando para o final dos oradores, Ulysses Guimarães, fazendo uso das suas competências institucionais, repassou a palavra ao Constituinte Afonso Arinos (PFL-RJ) que, aduzia haver, na história brasileira, lastro do sistema de governo parlamentarista. Para isso, citara o Manifesto Republicano, de 3 de dezembro de 1870, escrito por Quintino Bocaiúva, a qual negava a existência do Presidencialismo e, sim, a existência de uma República Parlamentarista.

Registrava, também, que o Presidencialismo extraia a fonte de seu nascimento no regime militar e no positivismo contista. Pela ausência de experiências de regime pelo mundo, com a exceção dos EUA, pedia o voto dos constituintes no sistema de governo que privilegiava a convergência e, por esse motivo, encaminhava a votação a fim de rejeitar o Presidencialismo proposto pela emenda.

Em seguida, o Presidente da Assembleia Nacional Constituinte repassou a fala para o Relator, o Constituinte Bernardo Cabral (PMDB-AM), para que opinasse. Em seus termos, lembrou a cisão que existia entre os dois grupos e pedia respeito pelas opções de cada um. Além disso, chamara a atenção dos presentes, lançando que a emenda Humberto Lucena, dentro outros fatores, possibilitaria a repetição de duas ditaduras disfarçadas, a do Chile e a do Paraguai, uma vez que ela acabara por criar as medidas programáticas, o que, em outros termos, anularia o Senado.

50 A integra do discurso está no Diário Oficial da Assembleia Nacional Constituinte, de 23 de março de 1988, na página 8.740-8.741, conforme pode se ver aqui http://imagem.camara.gov.br/dc_20.asp?selCodColecaoCsv=R&txPagina=8733&Datain=23/03/1988.

Por fim, a conclusão lançada pelo Relator era de que a emenda, conforme estava a ser votada, levaria "[...] à cova rasa os anseios do povo brasileiro e dobrará as exéquias da Federação [...]"[51] e, por este motivo, pedia a rejeição da Emenda Coletiva.

Depois de colher as manifestações substâncias, o Presidente da Assembleia Nacional Constituinte solicitou aos Constituintes que tomassem o seu lugar para, enfim, proceder com a votação. E, às 15h46, conforme lembra a Folha de São Paulo[52], a Emenda Lucena veio a ser aprovada com um total de 344 votos favoráveis[53].

A partir daí, o Projeto A, de 24 de novembro de 1987, acabou sofrendo substancial alteração, podendo ser vista essa nova versão já no Projeto B, de 5 de julho de 1988. Agora, o Presidente da República passava a exercer o Poder Executivo em sua totalidade, cumulando, no risco da caneta presidencial, as competências de Chefe de Estado e de Governo.

A regra em questão também sofreu significativa alteração no formato do uso das medidas provisórias. Se antes, o texto previsto no Projeto A, de 24 de novembro de 1987, exigia que o uso, pelo Presidente da República, fosse condicionada a solicitação por parte do Primeiro Ministro, a Emenda Lucena, após a aprovação, derrubou essa imposição ao deixar, para o Presidente da República, nas hipóteses de relevância e urgência, a opção pelo seu manejo,

---

51 CABRAL, Bernardo. [Discurso]. **Diário Oficial da Assembleia Nacional Constituinte**, Brasília, p. 8745, 23 mar. 1988. Disponível em: < http://imagem.camara.gov.br/Imagem/d/pdf/211anc23mar1988.pdf#page=19>. Acesso em: 22 set. 2018. A íntegra do discurso está no Diário Oficial da Assembleia Nacional Constituinte, de 23 de março de 1988, na página 8.745, conforme pode se ver aqui http://imagem.camara.gov.br/dc_20.asp?selCodColecaoCsv=R&txPagina=8733&Datain=23/03/1988.

52 SARNEY derrota Ulysses e aprova o presidencialismo. **Folha de São Paulo**, São Paulo, 23 mar. 1988. Política, p. A-5. Disponível em: <https://www2.senado.leg.br/bdsf/bitstream/handle/id/123335/23%20a%2025%20de%20marco%20-%200031.pdf?sequence=1>. Acesso em: 25 set. 2018.

53 A votação da Emenda Coletiva teve 344 votos, 212 votos pela negação e apenas 3 abstenções.

restando ao Congresso Nacional, o controle das razões e o papel de conversão em lei.

Era a proposta de Montesquieu[54], que buscava frear o poder pelo próprio poder, sofrendo alteração quanto à tradicional regra que prescrevia. Estava, ali, o tipo de Presidencialismo insculpido no texto constitucional. Assim, os termos dos respectivos artigos acabaram prevalecendo e passando pelas outras fases da constituinte (Projeto C, de 15 de setembro de 1988, e o Projeto D, de 21 de setembro de 1988), até, efetivamente, vir a ser promulgado, em 5 de outubro de 1988, no Diário Oficial da União, o texto constitucional.

A Constituinte produziu uma Constituição dentro das circunstâncias que lhes eram permitidas. Certamente, tratava-se de uma "[...] obra imperfeita, mas digna e preocupada com o destino do povo sofredor, para tanto seja cumprida, aplicada e realizada, pois uma coisa são as promessas normativas, outra a realidade."[55]

Além de reestabelecer as prerrogativas e os poderes de um Legislativo agrilhoado pela ditadura, "[...] concedeu autonomia ao Judiciário e ao Ministério Público, restabeleceu as eleições livres e diretas, e o rol dos direitos sociais, coletivos e individuais foram expressamente aumentados."[56]

A promulgação da Constituição Federal[57] lançava, portanto, para o presente, a promessa de um novo país e é, em cima dessa promessa, que a República Federativa do Brasil (re)começava a (re)construir o seu ambiente democrático, orquestrado por um

---

54 MONTESQUIEU, C.-L. S. Barão de la Brède et de. **Do espírito das leis**. Tradução Fernando Henrique Cardoso e Leôncio Martins Rodrigues. São Paulo: Difusão Européia do Livro, 1962. p. 180.

55 SILVA, José Afonso da. **Poder constituinte e poder popular (estudos sobre a Constituição)**. São Paulo: Malheiros, 2000. p. 239.

56 CALHEIROS, 2013, p. xvii apud Ibid., p. xxi.

57 Sarlet, quando fala das características do texto constitucional, indica o seu "[...] caráter analítico, pluralista e com forte conteúdo programático e dirigente." SARLET, Ingo Wolfgang. **A eficácia dos direitos fundamentais**. 4. ed. Porto Alegre: Livraria do Advogado, 2015. p. 65.

arranjo institucional gerado, não só pelas circunstâncias históricas que foram impostas ao Brasil, como, também, por opção própria do Constituinte que fez nascer a Constituição Federal de 1988 com fortes traços parlamentaristas, mas com a cabeça essencialmente presidencialista[58]: Era o início do Presidencialismo de Coalizão!

58 Fernando Henrique Cardoso, que foi vice-presidente da Comissão de Sistematização da Assembleia Nacional Constituinte, lembra que havia, após muito trabalho, conseguido sistematizar e fazer passar o Parlamentarismo. Segundo ele, "[...] toda a Constituição foi escrita com espírito parlamentarista, mas o Sarney derrotou o Parlamentarismo no Plenário." Lembra, ainda, que a emenda feita por Humberto Lucena, havia imposto, apenas, o Presidencialismo na cabeça de nosso sistema de governo, por que, "[...] todo o corpo, toda a sistemática era parlamentarista." Tratava-se, então, de com conjunto de regras parlamentaristas "[...] de funcionamento complicado em um sistema presidencialista." BASTOS, Elide Rugai et al. **Conversa com sociólogos brasileiros**. São Paulo: Editora 34, 2006. p. 86-87.

3

O PRESIDENCIALISMO DE COALIZÃO

A Emenda Lucena, votada no 22º dia do mês de março de 1988, gerou contornos fundamentais ao novo sistema de governo que, ali, buscava a sua implantação no eixo central do texto constitucional. Nas palavras do Constituinte Marco Maciel, a Constituição Federal, promulgada no dia 5 de outubro de 1988, possuía um corpo parlamentarista, mas totalmente disciplinado por uma cabeça presidencialista.[1]

Acompanhando as discussões na Assembleia Nacional Constituinte, Sergio Abranches, em novembro de 1987, submetendo seu escrito à Revista de Ciências Sociais, antecipou o provável sistema de governo que viria a ser implantado no Brasil, com peculiaridades bastante específicas. Apesar de o escrito nascer em período anterior à votação da Emenda Lucena, já estava mais ou menos desenhado que o Parlamentarismo, sistema de governo de clara preferência por parte da Comissão de Sistematização, não viria a ser aceito no plenário que, até então, seguia sendo dominado pelo Centrão[2].

---

1 BRASIL. Constituição (1988). **Constituição da República Federativa do Brasil**. Brasília: Senado Federal, 1988.

2 Segundo o Centro de Pesquisa e Documentação de História Contemporânea do Brasil da FGV, o Centrão seria um "[...] grupo suprapartidário com perfil de centro e direita criado no final do primeiro ano da Assembleia Nacional Constituinte de 1987-1988 para dar apoio ao presidente da República José Sarney. Foi responsável pela reviravolta no processo de elaboração constitucional ao conseguir alterar, por meio de um projeto de resolução, as normas regimentais que organizavam os trabalhos constituintes. Era comandado por lideranças

Essa constatação dava clara amostras de que o Presidente da República não exerceria, apenas a condição de chefe de estado, e, sim, passaria a reproduzir, com algumas atualizações negociadas, o modelo da Constituição de 1946. Antevendo esse ambiente, que Sergio Abranches alcunhou o sistema de governo como Presidencialismo de Coalizão.

As bases da tradição republicana brasileira eram o "[...] presidencialismo, o federalismo, o bicameralismo, o multipartidarismo e a representação proporcional [...]"[3] que em conjunto - mas nem sempre de maneira pacífica - produziam certos efeitos recorrentes, com largo potencial desestabilizador da dinâmica macro política do país e, consequentemente, no formato comportamental dos Poderes da República.

É aqui que o Presidencialismo de Coalizão passa a tomar corpo, influenciando, não só o modo de andar do Executivo, mas, também, o perfil do Legislativo. Segundo Abranches, o Presidencialismo de Coalizão seria

> Um sistema caracterizado pela instabilidade, de alto risco e cuja sustentação baseia-se, quase exclusivamente, no desempenho corrente do governo e na sua disposição de respeitar estrita-

---

conservadoras do Partido da Frente Liberal (PFL), do Partido do Movimento Democrático Brasileiro (PMDB), do Partido Democrático Social (PDS) e do Partido Trabalhista Brasileiro (PTB), e contava também com parlamentares do Partido Liberal (PL) e do Partido Democrata Cristão (PDC). Ao cindir o majoritário PMDB, sacramentou o fim da Aliança Democrática entre o PMDB e o PFL, até então fiadora formal da transição democrática e núcleo de sustentação da Nova República. Ao se apresentar como base confiável de apoio ao governo dentro da Constituinte, assegurou ao palácio do planalto a vitória nos principais temas de seu interesse: sistema de governo presidencialista e mandato de cinco anos." NOGUEIRA, André Magalhães. Centrão. In: ENCICLOPÉDIA Jurídica da Centro de Pesquisa e Documentação de História Contemporânea do Brasil. [s.l.]: FGV. Disponível em: <http://www.fgv.br/cpdoc/acervo/dicionarios/verbete-tematico/centrao>. Acesso em: 4 nov. 2018.

3 ABRANCHES, Sérgio Henrique H. de. O presidencialismo de coalizão: o dilema institucional brasileiro. **Revista de Ciências Sociais**, Rio de Janeiro, v. 31, n. 1, p. 10, 1998.

> mente os pontos ideológicos ou programáticos considerados inegociáveis, os quais nem sempre são explícita e coerentemente fixados na fase de formação da coalizão.[4]

Avritzer, falando sobre esse modelo, o define como sendo um fenômeno que se descreve no fato de o Presidente da República ser uma pessoa eleita com "[...] uma quantidade muito maior de votos do que o seu partido recebe nas eleições para o Congresso Nacional, criando a necessidade de fazer alianças políticas no Congresso [...]"[5], evidenciando claramente a premissa para a execução do seu jeito de governar: a produção de coalizão.[6]

Nesses termos, Abranches[7], ponderando sobre o dilema brasileiro e traça três momentos típicos na formatação das coalizões: uma anterior à data do pleito, outra posterior à eleição e, por último, no momento em que se executa o governo.[8]

---

4 Ibid., p. 27.

5 AVRITZER, Leonardo. **Impasses da democracia no Brasil**. Rio de Janeiro: Civilização Brasileira, 2016. p. 30.

6 Cléve, falando sobre a interpretação que se dá ao Presidencialismo, explica que, "[...] para a teoria política, o Presidencialismo – sob a roupagem das coalizões - é um arranjo institucional democrático; para a teoria do direito, majoritariamente, trata-se de uma patologia a ser extirpada, que impede a existência de serviços públicos eficientes, que impede a formulação de políticas públicas coerentes e adequadas, que fomenta o clientelismo, o patrimonialismo e a corrupção, que propicia que a lógica dos interesses privados invada a esfera pública, que dificulta o desenvolvimento nacional e que viola a moralidade." CLÉVE, Clemerson Merlin. **Direito Constitucional brasileiro**: organização do estado e dos poderes. São Paulo: Revista dos Tribunais, 2014. v. 2. p. 493.

7 ABRANCHES, Sérgio Henrique H. de. O presidencialismo de coalizão: o dilema institucional brasileiro. **Revista de Ciências Sociais**, Rio de Janeiro, v. 31, n. 1, p. 27, 1998.

8 Segundo Power o Presidencialismo de Coalizão deu um simples insight a todos, que indicava que "os presidentes brasileiros precisavam se comportar como primeiros-ministros europeus". Esse insight está bastante consolidado, não só na literatura, como, também, na práxis política. POWER, Timothy. Presidencialismo de Coalizão e o design institucional no Brasil: o que sabemos até agora? In: SATHLER, André; BRAGA, Ricardo. **Legislativo pós-1988**: reflexões e perspectivas. Brasília: Câmara dos Deputados, 2015. p. 83.

Quanto ao primeiro, momento, o autor explica que as coalizões buscavam propor "[...] negociação em torno de diretivas programáticas mínimas, usualmente amplas e pouco específicas, e de princípios a serem obedecidos na formação do governo."[9] Aqui, a práxis demonstra um objetivo central, absolutamente importante, para o período de campanha, que diz respeito à busca por maior tempo de TV e de Rádio.

Havendo escolha da chapa presidencial pelo voto popular, passar-se-ia ao segundo ponto, centrado na montagem do governo, de maneira mais ou menos coerente, a fim de garantir estabilidade para a execução da governabilidade. Nessa fase, predomina-se a "[...] disputa por cargos e compromissos relativos a um programa mínimo de governo, ainda bastante genérico."[10]

Por fim - e o mais importante deles -, a terceira fase busca demonstrar se a aliança, produzida nas fases anteriores, acabou por gerar condição para tornar-se efetiva. É, aqui, que se emerge "[...] o problema da formulação da agenda real de políticas, positiva e substantiva, e das condições de sua implementação [...]"[11] e consequente atendimento às "[...] demandas políticas, sociais e econômicas competitivas e a formular um programa coerente e efetivo [...]"[12], devendo ser respeitado, na hora de formular o cálculo relativo à base de sustentação do governo, não só o componente partidário-parlamentar, mas, também, o aspecto regional.

Acerca disso, Limongi explica que o "Federalismo, o poder dos governadores e a diversidade e heterogeneidade da sociedade brasileira, mais do que o número de partidos, tornavam coalizões imperiosas [...]"[13], gerando, nestas últimas, a perspectiva que acaba

---

9 ABRANCHES, op. cit., p. 27.

10 Ibid., p. 27.

11 Ibid., p. 28.

12 Ibid., p. 28.

13 LIMONGI, Fernando. A democracia no Brasil: presidencialismo, coalizão partidária e processo decisório. **Novos estudos – CEBRAP**, São Paulo, n. 76, p. 3, nov.

por evidenciar a "[...] expressão das dificuldades enfrentadas pelo presidente para governar."[14]

Dessa maneira, a coalizão presidencial busca atingir metas que, em outras palavras, acaba por cristalizar a vontade política, emanada pelo Executivo, em uma proposição normativa. Ou seja, se via que o sucesso deste modelo e da Democracia estava intimamente ligado à capacidade do governo em dar "[...] respostas efetivas e rápidas às crescentes demandas postas aos governos por sociedades modernas e complexas"[15], dotando, de eficiência, o processo decisório.[16]

Estando claro que a produção de resultado perfaria a arqueologia normativa, registrada no texto constitucional e, posteriormente, repercutida dentro dos regimentos internos casas legislativas, acabou registrando a preponderância "[...] do Executivo sobre um Congresso que se dispõe a cooperar e votar de maneira disciplinada"[17]. É, nesse ambiente, que Pinto afirmara ter, no texto cons-

---

2006. Disponível em: <http://dx.doi.org/10.1590/S0101-33002006000300002>. Acesso em: 20 jan. 2018.

14 Ames, falando sobre o Brasil, indica o mau funcionamento das instituições brasileiras. Dentre essas, há de se incluir, como instituições disfuncionais, o "[...] o sistema eleitoral, as regras de formação de partidos, a natureza da presidência e a separação de poderes entre o governo federal, governos estaduais e prefeituras." AMES, Barry. **Os entraves da democracia no Brasil**. Rio de Janeiro: Fundação Getúlio Vargas. 2003. p. 18-23.

15 LIMONGI, Fernando. O poder executivo na constituição de 1988. In: OLIVEN, Ruben George; RIDENTI, Marcelo; BRANDÃO, Gildo Marçal (Orgs.). **A constituição de 1988 na vida brasileira**. São Paulo: Hucitec: ANPOCS, 2008. p. 3.

16 Para Limongi, com relação ao resultado buscado pelo governo: "Protelar decisões seria a forma de alimentar crises, de não dar as respostas demandadas pela sociedade. Em sendo assim, o principal obstáculo a ser transposto era o conservadorismo e a morosidade característicos do Poder Legislativo. Para tanto, era necessário fortalecer o Poder Executivo evitando que este pudesse ser paralisado pela inação do Legislativo. Mais do que isto, era preciso dotar o Executivo de 'vias de escape' sempre que uma possível divergência entre os poderes pudesse redundar em confronto ou inação." Ibid., p. 3.

17 Segundo fala, "[...] a Constituição de 1988 aprovou dois conjuntos distintos e, pode-se dizer, contraditórios de medidas. De um lado, os constituintes apro-

titucional, "[...] diversas 'caixas de ferramentas' entre os poderes Legislativo, Executivo e Judiciário [...]"[18], mas que estaria, nas mãos do Poder Executivo, os instrumentos mais poderosos:

> O Presidente da República conservou o poder de editar medidas com força de lei e manteve a exclusividade da iniciativa das leis mais importantes do País. As medidas com força de lei editada pelo Chefe do Executivo e os projetos de lei por ele enviados ao Congresso Nacional continuam a ter preferência sobres as proposições de iniciativa parlamentar, chegando, inclusive, a sobrestar as demais deliberações legislativas, se não forem apreciadas em determinado prazo. As leis orçamentárias continuam a ser de inciativa exclusiva do Presidente da República, persistem restrições às emendas apresentadas pelos congressistas e o orçamento preservou seu caráter indicativo. O Chefe do Executivo manteve o poder de nomear os membros do STF e dos tribunais superiores, o Procurador-Geral da República e um terço dos membros do Tribunal de Contas da União. Os sucessivos Presidentes da República, seguindo rigorosamente a autoritária tradição política brasileira, têm feito pleno uso de todas essas poderosas ferramentas.[19]

Os regimentos internos, responsáveis por regular a dinâmica interna das Casas legislativas, também, passaram a repercutir o mesmo ideal ao traçar uma "[...] estrutura complexa de delegação legislativa que incorpora fortemente as lideranças partidárias e o

varam uma série de medidas tendentes a fortalecer o Congresso, recuperando assim os poderes subtraídos do Legislativo ao longo do período militar. De outro lado, a Constituição de 1988 manteve muitos dos poderes legislativos de que foi dotado o Poder Executivo ao longo do período autoritário, visto que não se revogaram muitas das prerrogativas que lhe permitiram dirigir o processo legislativo durante o regime militar." LIMONGI, Fernando; FIGUEIREDO, Argelina. Bases institucionais do Presidencialismo de Coalizão. **Lua Nova: Revista de Cultura e Política**, São Paulo, n. 44, p. 41, 1998. Disponível em: <http://dx.doi.org/10.1590/S0102-64451998000200005>. Acesso em: 12 ago. 2018.

18 PINTO, Júlio Roberto de Souza. Abrindo a caixa de ferramentas do Congresso Nacional. **Revista Jurídica Consulex**, [s.l.], ano 12, n. 283, 31 out. 2008. p. 42.

19 Ibid., p. 42.

poder Executivo [...]"[20]. Fator este capaz de gerar amplo poder à atuação em nome do interesse partidário, passando a centralizar, de maneira considerável, o padrão decisório[21], com única ressalva acerca da distribuição pautada nos direitos partidários:

> No Legislativo, os votos dos representantes eleitos pelo povo têm o mesmo peso, independentemente do número de eleitores que os elegeram, do número de mandatos que já exerceram, do partido a que se filiam etc. No entanto, para o desempenho de suas funções, os legislativos desenvolveram padrões organizacionais próprios. Para tanto, distribuem de maneira desigual os recursos e direitos parlamentares.[22]

Em questões de procedimento, conforme lembra Limongi e Figueiredo, os líderes acabam por representar as suas bancadas, "[...] deixando a distribuição interna do poder em ambas as casas é feito de acordo com princípios de proporcionalidade partidária [...]"[23], como faz exemplo a ocupação dos cargos que conduzem a atividade legislativa.

Mesmo existindo nas comissões forças centrífugas que buscam descentralizar os trabalhos, é importante assinalar que isso, por si

---

20 MIRANDA, Geralda Luiza de. A delegação aos líderes partidários na Câmara dos Deputados e no Senado Federal. **Revista de Sociologia e Política**, Curitiba, v. 18, n. 37, p. 201, out. 2010.

21 Limongi e Figueiredo, de maneira sucinta, entrega um exemplo claro de como o Regimento Interno centraliza o papel decisório. Como exemplo disso, o direito do exercício à palavra, "[...] nem todos podem falar a qualquer momento, senão os debates não teriam fim. Ainda que os direitos das minorias tendam a ser defendidos, para se tomar decisões é necessário que as maiorias sejam capazes de vencer a obstrução das minorias." LIMONGI, Fernando; FIGUEIREDO, Argelina. Bases institucionais do Presidencialismo de Coalizão. **Lua Nova: Revista de Cultura e Política**, São Paulo, n. 44, p. 91, 1998. Disponível em: <http://dx.doi.org/10.1590/S0102-64451998000200005>. Acesso em: 12 ago. 2018.

22 Ibid., p. 91.

23 LIMONGI, Fernando; FIGUEIREDO, Argelina. Bases institucionais do Presidencialismo de Coalizão. **Lua Nova: Revista de Cultura e Política**, São Paulo, n. 44, p. 91, 1998. Disponível em: <http://dx.doi.org/10.1590/S0102-64451998000200005>. Acesso em: 12 ago. 2018.

só, não basta. Os líderes de cada partido acabam concentrando o poder de controlar o fluxo dos trabalhos parlamentares, naturalizando esse princípio organizacional, fator este que acaba gerando hegemonia na concretização do interesse do partido.

De maneira mais concreta, o Regimento Interno da Câmara dos Deputados, institucionalizou o Colégio de Líderes[24], composto pelo presidente da Câmara e Líderes da Maioria, da Minoria, dos partidos, dos blocos parlamentares e do Governo, que, naquele momento, exercia a função de discutir e negociar, buscando conciliar os diferentes interesses das categorias da casa correspondente.

Segundo lembra Figueiredo, o Colégio de Líderes contribui - excessivamente - para a "concentração de poderes que se observa no Parlamento brasileiro"[25], influenciando no comportamento dos demais parlamentares[26]e estendendo, para dentro do Legislativo, a influência e a vontade política do governo. Anexo a essa ideia, o processo legislativo, dentro de seu espectro, possui quatro regimes de tramitação: o ordinário, o de prioridade, o de urgência e o de urgência urgentíssima.

Quanto ao primeiro, o regime de tramitação ordinária é a regra, que é, por óbvio, a que mais se estende no tempo. Segundo o Glossário da Câmara dos Deputados trata-se do "[...] regime mais comum de tramitação de proposições. Nele são observadas todas

24 Segundo informam Figueiredo e Limongi, "[...] somente os partidos com mais de 1/100 da representação tem assento nesse colégio". FIGUEIREDO, Argelina Cheibub; LIMONGI, Fernando. **Executivo e legislativo na nova ordem constitucional**. 2. ed. Rio de Janeiro: Editora FGV, 2001. p. 46.

25 É importante assinalar, também, que, parte da doutrina entende estar, no Colégio de Líderes, à capacidade que o plenário não possui, que é o de organizar trabalhos, sem as discussões prévias conduzidas por um órgão reduzido que, em conjunto com o Presidente da Casa, produziria à pauta de votações. FIGUEIREDO, Juliana Baldoni. O colégio de líderes: surgimento e evolução. **E-legis**, Brasília, n. 8, p. 6-33, 1º sem. 2012.

26 MULLER, Friedrich. Teoria moderna e interpretado dos direitos fundamentais. Especialmente com base na teoria estruturante do direito. **Anuario Iberoamericano de Justicia Constitucional**, [s.l.], n. 7, p. 315-327, 2003.

as formalidades, exigências e interstícios previstos no Regimento Interno da Casa Legislativa."[27]

Já o regime de prioridade, diz respeito aos projetos cuja iniciativa é de competência do Chefe do Executivo, do Judiciário, do Ministério Público, da Mesa, de Comissão, do Senado Federal ou dos cidadãos.

Segundo o glossário da Câmara dos Deputados o uso desse tipo de regime gera, por consequência lógica, a dispensa das "[...] exigências regimentais para que determinada proposição seja incluída logo após as em regime de urgência na Ordem do Dia seguinte [...]"[28], passando a restar, então, outros dois tipos de tramitação, que são os regimes de Urgência e o de Urgência Urgentíssima.

Enquanto o primeiro diz respeito à dispensa de "[...] algumas exigências, prazos ou formalidades regimentais para que determinada proposição seja de logo considerada, até sua decisão final [...]"[29], passando a remeter a proposição normativa à inclusão do debate da matéria na ordem do dia da sessão seguinte[30], o segundo gera a inclusão na Ordem do Dia da sessão plenária atual, para que a matéria possa vir a ser votada imediatamente. Segundo o Glossário:

---

27 BRASIL. Câmara dos Deputados. **Glossário do Portal da Câmara dos Deputados**. Brasília: Câmara dos Deputados, c2006. Disponível em: <http://www2.camara.leg.br/glossario>. Acesso em: 2 set. 2006. online.

28 Ibid., online.

29 Ibid., online.

30 Limongi e Figueiredo, falando sobre o regime de urgência, afirma que o uso do instituto gera, na matéria discutida, a retirada da comissão em que está localizada o projeto para, logo em seguida, vir a ser remetida ao plenário da casa. "Considerados todos os recursos possíveis, após a aprovação do pedido de urgência, a entrada da matéria na ordem do dia pode ser retardada por, no máximo, duas sessões." LIMONGI, Fernando; FIGUEIREDO, Argelina. Bases institucionais do Presidencialismo de Coalizão. **Lua Nova: Revista de Cultura e Política**, São Paulo, n. 44, p. 47, 1998. Disponível em: <http://dx.doi.org/10.1590/S0102-64451998000200005>. Acesso em: 12 ago. 2018.

> É um mecanismo de deliberação instantânea de matéria considerada de relevante e inadiável interesse nacional. Por ele, são dispensadas todas as formalidades regimentais, exceto as exigências de quórum, pareceres e publicações, com o objetivo de conferir rapidez ao andamento da proposição. O requerimento para adoção do rito de urgência urgentíssima deve ser apresentado pela maioria absoluta dos deputados ou por líderes que representem esse número. Aprovado o requerimento, a proposição, também por maioria absoluta, poderá entrar automaticamente na Ordem do Dia para discussão e votação imediata, ainda que já tenha sido iniciada a votação de outra matéria.[31]

Tanto o regime de urgência, quanto o regime de urgência urgentíssima são, comumente, usados como expressão da vontade partidária ou da bancada. Em ambas as solicitações, há retirada da matéria, de dentro das comissões, para a pronta manifestação do plenário da casa em questão. Em outras palavras, o uso destes regimes de tramitação acaba por limitar de sobremaneira "[...] a capacidade dos próprios parlamentares de apresentar emendas ao projeto [...] retirando-lhes a possibilidade de defender com sucesso os interesses específicos a seu eleitorado a partir de uma estratégia individual [...]"[32], aprisionando, assim, a atividade parlamentar individualmente considerada.

Por força do regimento, "[...] os líderes dispõem de um arsenal significativo de recursos por meio dos quais controlam e circunscrevem a atuação dos parlamentares [...]"[33], forçando, então, que os congressistas acabem proferindo seus votos em conformidade com aquilo que foi dado pelas suas bancadas. Nesse contexto, a exceção da Proposta de Emenda Constitucional e projetos de Lei Comple-

---

31 BRASIL, op. cit., online.

32 LIMONGI, Fernando; FIGUEIREDO, Argelina. Bases institucionais do Presidencialismo de Coalizão. **Lua Nova: Revista de Cultura e Política**, São Paulo, n. 44, p. 93, 1998. Disponível em: <http://dx.doi.org/10.1590/S0102-64451998000200005>. Acesso em: 12 ago. 2018.

33 Ibid., p. 95.

mentar, as deliberações ocorridas no Congresso Nacional devem seguir, preferencialmente, o processo de votação simbólica, o que não tira o direito da expressão nominal.

Um requerimento de um Senador da República, apoiado por três colegas, ou líderes e vice-líderes, que representam 32 deputados, pode possibilitar que haja verificação de quórum a fim de possibilitar votação nominal, imediatamente, após ter sido proclamado o resultado de votação simbólica.

Há, além destes citados mecanismos de controle, outro instrumento importante para execução do tipo de política que irá centralizar o debate nacional nas mãos do Presidente da República. Trata-se do instituto da Urgência Constitucional previsto no art. 64, § 1º da Constituição Federal de 1988.

Nas palavras de Billafan, o requerimento dá, ao Presidente da República, "[...] a prerrogativa de solicitar urgência para a votação de Projetos de sua iniciativa como também permite que o Executivo encaminhe uma proposição com esse pedido de urgência."[34]

Já Streck e Oliveira afirmam que o requerimento de urgência, manejado pelo chefe do executivo, possibilita que determinado projeto passe a ganhar prioridade no andamento, até que a matéria venha a ser:

> [...] apreciada pela Câmara dos Deputados no prazo de 45 dias, a contar de seu recebimento. Se for aprovado na Câmara, terá o Senado Federal igual prazo para sua apreciação. O prazo total é, pois, de 90 dias para o pronunciamento de ambas as casas. Mas, se o Senado emendar o projeto, as emendas deverão ser apreciadas pela Câmara em 10 dias, com o quê o prazo total fica dilatado para 100 dias. Na hipótese de a Câmara e o Senado não se manifestarem sobre o projeto apresentado sob urgência

34 BILLAFAN, Valéria da Costa Lima. **Atuação do legislativo frente ao presidencialismo de coalizão.** 2012. 79f. Monografia (Especialização) – Curso de Instituições e Processos Políticos do Legislativo, Câmara dos Deputados, Brasília, 2012. p. 41.

> nos prazos regulamentares, todas as demais deliberações legislativas ficarão sobrestadas, com exceção das que tenham prazo constitucional determinado, até que se ultime a votação (EC n. 32/2001).[35]

Ademais, o Chefe do Executivo, também, possui, sob seu espectro, largo espaço de iniciativa exclusiva, podendo legislar naquilo que há de mais importante na política. Limongi, quando fala sobre isso, ao afirmar que o presidente tem "[...] a prerrogativa exclusiva de iniciar legislação nas principais áreas de política: tributação[36], orçamento e fixação dos quadros do funcionalismo, para citar as áreas fundamentais [...]"[37], o que demonstra, muito claramente, não ser, ele, "um legislador qualquer"[38] mas, sim, o principal fomentador da alteração do *status quo* legal.

Por fim – e o mais significativo de todos –, há previsão, no auge do art. 62 da Constituição Federal de 1988, de manuseio pelo Chefe do Executivo das Medidas Provisórias. Amaral Junior, falando sobre o instituto, registra ser, ela, o "[...] pressuposto do Governo a possibilidade de ele exercer poder normativo primário, isto é, com força, valor e eficácia de lei"[39].

---

35 STRECK, Lenio Luiz; OLIVEIRA, Marcelo Andrade Cattoni de. Comentário ao artigo 64. In: CANOTILHO, J. J. Gomes et al. (Coords.). **Comentários à Constituição do Brasil**. São Paulo: Saraiva: Almedina, 2018. p. 2202.

36 Limongi, ao indicar à tributação como uma das áreas de iniciação legislativa do Presidente da República, incide em erro. Não está, nas atribuições do Poder Executivo, a capacidade constitucional de iniciar legislação nesta área.

37 LIMONGI, Fernando. A democracia no Brasil: presidencialismo, coalizão partidária e processo decisório. **Novos estudos – CEBRAP**, São Paulo, n. 76, p. 27, nov. 2006. Disponível em: <http://dx.doi.org/10.1590/S0101-33002006000300002>. Acesso em: 20 jan. 2018.

38 A concentração das iniciativas legais só ocorreu após à previsão do texto constitucional. Segundo Limongi, o "[...] seu poder institucional reforçado pela Constituição de 1988 [...]", tende a aproximar o Presidencialismo brasileiro das democracias parlamentaristas europeias. Ibid., p. 17.

39 AMARAL JUNIOR, José Levi Mello do. Comentário ao Art. 62. In: CANOTILHO, J. J. Gomes et al. (Coords.). **Comentários à Constituição do Brasil**. São Paulo: Saraiva: Almedina, 2013. p. 1146.

Em outras palavras, "[...] quando legitimado pela maioria parlamentar, o Governo exercita amplas funções legislativas com a desenvoltura que não é própria do Parlamento [...]"[40], deslocando, assim, o centro da vida institucional do país, do Poder Legislativo, para dentro do Governo.[41]

No Estado Democrático de Direito, o instituto acaba por exercer duas funções básicas: uma de cunho legislativo, porque tem o condão de inovar o ordenamento jurídico abstrata e concretamente, e outra de cunho político, quando passa a posicionar-se como claro instrumento de governabilidade e centralização da agenda política do país.

Em relação a primeira função, a Medida Provisória, espécie normativa prevista no art. 59 da CF/88, é "[...] ato normativo primário [...] da competência privativa do Presidente da República, para fazer frente a caso de relevância e urgência (daí a fórmula 'decretação de urgência')"[42]. Há de se falar, aqui, não se tratar de lei, mas, sim, de ato que possui "a força da lei"[43], de clara "[...] índole normativa emergencial, [...] de caráter provisório e resolúvel."[44]

É, após a edição do instrumento normativo, que o Congresso Nacional passa a ter a função de escrutinar as razões que levaram o uso do instituto[45], tendo que emitir posicionamento em relação a

40 Ibid., p. 2146.

41 Amaral Junior, para essa condição, nomina de "legislação motorizada de origem governativa." Ibid., p. 1146.

42 Ibid., p. 2429.

43 TEMER, Michel. **Elementos de Direito Constitucional**. 18. ed. São Paulo: Malheiros, 2001. p. 151.

44 BRANCO, Paulo Gustavo Gonet; MENDES, Gilmar Ferreira. **Curso de Direito Constitucional**. 8. ed. São Paulo: Saraiva, 2013. p. 875-876.

45 Para Amaral Junior, a necessidade da presença da lei de conversão, muito comum em ordenamentos jurídicos democráticos, dispensado em experiências autoritárias, acaba por "[...] transformar o ato legislativo do Governo em um do Parlamento, o que recupera, ao menos em parte, um dos ideais de Montesquieu: a lei não pode ser aplicada pela mesma autoridade ou órgão que a fez." AMARAL JUNIOR, José Levi Mello do. Comentário ao Art. 62. In: CANOTILHO,

matéria, sob pena de sobrestar as deliberações legislativas ordinárias de cada casa[46], conforme dispõe o art. 62, § 6º, da Constituição Federal de 1988.

É importante indicar que o seu uso gera, de plano, o "afastamento *pro tempore* do princípio da separação de Poderes"[47] (grifo do autor), conflagrando, no Executivo, a possibilidade real de dominação dos temas discutidos no plenário das casas legislativas.

Quanto à segunda, há de ser gasto um tempo a mais no tema, muito em função da dimensão que a Medida Provisória gera na relação institucional entre os poderes Executivo e Legislativo.

A Constituição Federal de 1988[48], no auge do art. 2º, prescreveu a independência e a harmonia como fundamentos para a

---

J. J. Gomes et al. (Coords.). **Comentários à Constituição do Brasil**. São Paulo: Saraiva: Almedina, 2013. p. 1146.

46 Quanto a isso, a Suprema Corte, no julgamento do MS nº 27.931/DF, sob a relatoria do Ministro Celso de Mello, decidiu que o sobrestamento da pauta, motivada pela não apreciação das medidas provisórias (MPs) dentro do prazo de 45 dias, só poderiam alcançar os projetos de lei que teriam temáticas possíveis de ser tratadas pela Medida Provisória. Em outras palavras, passíveis de serem tratados por MP. Em outras palavras, à Câmara dos Deputados, adequadamente – e sem ferir os termos descritos na Constituição Federal de 1988 – poderia deliberar propostas de emenda à constituição, projetos de lei complementar, projetos de resolução e, por fim, projetos de decreto legislativo. BRASIL. Supremo Tribunal Federal. **Mandado de Segurança nº 27.931/DF**. Relator: Min. Celso de Mello. Brasília, DF, 13 de novembro de 1997.

47 BULOS, Uadi Lammêgo. **Curso de Direito Constitucional**. 8. ed. São Paulo: Saraiva, 2014. p. 1206.

48 O constitucionalismo moderno, entendido por Bobbio, Matteucci e Pasquino como a técnica da liberdade "[...] pela qual é assegurada aos cidadãos o exercício dos seus direitos individuais e, ao mesmo tempo, coloca o Estado em condições de não os poder violar [...]" estipulava dois mandamentos fundamentais para que, as respectivas sociedades, fossem consideradas democráticas: i) os direitos dos cidadãos que, mais tarde, foram registradas em nossa carta constitucional como direito e garantias individuais, e ii) os limites à atuação do Estado, inscrito no texto fundamental como Separação dos Poderes. Uma sociedade que não registre nenhum destes dois elementos, lhes retiraria a qualidade de Estado de Direito. BOBBIO, Norberto; MATTEUCCI, Nicola; PASQUINO, Gianfranco. **Dicionário de política**. Brasília: Editora da UnB, 2010. p. 248.

separação dos poderes, buscando, em certa medida, o "controle do poder pelo próprio poder."[49]

Nestas linhas, o documento fundamental estabeleceu um conjunto estanque de funções objetivando entregar o exercício regular das funções estatais de legislar, administrar e jurisdicionar, a "[...] três órgãos, ou grupo de órgãos, que as exercerão com exclusividade, ou ao menos preponderantemente."[50] Desta forma, ficaria a cargo do Poder Legislativo o dever de legislar em prol da sociedade. Ao Poder Judiciário, a função jurisdicional e, ao Poder Executivo, a função de administração, dando, à nação, o caminho que achar adequado.

Pelas razões já citadas, a Separação dos Poderes, ao observar a lógica imposta pela dinâmica institucional brasileira, conflagra o Poder Executivo como maior produtor legal, transformando-a numa outra organização de poderes, subvertendo e, por vezes, invertendo as funções de cada poder.

Durante os 30 anos do texto constitucional, a Medida Provisória, que nasceu sem delimitação temática e, consequente, limites à reedição do texto, passou por algumas modificações. Primeiro, de cunho legislativo, com a publicação da Emenda Constitucional nº 32 de 2001, e, durante os 30 anos, de cunho jurisprudencial, se tomarmos o formato de entendimento dado pela Suprema Corte ao debate do instituto.

Com relação a alteração legislativa, a Emenda Constitucional nº. 32 de 2001 trouxe importantes modificações à disciplina da matéria, passando a tratar, com maior rigor, o uso da medida. Segundo Amaral Junior, a emenda:

> [...] (1) definiu, com clareza, matérias vedadas à medida provisória, (2) vedou a reedição de medida provisória não convertida em lei no prazo – mais realista – de sessenta dias, prorrogável

49 MENDES, Gilmar Ferreira et al. **Comentários à Constituição do Brasil**. São Paulo: Saraiva, 2013. p. 144.

50 FERREIRA FILHO, Manoel Gonçalves. **Curso de Direito Constitucional**. 37. ed. São Paulo: Saraiva, 2011. p. 161.

> uma única vez por igual período; (3) tutelou de modo adequado – ou seja, em favor da segurança jurídica – as relações jurídicas decorrentes de medida provisória rejeitada ou caduca por decurso de prazo: as relações jurídicas constituídas e decorrentes de atos praticados durante a vigência da medida provisória conservar-se-ão por ela regidas, salvo se acaso o Congresso Nacional vier a dispor de modo diverso por meio de decreto legislativo editado em até sessenta dias após a rejeição ou perda de eficácia de medida. Porém, a novidade mais importante da Emenda n. 32 é a imposição de prazos inexoráveis à tramitação parlamentar da medida provisória, o que força ou a votação (aprovando, modificando ou rejeitando) ou a caducidade da decretação de urgência por decurso de prazo. Com isso, combate-se a inércia decisória. Se acaso ela ocorrer, o decurso de prazo resolve a sorte da medida provisória pela caducidade.[51]

Essas modificações, entre todas, acabam por tornar-se parâmetros objetivos ao exercício do controle de constitucionalidade da decretação e da respectiva lei de conversão, sob pena de evidenciar alguma inconstitucionalidade na medida, seja ela formal ou material.

Quanto à modificação do entendimento dado pelo Poder Judiciário, Amaral Junior, indicara que o Poder Judiciário brasileiro teria amadurecido bastante, "[...] no sentido de conferir maior restrição às medidas provisórias"[52].

---

51 AMARAL JUNIOR, José Levi Mello do. Comentário ao Art. 62. In: CANOTILHO, J. J. Gomes et al. (Coords.). **Comentários à Constituição do Brasil**. São Paulo: Saraiva: Almedina, 2013. p. 1152-1154.

52 Com relação a essa situação, é valido relembrar o julgamento da Ação Direta de Inconstitucionalidade n. 2.348-9/DF, sob a Relatoria do Ministro Marco Aurélio, julgada em 07 de dezembro de 2000, de maior importância do Supremo Tribunal Federal, firmado "sob o regime originário da medida provisória", que, pela primeira vez, a corte constitucional teria fulminado "medida provisória em razão do não cumprimento do requisito constitucional de urgência." AMARAL JUNIOR, José Levi Mello do. Comentário ao Art. 62. In: CANOTILHO, J. J. Gomes et al. (Coords.). **Comentários à Constituição do Brasil**. São Paulo: Saraiva: Almedina, 2013. p. 1154.

É, na Medida Provisória, o mais vistoso e estratégico poder disposto ao Presidente da República, não só por que dá à "[...] capacidade dele dispor e interferir sobre a agenda legislativa das Casas do Congresso Nacional [...]"[53], como, também, deflagra o Executivo como o mais produtor de leis, ao contrário do que, inadvertidamente, alguns acreditam apontar. Sampaio, falando sobre, é claro ao dizer que:

> [...] a Constituição atual foi elaborada por uma Assembleia Nacional Constituinte. Não foi outorgada por ditadura alguma. Pode-se dizer, assim, que a previsão de medida provisória é reconhecimento explícito e refletido de que, com ou sem ditadura, instrumento com força de lei imediata, em mãos do Executivo, é necessário.[54]

Limongi e Figueiredo explicam haver grande diferença no que diz respeito aos projetos de lei insertos, por cada um dos três poderes, no parlamento.[55] "Enquanto o Judiciário e o Executivo propõem leis como uma instância institucional [...]"[56], as que são geradas pelo Legislativo possuem a característica da individualidade.[57] Bastos e Martins avançam um pouco mais no assunto, dando, ao Executivo, uma melhor visão por estar gerindo:

---

53 Ibid., p. 1154.

54 SAMPAIO, Marco Aurélio. **A medida provisória no presidencialismo brasileiro**. São Paulo: Malheiros, 2007. p. 120.

55 FIGUEIREDO, Argelina Cheibub; LIMONGI, Fernando. Mudança constitucional, desempenho do Legislativo e consolidação institucional. **Revista Brasileira de Ciências Sociais**, São Paulo, v. 10, n. 29, p. 175-200, 1995.

56 Ibid., p. 192.

57 Limongi e Figueiredo, sobre isso, afirmam que "[...] a proposição de leis por parlamentares não tem que ser necessariamente individual: partidos, comissões ou grupos informais de deputados podem vir a fazê-lo. Mas essa não é a realidade no Congresso brasileiro." LIMONGI, Fernando; FIGUEIREDO, Argelina. Bases institucionais do Presidencialismo de Coalizão. **Lua Nova: Revista de Cultura e Política**, São Paulo, n. 44, p. 53, 1998. Disponível em: <http://dx.doi.org/10.1590/S0102-64451998000200005>. Acesso em: 12 ago. 2018.

> A administração da coisa pública, não poucas vezes, exige conhecimento que o Legislativo não tem, e outorgar a este poder o direito de apresentar os projetos que desejasse seria oferecer-lhe o poder de ter sua iniciativa sobre assuntos que refogem a sua maior especialidade. Se tal possibilidade lhe fosse ofertada, amiúde, poderia deliberar de maneira desastrosa, à falta de conhecimento, prejudicando a própria Administração Nacional.[58]

Em outros termos, o cunho político das medidas provisórias, gera, na realidade institucional do país, a viabilização da discussão da agenda do governo para dentro do Parlamento[59], pouco importando quais os "obstáculos que a minoria anteporá."[60] Por mais que tentem parar à tramitação dos projetos de interesse da maioria, o "[...] Poder de Agenda dota à maioria dos meios para transpor estes obstáculos."[61]

Diante desse arranjo institucional construído pela Assembleia Nacional Constituinte, restariam apenas duas alternativas de posicionamento ao congressista: "[...] fazer parte da coalizão presidencial na legislatura em curso, ou cerrar fileiras com a oposição esperando chegar à Presidência no próximo termo."[62]

---

58 MARTINS, Ives Gandra da Silva. **Comentários à Constituição do Brasil**. 2. ed. São Paulo: Saraiva, 1995. v. 4, t. 1. p. 387.

59 Quanto a isso, Moisés informa que este conjunto de instrumentos produz, no Poder Legislativo "[...] um papel mais reativo do que proativo [...] pois ela afeta a legitimidade e a efetividade de uma dimensão central do regime." Em outras palavras, ao agir assim, o Legislativo acaba perdendo a capacidade "[...] de representar do mesmo modo os segmentos majoritários e as minorias constitutivas da sociedade [...]", o que é de extrema gravidade para a qualidade de nossa democracia, demonstrando grande dificuldade de ação por parte do Legislativo. MOISÉS, José Álvaro. A corrupção afeta a qualidade da democracia? **Em Debate**, Belo Horizonte, v. 2, n. 5, p. 9-10, maio 2010.

60 FIGUEIREDO, Argelina; LIMONGI, Fernando. Poder de agenda e políticas substantivas. In: INÁCIO, Magna; RENNÓ, Lúcio (Org.). **Legislativo brasileiro em perspectiva comparada**. Belo Horizonte: UFMG, 2009. p. 22.

61 Ibid., p. 22-23.

62 LIMONGI, Fernando. A democracia no Brasil: presidencialismo, coalizão partidária e processo decisório. **Novos estudos – CEBRAP**, São Paulo, n. 76, p. 41, nov.

A opção pela primeira pode gerar, na cabeça do observador, a simplificação da função exercida pelo Legislativo como um (quase) balcão de negócios. A esse respeito, Limongi e Figueiredo costuram:

> A imagem corrente das barganhas entre o Executivo e o Legislativo retrata uma negociação em que os parlamentares oportunistas são capazes de, a cada votação, extrair mais uma nomeação ou sinecura de um Executivo frágil e acuado pela necessidade constante de obter votos. Nessa barganha, os parlamentares seriam o lado forte, em condições de agir como verdadeiros chantagistas extraindo 'rendas' de seu monopólio sobre os votos de que o Executivo necessita. Essa imagem caricatural partilha com a concepção que propomos a premissa de que o Executivo controla recursos que os parlamentares desejam obter com vistas à sua reeleição. No entanto, não há por que tomar o Executivo como a parte fraca nessa barganha. O Executivo controla os recursos desejados por parlamentares, mas também pode retirar 'rendas' desse seu monopólio. Afinal de contas, por que o Executivo se disporia a entregar uma nomeação por preço tão baixo? Um só voto? Por que não ocorreria ao Executivo condicionar a nomeação à obtenção de dois votos? E por que não de três? E por que não de determinada agenda?[63]

O acúmulo dessas questões e instrumentos normativos, conforme já se percebe, faz gerar um único caminho possível aos congressistas, que é a submissão ao poder de agenda[64] imposta pelo

---

2006. Disponível em: <http://dx.doi.org/10.1590/S0101-33002006000300002>. Acesso em: 20 jan. 2018.

63 LIMONGI, Fernando; FIGUEIREDO, Argelina. Bases institucionais do Presidencialismo de Coalizão. **Lua Nova: Revista de Cultura e Política**, São Paulo, n. 44, p. 32, 1998. Disponível em: <http://dx.doi.org/10.1590/S0102-64451998000200005>. Acesso em: 12 ago. 2018.

64 Figueiredo e Limongi contestam a tese de que a afirmam ser, o Poder de Agenda, só poderia ser vizualizadas como "[...] o conjunto de propostas, com razoável grau de integração, compondo algo muito próximo de um programa de governo [...]", caso fossem apresentadas previamente ao Poder Legislativo. FIGUEIREDO, Argelina; LIMONGI, Fernando. Poder de agenda e políticas substantivas. In: INÁCIO, Magna; RENNÓ, Lúcio (Org.). **Legislativo brasileiro em perspectiva comparada**. Belo Horizonte: UFMG, 2009. p. 78.

Poder Executivo.[65] Sobre o Poder de Agenda, Santos afirma cumprir um papel inquestionável, quando confirma que ele:

> Serve para encurtar o tempo de tramitação das propostas, com a apresentação de pedidos de urgência; serve para evitar a entrada de projetos de lei inaceitáveis, devido à exclusividade da iniciativa do Executivo em projetos de natureza orçamentária e fiscal; serve para redefinir onde se fará a análise de um projeto por meio da criação de comissões especiais; e, por fim, serve para poupar o Congresso de ter de lidar com assuntos difíceis, através da edição de medidas provisórias.[66]

A conclusão, extraída por Limongi e Figueiredo, é de que a arqueologia constitucional acabava dando, ao Executivo, capacidade real de possibilitar que a sua agenda política, através do controle que exerce no formato comportamental dos parlamentares, viesse a ser aprovada.[67] A validade dessa premissa se funda em duas questões básicas: "A primeira diz respeito à disciplina partidária e a segunda, à possibilidade de que presidentes sejam sustentados por coalizões partidárias."[68]

Com relação à primeira questão, Mainwaring e Perez Linan explicam ser, a disciplina partidária, "[...] a proporção com que os membros de um partido votam do mesmo modo em votações no-

---

65 Santos informa não se tratar "[...] evidentemente, de questionar a separação formal entre os poderes de Estado (Executivo, Legislativo e Judiciário), mas sim a separação funcional entre Executivo e Legislativo no que se refere à formação dos governos e à produção de políticas públicas." SANTOS, Rafael Freitas dos. **Poder de agenda e participação legislativa no presidencialismo de coalizão brasileiro**. 2010. Dissertação (Mestrado em Ciência Política) – Faculdade de Filosofia, Letras e Ciências Humanas, Universidade de São Paulo, São Paulo, 2010. p. 25.

66 SANTOS, Fabiano. **O poder legislativo no presidencialismo de coalizão**. Belo Horizonte: Editora UFMG, 2003. p. 18.

67 LIMONGI, Fernando; FIGUEIREDO, Argelina. Bases institucionais do Presidencialismo de Coalizão. **Lua Nova: Revista de Cultura e Política**, São Paulo, n. 44, p. 81-106, 1998. Disponível em: <http://dx.doi.org/10.1590/S0102-64451998000200005>. Acesso em: 12 ago. 2018. p. 82-215.

68 Ibid., p. 90.

minais polêmicas [...]"[69], o que dá clareza em dizer que, um partido disciplinado, necessariamente, acaba por ser "aquele em que seus membros votam de forma unida", demonstrando, na disciplina partidária, o fundamento das razões para o posicionamento parlamentar.

Nessa lógica, sabendo qual é a vontade da liderança do bloco/partido, é possível "prever com acerto o resultado da votação em 93,7% dos casos"[70], influenciando o "funcionamento da legislatura e da interação entre executivo e legislativo."[71] Eis um recorte, claro, que exemplifica as altas da disciplina partidária por ano, entre 1995 a 2010:

▶ Figura 1 – Disciplinas partidárias entre 1995 e 2010 (%)

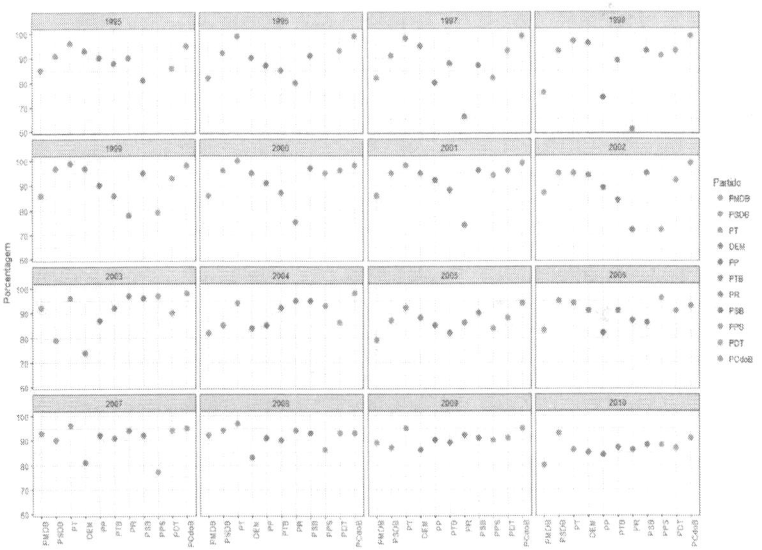

Fonte: Banco de Dados Legislativos do CEBRAP.

---

69 MAINWARING, Scott; PEREZ LINAN, Aníbal. Disciplina partidária: o caso da Constituinte. **Lua Nova**, São Paulo, n. 44, p. 108, 1998. Disponível em: <http://ref.scielo.org/5mtb3s>. Acesso em: 15 jun. 2018.

70 LIMONGI; FIGUEIREDO, op. cit., p. 90.

71 MAINWARING; PEREZ LINAN, op. cit., p. 109.

Com relação a segunda razão, Billafan explica ser, na coalizão, o fundamento autorizador, ao Presidente da República, de aplicar o "seu programa de governo diante de um Congresso multipartidarista"[72], o que daria, ao país, a efetivação dos termos de sua governabilidade.[73]

Figueiredo entende inexistir distinção para os regimes presidencialistas do que viria ser coalizão legislativa e coalizão de governo, pelo motivo simples de ser, a coalizão, "[...] mais que um grupo de legisladores que votam juntos em uma pauta particular."[74] Em outra perspectiva, citando Laver e Schofield:

> Uma coalizão de governo engendra uma pesada conotação de estabilidade, de ajustamento sobre uma grande variedade de questões, de status institucional formal que é apenas ocasio-

---

72 BILLAFAN, Valéria da Costa Lima. **Atuação do legislativo frente ao presidencialismo de coalizão.** 2012. 79f. Monografia (Especialização) – Curso de Instituições e Processos Políticos do Legislativo, Câmara dos Deputados, Brasília, 2012. p. 31.

73 Segundo Schier: "A ideia central do presidencialismo de coalização sustenta que, para que haja governabilidade, demanda-se (i) coalizão na formação da aliança, (ii) coalização na formação do governo e (iii) coalização governante." SCHIER, Paulo Ricardo. Presidencialismo. In: CAMPILONGO, Celso Fernandes; GONZAGA, Alvaro de Azevedo; FREIRE, André Luiz (Coords.). **Enciclopédia jurídica da PUC-SP**. São Paulo: Pontifícia Universidade Católica de São Paulo, 2017. Tomo: Direito Administrativo e Constitucional. Vidal Serrano Nunes Jr., Maurício Zockun, Carolina Zancaner Zockun, André Luiz Freire (coord. de tomo). Disponível em: <https://enciclopediajuridica.pucsp.br/verbete/38/edicao-1/presidencialismo>. Acesso em: 6 set. 2018. online.

74 Camargo e Hermany, quando fala sobre o critério que se utiliza para iniciar ou finalizar a constituição de uma coalizão, explica ser os mesmos requisitos usados nos sistemas parlamentaristas. Segundo eles: "1) qualquer mudança no conjunto de partidos que fazem parte do gabinete; 2) qualquer mudança na identidade do primeiro-ministro; e 3) qualquer eleição geral, seja porque foi exigida pelo fim de um período constitucional intereleitoral, ou porque foi precipitada pela dissolução prematura do parlamento." Com pequenas alterações que não afetam a comparabilidade com países parlamentares, esses critérios são suficientemente gerais para que sejam aplicáveis à formação e às mudanças nos governos com sistema presidencial." FIGUEIREDO, Argelina Cheibub. Coalizões governamentais na democracia brasileira. **Revista Primeiros Estudos**, São Paulo, v. 6. n. 3, p. 159-196, 2012. CAMARGO, Daniela Arguilar; HERMANY, Camargo. Prefeito de coalizão: análise dos efeitos na esfera local. **Revista Direito Fundamentais & Democracia**, Curitiba, v. 22, n. 3, p. 134, set./dez. 2017.

> nalmente experimentada no legislativo, e de controle executivo sobre todas as áreas-chaves de políticas públicas, por meio das pastas nos gabinetes.[75]

Nesses termos, há diversos instrumentos, que, aqui, nominaremos de ativos eleitorais[76] para melhor compreensão, disponíveis ao Presidente da República, que acabam por facilitar a manutenção dos termos definidos pela coalizão, a fim de gerar os resultados pretendidos.

Segundo Monteiro, esses ativos eleitorais acabam por estar "[...] associados às benesses relacionadas à proximidade com a figura do Presidente e seu poder para preencher cargos."[77]

De início, o poder de nomeação aos cargos da administração direta e indireta, por parte do Presidente da República, acabam por garantir, aquele partido, acesso a um capital político único, sendo, para Avelino Filho, Biderman e Bueno, haver duas razões que acabariam por consubstanciar o acesso desses partidos aos respectivos cargos:

---

75 LAVER, Michael; SCHOFIELD, Norman. **Multiparty government**: the politics of coalition in Europe. Ann Arbor: The University of Michigan Press, 1990. p. 129.

76 A previsão do termo "ativos eleitorais" tem lastro no trabalho apresentado por mim e pelo querido Pedro Henrique Salles no fechamento da disciplina Constituição, Poder e Diálogos Institucionais no Programa de Mestrado do Instituto Brasiliense de Direito Público – IDP/DF, ministrada pelo Prof. Dr. Sergio Antonio Ferreira Victor.

77 Tavares registra não haver dúvidas de que os presidentes, depois da promulgação da Constituição de 1988, conseguiram eficiência na aprovação de seus projetos de lei. Todavia, há o efeito rebote que, em conjunto com a "[...] alocação de ministérios, o *pork barre* orçamentário e a troca de favores têm contribuído para o baixo nível das relações institucionais." (grifo do autor). MONTEIRO, Jorge Vianna. **Como funciona o governo**: escolhas públicas na democracia representativa. Rio de Janeiro: Editora FGV, 2007. p. 61-62; TAVARES, Marcelo Leonardo. Semipresidencialismo no Brasil: por que não? **Revista de informação legislativa: RIL**, v. 54, n. 215, p. 59, jul./set. 2017. Disponível em: <http://www12.senado.leg.br/ril/edicoes/54/215/ril_v54_n215_p59>. Acesso em: 20 jan. 2018.

> O primeiro é o apoio dos eleitores à implementação das propostas programáticas do partido para a área sob jurisdição do ministério. O segundo aspecto, mais importante para os propósitos deste trabalho, é a capacidade do partido de usar os recursos do ministério para atender demandas de eleitores específicos. No caso brasileiro, este último aspecto seria representado pela capacidade de direcionar os recursos do ministério para os municípios, como forma de gerar vantagens eleitorais prioritariamente para os deputados membros da bancada partidária responsável pela indicação do ministro.[78]

Assim, o Executivo, quando organiza seu gabinete, passa a distribuir em conformidade com o peso do apoio político do partido que faz parte da coalizão. Segundo ele:

> Isso não só possibilita que qualquer partido que participe da coalizão de apoio seja também parte do governo, como favorece a formação de coalizão ampla, na qual podem incluir-se outros partidos que não os originariamente parceiros do Executivo desde a sua lide eleitoral. [...] e, ao serem concedidas pastas ministeriais a determinados partidos políticos, é de se lhe esperar fidelidade ao governo nas votações no congresso, enquanto dure tal situação.[79]

Aliadas ao primeiro ativo eleitoral, as emendas individuais parlamentares, também, são colocadas como a principal ferramenta do parlamentar à produção de política diretamente com seu eleitorado, bem como às transferências voluntárias aos chefes do executivo de outros entes federativos, cujo político acabam por integrar o mesmo partido, e por ser significativamente mais altas, quando comparados a outros entes federativos não chefiados por políticos de outros partidos. É o que Avelino Filho, recortando um tipo de transferência voluntária, afirma quando registra que

78 AVELINO FILHO, George; BIDERMAN, Ciro; BUENO, Natália Salgado. **Além da ponta do iceberg**: transferências voluntárias e a política de distribuição de recursos. [S.l.: S.n.], 2015. p. 15.

79 SAMPAIO, Marco Aurélio. **A medida provisória no presidencialismo brasileiro**. São Paulo: Malheiros, 2007. p. 138.

> [...] essa regressão simples indica que os municípios com prefeitos do mesmo partido do ministro recebem cerca de R$ 24 mil reais a mais por mês do que os demais municípios. Esse é um valor bastante expressivo se considerarmos que a média de valor do convênio para o período analisado é da ordem de R$ 531 mil. Ou seja, a arrecadação extra com motivação potencialmente política ao longo do ano representa mais da metade de um valor médio de convênio no período estudado. Certamente esse resultado indica que as transferências para municípios do mesmo partido que o prefeito são significativamente maiores em termos econômicos (não apenas estatísticos) do que para os demais municípios.[80]

Para além destes ativos eleitorais, há, de plano, a proeminência da atividade parlamentar que tende a concentrar todos os projetos que saem de seu governo no partido do Presidente da República e para a coalizão, respeitando, em partes, o nível de importância dos partidos à consecução da coalizão. Freitas, lembra bem como isso aconteceu:

> A participação do PT nas propostas, quando comparada com o governo do PSDB, é saliente. O PT assina quase todos os projetos que saem de seu governo e um terço dos que assina são relatados por ele mesmo. Os demais projetos assinados pelo PT são distribuídos majoritariamente para o PMDB, embora todos os outros partidos da coalizão tenham relatado pelo menos um projeto do PT. A participação do DEM relatando projetos do PT também não é pequena. Aqui, novamente, a participação da oposição é efeito da coalizão minoritária. O PMDB, tal como no governo FHC, 102 assina poucos projetos, ao mesmo tempo em que tem um papel destacado nas relatorias. Entre os demais partidos da coalizão, nenhum projeto foi assinado e relatado pelo mesmo partido.[81]

---

80 AVELINO FILHO, George; BIDERMAN, Ciro; BUENO, Natália Salgado. **Além da ponta do iceberg**: transferências voluntárias e a política de distribuição de recursos. [S.l.: S.n.], 2015. p. 28.

81 FREITAS, Andréa. **O presidencialismo da coalizão**. Rio de Janeiro: Fundação Konrad Adenauer, 2016. p. 101.

Assim, tendo a proeminência legislativa como foco, o governo passa a controlar e indicar quais dos congressistas irão ocupar a condição de relator de seus projetos nas Comissões e, também, no Plenário. De igual maneira, o governo, também, possui força para impedir que parlamentares que não integram a coalizão passem a ter papel expressivo em debates de maior relevo, expondo, de acordo com suas preferências, o congressista em situações de grandes controvérsias, passando, então, a agregar capital político ao demonstrar que o governo estaria no centro do debate político do país.

Os ativos eleitorais, conforme se vê, são importantes instrumentos para a concretização, primeiro, da coalizão que, uma vez efetivada, traça planos objetivos para a execução da governabilidade e, consequente, efetivação dos resultados propostos pela agenda política eleita.

Ao longo dos 30 anos do texto constitucional, o Presidencialismo de Coalizão acabou apresentando 5 fases bem definidas, conforme mostra infográfico abaixo:

► Figura 2 – Fases do Presidencialismo de Coalização

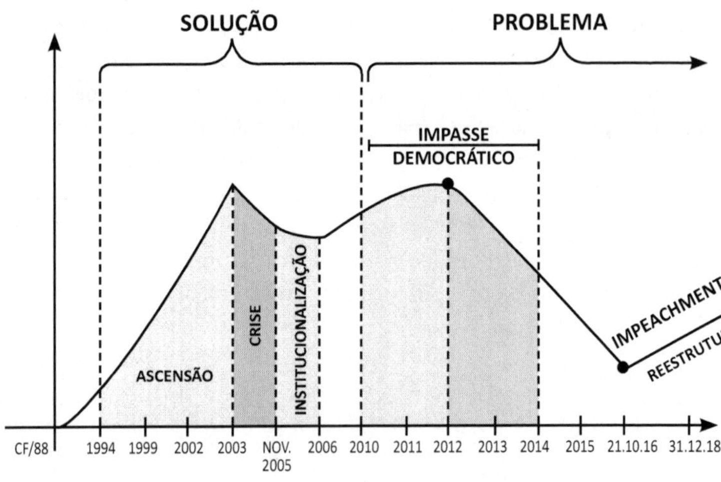

Fonte: elaborado pelo autor (2019).

A ascensão do Presidencialismo de Coalizão se dá, de maneira mais objetiva, em 1994, prosseguindo, até, o ano de 2002, justamente, por que é, nesse período, que a governabilidade passou a ser entendida como "superação da morosidade do Congresso"[82], passando a ser posicionada "com a formação de uma série de alianças."[83] Nas palavras do autor, "[...] tanto os constituintes quanto os principais governos depois de 1994, FHC e Lula, optaram pela governabilidade expressa na capacidade que tiveram de aprovar as suas propostas no Congresso."[84]

Está, em 1994, com a eleição de Fernando Henrique Cardoso, o argumento daquilo que serviria o Presidencialismo de Coalizão, isto é, "[...] da efetivação da capacidade de governar ainda em situação de minoria no congresso."[85] Nestas eleições, o Presidente da República acabou vindo a ser eleito com 55,22% dos votos válidos, enquanto, na sua reeleição, em segundo turno, teve um total de 53,06% dos votos válidos. Nas eleições proporcionais, o partido do Presidente da República, que era o PSDB, deu conta de eleger cerca de "[...] 63 deputados federais (13%) nas eleições de 1994 e 71 (15%) nas eleições de 1998."[86]

Já no segundo mandato (1998-2002), o índice de aprovação acabou caindo para 74,1% de suas proposições e leis, enquanto o Poder Legislativo passou a aprovar cerca de 22,8% de suas propostas, conforme informa o Banco de Dados Legislativos do Centro Brasileiro de Análise e Planejamento (CEBRAP).

Havia custos crescentes, impressos pela governabilidade, na execução do formato presidencial de coalizão. É, no primeiro man-

82 AVRITZER, Leonardo. **Impasses da democracia no Brasil**. Rio de Janeiro: Civilização Brasileira, 2016. p. 31.

83 Ibid., p. 31.

84 Ibid., p. 31.

85 AVRITZER, Leonardo. **Impasses da democracia no Brasil**. Rio de Janeiro: Civilização Brasileira, 2016. p. p. 34.

86 Ibid., p. 34.

dato do Partido dos Trabalhadores (PT), que esses custos passam a se tornar mais visíveis evidenciando, assim, o primeiro ponto de crise do sistema político.

É histórico o fato que unia, por fortes laços, o partido aos movimentos sociais. Todavia, a eleição de Luis Inácio Lula da Silva à cadeira presidencial, conforme lembra Avritzer "[...] não significou a continuação das concepções históricas do partido sobre a participação [...]"[87] e, sim, numa criação sólida da base parlamentar no Congresso Nacional. Foi, assim, que, em 2002, Lula veio a ser eleito Presidente da República com 61,27% dos votos válidos, enquanto, o seu partido elegia a maior bancada na câmara federal: 91 deputados federais.

Contudo, diante da incapacidade clara do Presidente da República não dar conta de produzir resultado com base, apenas, em seu partido, de início, o PT, optou por não se aliar ao PMDB, justamente, pelo passado recente de envolvimento com os movimentos sociais, entendeu-se em produzir coalizões com partidos menores a fim de formar a base de sustentação do governo.[88]

Segundo o supracitado autor, sabendo-se que não era possível efetivar radical reforma do sistema, alterou-se a promessa inicial de não atrair o PMDB pra dentro do governo e, aos poucos, pequenos acordos passaram a ser admitidos em temas como "[...] a diminui-

87 Ibid., p. 36.

88 Avritzer, falando justamente disso, explica que, para os termos da governabilidade, o resultado implicou que fosse mantido, em um primeiro momento, nas mãos do PT os ministérios da "Saúde, da Educação, do Desenvolvimento Social". Explica que, ao final dos último 12 (doze) anos, teriam sido, essas áreas, as responsáveis por produzir resultados coerentes, como o "bolsa família, reestruturação e expansão das Universidades Federais (Reuni), Exame Nacional do Ensino Médio (enem), Aumentos reais do salário mínimo, Sistema Único de Assistencia Social (SUAS), Sistema Nacional de Segurança Alimentar (Sisan) e um conjunto de políticas de saudade para o idoso." AVRITZER, Leonardo. **Impasses da democracia no Brasil**. Rio de Janeiro: Civilização Brasileira, 2016. p. 37.

ção da desigualdade de renda e reconhecimento social (e, em menor medida, de desigualdades ambientais)."[89]

A estratégia, apesar de gerar, para dentro do governo, resultados importantes, sobretudo, carreada na legitimidade de programas, como foi o Bolsa Família, trouxe, no curto prazo, a sensação de que o governo teria atingido seus objetivos "[...] no congresso e manteve certo controle da estrutura ministerial nas mãos do PT."[90] Entretanto, a estratégia teria custado caro no momento que explodiu o escândalo do mensalão que, buscando apoio parlamentar, a estrutura burocrática do partido acabou montando esquema de compra de apoio político no Congresso a partir de recursos públicos desviados e de empréstimos fraudulentos.

Um dos gravíssimos problemas que a crise do mensalão deixou para a governabilidade esteve na formulação das alianças tendo, como base, "[...] a cessão de importantes cargos públicos, em geral, na área de infraestrutura [...]"[91], gerando, então, diversos e gravíssimos casos de corrupção com a mesma lógica:

> O financiamento de campanha dos principais partidos da base aliada no congresso – PL, PR, PTB, PP e PMDB – se dá pela via da cobrança de porcentagens sobre grandes contratos públicos realizados com algumas das grandes empreitaras do país. Por sua vez, tais empresas transferem recursos para partidos e membros do sistema político de forma indiscriminada e sem nenhum controle, tornando esses fundos tanto a fonte de caixa dois como também de casos individuais de apropriação privada, que pode ser denominada de caixa três.[92]

A crise do mensalão, conforme lembra Avritzer, foi estancada e estabilizada, primeiro, ao recuperar o controle do Congresso Na-

89 Ibid., p. 37-38.

90 Ibid., p. 38.

91 Ibid., p. 39.

92 Ibid., p. 40.

cional na eleição que sucederia a Presidência de Severino Cavalcanti através do Partido Comunista do Brasil (PC do B), e, segundo, por sinalizar a atração do PMDB pra dentro do governo, ocupando, ainda, importantes cargos na república.[93]

É, nesse momento, que o Presidencialismo de Coalizão supera sua primeira crise e passa para a terceira fase marcada, objetivamente, pela sua institucionalização, que vai de 2006 a 2010.

Ao mudar de estratégia na formulação das alianças governamentais, substituindo partidos pequenos, por partidos grandes, como é o caso do PMDB, passando a ceder alguns ministérios centrais, a exemplo do Ministério da Saúde, Agricultura e Integração nacional. O PMDB, ainda no curso do segundo mandato de Lula, passa a ocupar a presidência, tanto da Câmara dos Deputados, quanto do Senado Federal.

Segundo lembra Avritzer, a reação do governo à crise do mensalão foi o ajuste do Presidencialismo de Coalizão à "[...] capacidade decisória do governo no Congresso Nacional com a escolha de um aliado principal, o PMDB [...]"[94], cerrando os olhos "[...] em relação a graves escândalos que ocorreram particularmente no Senado [...]"[95], fazendo nascer algo que iria tocar, de sobremaneira, o governo Dilma de que havia "[...] uma relação entre forma de governo, no caso o Presidencialismo de Coalizão, e a incidência de corrupção [...]"[96] instalando, assim, forte:

> [...] disjunção na governabilidade de acordo com a qual o governo tem forte capacidade de influência sobre o Congresso, mas o faz de maneira rejeitada pela opinião pública, tal como fica claro nas manifestações de junho de 2013 [...]. A opção pela

93 AVRITZER, Leonardo. **Impasses da democracia no Brasil.** Rio de Janeiro: Civilização Brasileira, 2016. p. 40.

94 Ibid., p. 42.

95 Ibid., p. 42.

96 Ibid., p. 42.

> institucionalização também se torna muito vulnerável com os processos de fortalecimento da Polícia Federal e do Ministério Público.[97]

É na virada de 2010 para 2011 que o Presidencialismo de Coalizão transmuda a sua significação. De solução e garantidor de governabilidade, passa a ser a grande fonte que irradia problemas para a nação, justamente, por impor, ao país, o peso de sua dinâmica. Nasceria, aqui, a quarta fase, alcunhada como a fase do impasse democrático (2010 - 31 de outubro de 2016) que termina com o *impeachment* da Presidenta da República, Dilma Vana Rousseff.

Ao ser eleita, a Presidenta da República acaba por herdar os principais pontos do Presidencialismo de Coalizão do Governo Lula, como as "[...] alianças com o PMDB no congresso e as nomeações ministeriais de políticos do partido [...]"[98], aliada, também, a um terceiro elemento, que acabaria por selar - de maneira definitiva - a aliança do governo com o PMDB, qual seja, "[...] a indicação de Michel Temer, um dos líderes históricos do PMDB, para a Vice-presidência."[99]

A somatória destes três pontos, acabariam por dar, em tese, estabilidade e tranquilidade em relação à governabilidade "[...] no sentido de aprovação de suas propostas no congresso."[100] Mas é, a partir do ano de 2012 que evidencia-se, a acomodação do PT ao Presidencialismo de Coalizão, fator, este, que leva a "[...] proliferação de casos de corrupção em agências governamentais estratégicas, tais como a Companhia Nacional de Abastecimento (Conab) e o Departamento Nacional de Infraestrutura de Transportes (DNIT)."[101]

---

97 Ibid., p. 43.

98 AVRITZER, Leonardo. **Impasses da democracia no Brasil**. Rio de Janeiro: Civilização Brasileira, 2016. p. 43.

99 Ibid., p. 43-44.

100 Ibid., p. 44.

101 Ibid., p. 44.

Aliado a isso, outros dois problemas acabaram por se evidenciar e, consequentemente, fragilizar as bases do Presidente da República. A primeira, está na votação do projeto do Código Florestal que, no curso dos debates, acabou explicitando certa fraqueza do governo em questões fundamentais. Já a segunda teve íntima ligação com a dificuldade do governo em aprovar a Medida Provisória dos Portos no Congresso, graças à atuação de Eduardo Cunha[102] que, em suma, fez nascer uma "[...] base conservadora no Congresso passando, assim, a bloquear as diversas ações do governo [...]"[103], gerando, assim, grande impasse democrático.

Entre o Presidencialismo de Coalizão e a governabilidade, reflete claramente na quebra da legitimidade "[...] em relação aos acordos para a formação de maiorias no Congresso."[104] A derrota do governo Dilma nos dois momentos supracitados, aliado à maneira de como "[...] o financiamento de campanha incide sobe o perfil do legislativo [...] na medida em que o torna o congresso cada vez mais conservador [...]"[105], acaba por manifestar um fenômeno próprio que é a "[...] transformação do centrismo do Presidencialismo de Coalizão em um elemento de conservação do *status quo* ou, até mesmo, de reversão do *status quo* político."[106] (grifo do autor).

Esse ponto de inflexão, caracterizado pelo travamento das instâncias políticas que, em tese, deveriam provir os rumos da nação, só encontrou solução no afastamento definitivo da Presidenta da República, Dilma Rousseff. Com ele, possibilitou, nas bases lançadas pelo novo PMDB, com sua agenda de governo, o programa

---

102 Falando sobre Avritzer registra que Eduardo Cunha, à época, atuou "[...] comandando um bloco de oposição ao governo colocando em questão tanto a capacidade do governo de aprovar legislação no congresso quanto de ter um partido da base que contribua com o processo decisório." Ibid., p. 45.

103 Ibid., p. 45.

104 Ibid., p. 47.

105 AVRITZER, Leonardo. **Impasses da democracia no Brasil**. Rio de Janeiro: Civilização Brasileira, 2016. p. 47.

106 Ibid., p. 47.

de governo Ponte para o Futuro, após o *impeachment* de Dilma, reinaugurar a 5ª fase do Presidencialismo de Coalizão, desenhado na reinstitucionalização do sistema político.

Em todos os governos, passando por todas as fases do Presidencialismo de Coalizão, mesmo o Presidente da República possuindo muito mais votos que o seu partido nas eleições proporcionais (o que, em tese, apressaria a conclusão de dificuldade na impulsão das marcas de seu governo), não é nada comum ver, o Chefe do Executivo sofrer para produzir os resultados queridos, justamente, pelos altos índices no processo de execução das balizas de seu governo, medido pelas taxas de sucesso e de dominância.[107]

Com relação ao primeiro índice, segundo explica Limongi, a taxa de sucesso diz respeito à "proporção do que é aprovado sobre o total enviado por este poder"[108], enquanto a taxa de dominância sobre a produção legal diz respeito a "[...] simples divisão das leis

107 Quanto o pleito que busca substituir o Presidencialismo de Coalizão pelo Parlamentarismo, por meio de Proposta à Emenda Constitucional, Limongi desmistifica a falácia do pensamento, indicando ser, o Presidencialismo brasileiro, não tão diferente aos países parlamentaristas, uma vez que é característica do governo o controle da produção legislativa, resultado da interação entre o poder de agenda e apoio da maioria, reunida por numa coalizão partidária pura e simples. "Nada muito diverso do que se passa nos governos parlamentaristas". Segundo ele: "Alguns poucos dados são suficientes para caracterizar os governos parlamentaristas contemporâneos. Dois indicadores bastante simples servem para apontar traços essenciais da forma como operam: a taxa de sucesso das iniciativas do Executivo, que nada mais é do que a proporção do que é aprovado sobre o total enviado por este poder, e a taxa de dominância sobre a produção legal, a simples divisão das leis cuja proposição se deve ao Executivo pelo total de leis aprovadas no período. tanto a taxa de sucesso como a de dominância tendem a se concentrar em torno dos 90%. O complemento necessário para a compreensão das taxas de sucesso e dominância do Executivo em governos parlamentaristas, portanto, é a existência da disciplina partidária, dado que se toma como inconteste e indisputável para a maioria dos governos parlamentaristas." LIMONGI, Fernando. A democracia no Brasil: presidencialismo, coalizão partidária e processo decisório. **Novos estudos – CEBRAP**, São Paulo, n. 76, p. 6-7, nov. 2006. Disponível em: <http://dx.doi.org/10.1590/S0101-33002006000300002>. Acesso em: 20 jan. 2018.

108 Ibid., p. 21.

cuja proposição se deve ao Executivo pelo total de leis aprovadas no período."[109]

Nesse sentido, os projetos de lei, enviados ao Congresso Nacional e iniciados pelo Poder Executivo, seguiam apresentando elevados percentuais de aprovação. Nos dois mandatos do governo FHC, 91% e 83%. Nos dois mandatos de Lula, 89% e 87%. Com Dilma, 84% e 90% e, por fim, no mandato exercido por Michel Temer, 62%. Em comparação, os outros projetos iniciados pelo Poder Legislativo, acabavam por registrar baixíssimos índices de aprovação, não passando dos 25%. Os índices são do Banco de Dados Legislativos do CEBRAP.

Anexo a isso, a taxa de dominância sobre a produção legal, também, registrou índices altíssimos. Nos dois governos exercidos por FHC, 90% e 88%. Nos mandatos de Lula, 88% e 80%. Com Dilma, em ambos os mandatos, fechando em 83%, restando, a Temer, 89%. Nesse contexto, observando o formato admitido pelo processo decisório admitido pela Constituição Federal de 1988, Limongi aduz que:

> A interpretação dos dados apresentados é bastante direta: pelo texto constitucional em vigor, o Executivo controla a agenda legislativa do país. Cabe à Presidência da República propor alterações do status quo. Do ponto de vista legal, o que muda no país, muda por iniciativa do Executivo. A base do poder presidencial é, portanto, institucional, dependendo muito pouco do tamanho da bancada do seu partido e das suas qualidades como negociador. Não fosse assim e as taxas de sucesso e dominância verificados não seriam estáveis.[110]

---

109 LIMONGI, Fernando. A democracia no Brasil: presidencialismo, coalizão partidária e processo decisório. **Novos estudos – CEBRAP**, São Paulo, n. 76, p. 21, nov. 2006. Disponível em: <http://dx.doi.org/10.1590/S0101-33002006000300002>. Acesso em: 20 jan. 2018.

110 Id. O poder executivo na constituição de 1988. In: OLIVEN, Ruben George; RIDENTI, Marcelo; BRANDÃO, Gildo Marçal (Orgs.). **A constituição de 1988 na vida brasileira**. São Paulo: Hucitec: ANPOCS, 2008. p. 22.

Em resumo e sintetizando a ideia do autor, tudo que é proposto pelo Executivo rumo ao Legislativo, de maneira geral, é aprovado, fator, este, que demonstra que as instituições brasileiras não foram "desenhadas para vetar, para paralisar"[111], permanecendo necessário "[...] apoio da maioria dos legisladores, mesmo com a relação às medidas provisórias [...]"[112], amplamente possibilitado pelas regras de coalizão, pelos instrumentos normativos disposto no sistema, o poder de agenda, a grande atividade legislativa[113] e, também, pelas recentes decisões emanadas pela Suprema Corte.[114]

Este padrão de atuação, descrito na relação entre o Poder Executivo e o Poder Legislativo gera, além do decréscimo de qualidade na Democracia, efeito rebote nos pleitos que, em série, acabam por chegar às mãos do Poder Judiciário, isto é, graças aos

---

111 LIMONGI, op. cit., p. 32.

112 MUDROVITSCH, Rodrigo de Bittencourt. Poder executivo forte. **Observatório da Jurisdição Constitucional**, [S.l.], v. 1, p. 82, 2014.

113 Schier aduz, de maneira mais completa que "[...] as ideias de coalizão na formação da aliança, coalização da formação do governo, coalização governante e sua dinâmica, voto de liderança (através do qual o voto do líder do partido no parlamento é computado como o voto de todos os parlamentares da agremiação), fidelidade partidária, desvalorização – no parlamento - do chamado 'baixo clero' (parlamentares – em grande quantidade – de pouca expressão política e eleitos por transferência de votos), a lógica de distribuição de cargos e funções estratégicos, o financiamento privado de campanha (em julgamento perante o Supremo Tribunal Federal), o papel forte do presidente e seu determinante poder de agenda e grande atividade legislativa pelas Medidas Provisórias orientam os mecanismos desse sistema." SCHIER, Paulo Ricardo. Presidencialismo. In: CAMPILONGO, Celso Fernandes; GONZAGA, Alvaro de Azevedo; FREIRE, André Luiz (Coords.). **Enciclopédia jurídica da PUC-SP**. São Paulo: Pontifícia Universidade Católica de São Paulo, 2017. Tomo: Direito Administrativo e Constitucional. Vidal Serrano Nunes Jr., Maurício Zockun, Carolina Zancaner Zockun, André Luiz Freire (coord. de tomo). Disponível em: <https://enciclopediajuridica.pucsp.br/verbete/38/edicao-1/presidencialismo>. Acesso em: 6 set. 2018. p. 9.

114 Foram três decisões, centrais, em que o Supremo Tribunal Federal, avaliando o respeito à Constituição Federal, optou – sem se dar conta - por inflar a hegemonia do executivo na relação com poder Legislativo. O Julgamento da ADIn nº. 1.351 e 1.354, que diz respeito à clausula de barreira, o MS mº 26.602, 26.603 e 26.604. que trata sobre o mecanismo da fidelidade partidária na ordem institucional brasileira, e a ADIn nº 5.105, que diz respeito ao caso da portabilidade.

mecanismos adotados pelo Presidencialismo de Coalizão, que torna hegemônico uma posição governamental, os partidos políticos, sobretudo os de oposição, necessariamente, passam a usar a via judicial, toda vez que uma insatisfação com o modo de governar se apresentar, encaminhando, para o Supremo Tribunal Federal, a tensão gerada pela relação Executivo-Legislativo, inflamando, de sobremaneira, a Judicialização da Política. Streck, observando o ambiente, registra que

> "As constantes dificuldades encontradas pelo Governo, para constituir uma maioria parlamentar no Congresso nacional, reforçam a instabilidade política no país e fazem com que o mau funcionamento dos poderes Executivo e Legislativo acabe desaguando no Judiciário."[115]

Em síntese - e já adiantando o conteúdo do próximo capítulo - o Presidencialismo de Coalizão, ao longo de suas fases, estimula a ocorrência da Judicialização da Política.

115 STRECK, Lenio Luiz. Os dilemas da representação política: o estado constitucional entre a democracia e o presidencialismo de coalizão. **Direito, Estado e Sociedade**, Rio de Janeiro, n. 44, p. 83, jan./jun. 2014.

4

A JUDICIALIZAÇÃO DA POLÍTICA, SUA ORIGEM, EXPANSÃO E O FORMATO DE DESENVOLVIMENTO

Estima-se que, durante as duas grandes guerras, cerca de 90 milhões de pessoas acabaram morrendo, levando os direitos humanos quase a extinção em todo o mundo. Buscando afastar esse cenário marcado pela redução da condição humana, países ao redor do mundo, tendo como fundamento básico "[...] reafirmar a fé nos direitos humanos fundamentais, na dignidade e valor da pessoa humana e nos direitos iguais de homens e mulheres de nações grandes e pequenas [...]"[1], acabaram fundando a Organização das Nações Unidas (ONU) e, mais tarde, proclamando a Declaração Universal dos Direitos Humanos, documento responsável por posicionar os direitos humanos no centro do ordenamento jurídico internacional.

Enquanto o texto internacional registrava, na declaração, diversos direitos básicos e intrínsecos à condição de ser humano, exemplos como a luta de Martin Luther King, entre 1950 e 1960, contra a segregação racial dos negros dos brancos em alguns estados americanos, de Nelson Mandela que, após anos de opressão institucionalizado pelo *apartheid* na África do Sul, seguia lutando, além da igualdade, pela justiça social, e no Brasil,

---

1 ORGANIZAÇÃO DAS NAÇÕES UNIDAS. **Carta das Nações Unidas**, [S.l.], 1945.

entre 1964 a 1985, o povo buscava desinstitucionalizar a violência como diálogo possível, mostravam que o simples registro, por si só, não bastava.

Foi imerso nessa realidade que o Muro de Berlim veio ao chão em 1989, o que fez gerar, rumo a diversos países, como os que viviam sob o regime totalitário[2], os que possuíam economia periférica na Europa[3] e na América Latina[4], bem como os países socialistas[5] e ex-socialistas[6], a expansão de um surto democrático[7].

---

2 Segundo Tonelli, "[...] por volta da metade da década de 20 do século XX, o termo totalitário foi utilizado para significar, no nível de avaliação, as características do estado fascista em oposição a um estado liberal. Normalmente, utiliza o termo totalitarismo como referência aos regimes fascista da Itália, Nazista da Alemanha e Stalinista na união Soviética. Não se deve confundir Estado Totalitário com Estado Autoritário. O Totalitarismo caracteriza-se, fundamentalmente, por constitui-se numa ideologia oficial que diz respeito a todos os aspectos da atividade do homem; por um partido de massa dirigido tipicamente por um ditador, por ser um sistema de terrorismo polícia, o monopólio tendencialmente absoluto nas mãos do partido, o controle e uma direção central de toda a economia através de coordenação burocrática das unidades produtivas e uma utilização dos meios de comunicação para propaganda do regime. Obsta diferenciar totalitarismo de autoritarismo." TONELLI, Maria Luiza Quaresma. **A judicialização da política e a soberania popular**. 2013. 126 f. Tese (Doutorado) – Faculdade de Filosofia, Letras e Ciências Humanas, Departamento de Filosofia, Universidade de São Paulo, São Paulo, 2013. p. 43.

3 Chipre de 1960, a Turquia de 1961, em Malta de 1964.

4 A exemplo da Guatemala de 1965 e do Chile de 1970/1980, Bolívia com a emenda de 1994, Colômbia de 1991 e Peru de 1993

5 A Checoslováquia de 1968 e a Polônia de 1982/1985.

6 Albânia em 1998, Bulgária de 1991, Bósnia-Hezergóvina em 1995, Croácia de 1990, Eslovênia de 1991, Hungria de1989, Iugoslávia de 1992, Macedônia de 1991 e Polônia de 1997.

7 Hobsbawn, falando acerca do ideal de Democracia que se buscava ao final do século XX, explica que deveria ser um: "Estado constitucional, que oferece a garantia do império da lei e de vários direitos e liberdades civis e políticas e é governador por autoridades, que devem necessariamente incluir assembleias representativas, eleitas por sufrágio universal e por maiorias numéricas entre todos os cidadãos, em eleições realizadas a intervalos regulares entre candidatos e/ou organizações que competem entre si." HOBSBAWNM, Eric. **Globalização, democracia e terrorismo**. São Paulo: Companhia das Letras, 2007. p. 98.

Hobsbawn, falando desse ideal de Democracia[8], explica haver um fio condutor que, em tese, uniria as seguintes características:

> Um Estado constitucional, que oferece a garantia do império da lei e de vários direitos e liberdades civis e políticas e é governador por autoridades, que devem necessariamente incluir assembleias representativas, eleitas por sufrágio universal e por maiorias numéricas entre todos os cidadãos, em eleições realizadas a intervalos regulares entre candidatos e/ou organizações que competem entre si.[9]

Nesse avanço democrático, fomentado pelo ideal de proteção dos direitos humanos e dos direitos civis que se buscava criar um ordenamento alinhado a um novo ideal de justiça, garantido por instrumentos que pudessem proteger o ordenamento e, consequentemente, superar a ideia de afastamento e/ou indiferentismo do Estado em relação ao fato social[10], que o sistema jurídico da

---

8 Frühling é categórico em dizer que havia, à época, certa verdade disseminada pelos juristas de toda região. Segundo ele "[...] estariam de acordo com a afirmação de que um sistema judiciário independente e efetivo seria o principal atributo de uma sociedade democrática." FRÜHLING, Cecília Hugo. Reforma judiciária e democratização na América Latina. **Revista do Serviço Público**, Brasília, v. 48, n. 1, p. 91, 2014.

9 HOBSBAWNM, op. cit., p. 98.

10 Santos, falando sobre essa crise democrática doutrina tem o seu nascimento nesse século. O autor denomina essa característica, inerente à sociedade moderna, de indolência, passando a propor modelos para a modificação desse atual estágio. Ele sistematiza, num paradigma epistemológico e social, denominado de Paradigma do Conhecimento-Regulação, os sintomas da eminente falência do Estado Liberal, marcado pelo direito individualista, legitimados por uma democracia representativa que pouco sofria pressão pela sociedade apática, indolente. O autor declara que há, aqui, um descrédito do direito em garantir validade ética às normas da sociedade, e, por não se sentir representada, essa mesma sociedade acaba se afastando da política, piorando, assim, a qualidade da Democracia, tendo em vista que o poder é do povo e dele emanará. Como resposta a esse questionamento, ele elege, como fundamental para a superação desse quadro cético, outro paradigma epistemológico e social denominado de Conhecimento-Emancipação, que indica, para a superação desse modelo, a revalorização do pluralismo social, deixando de lado a exclusividade da normatização dos fatos sociais, abrindo margem para o compartilhamento de autoridade, lançando a ideia de que: ninguém é melhor pra saber de suas necessidades do

Common Law e o modelo de *judicial review* acabou sendo posto em clarividência.[11]

Em ambos os modelos, pugnavam-se pela "[...] proteção de direitos como mecanismo preventivo das práticas dos regimes totalitários derrotados na segunda guerra mundial."[12] Vieira, repercutindo a necessidade de proteção destes direitos, explica que:

> [...] embora a discussão em torno do fundamento último dos direitos e de sua consequente superioridade de frente às deliberações do sistema político não tenha sido filosoficamente resolvida, a necessidade de sua proteção parece ser consenso [...] mais do que saber qual a natureza dos direitos, hoje é necessário protegê-lo.[13]

Era essa a pedra de toque que embasaria a noção democrática que ao longo dos anos tocaria nos outros Estados. A visão tradicional que, até então, seguia mostrando-se ultrapassada e incapaz de

---

que a própria sociedade, chamando-a para vim deliberar esse novo modelo de democracia, denominada de Democracia Político-Deliberativa. Revalorizando os problemas dos grupos sociais, a sociedade iria ter, para si, o que o paradigma anterior havia sido lhes retirado: a crença de que é por meio dessa democracia, que se exigem direitos, dentre eles, os de revolução. SANTOS, Boaventura de Sousa. **A crítica da razão indolente**: contra o desperdício da experiência. São Paulo: Cortez, 2000. p. 62-88.

11 Trindade e Oliveira registra que, após a segunda guerra mundial, operou-se o processo de americanização do mundo, uma vez que, ao longo de todo o século em questão, pode-se observar "[...] uma gradativa mudança nos padrões culturais – mesmo na Europa – para incorporar elementos americanizados que vão das artes, passando pela arquitetura e chegando nos costumes." TRINDADE, André Karam; OLIVEIRA, Rafael Tomaz de. Os impactos do ativismo judicial no sistema político: notas sobre a relação entre o Judiciário e os demais poderes em tempos de crise política. In: LEITE, George Salomão; STRECK, Lenio Luiz; NERY JR., Nelson. **Crise dos poderes da República**: judiciário, legislativo e executivo. São Paulo: Revista dos Tribunais, 2017. p. 13.

12 VERBICARO, Loiane Prado. **O protagonismo judicial e a ilegitimidade democrática da judicialização da política**. 2011. 135 f. Dissertação (Mestrado) – Universidade Federal do Pará, Centro de Ciências Jurídicas do Pará, Belém, 2011. p. 447.

13 VIANA, Luiz Wernek; VIEIRA, Oscar Vilhena. Império da lei ou da corte? **Revista USP**, São Paulo, n. 21, p. 72, 1994. Disponível em: <https://doi.org/10.11606/issn.2316-9036.v0i21p70-77>. Acesso em: 23 jan. 2018.

resolver os conflitos sociais, teve de ser questionada, fazendo nascer um novo modelo de Direito questionador do paradigma positivista. No lugar do privilégio à lei[14], valorizou-se o texto constitucional.

O positivismo jurídico teria se instalado, justamente, porque a dogmática jurídica, em plena sociedade transmoderna e repleta de conflitos transindividuais, continuaria "[...] trabalhando com a perspectiva de um direito cunhado para enfrentar conflitos interindividuais."[15]

---

14 Rocha e Barbosa explicam que "[...] no contexto da modernidade, o ideário da Ilustração estabeleceu vinculação estreita entre cientificidade, neutralidade e racionalidade que encontrou expressão perfeita no positivismo e, no campo do Direito, no positivo jurídico". Foi, no curso do século XX, que o positivismo "representou a principal expressão da consciência da historicidade do Direito. Até então, a materialidade do direito havia sido ocultada pela visão do direito como um dever ser esvaziado de conteúdo. Assim, a positividade e a juridicidade, como características do direito moderno, tornaram possível a formação da moderna ciência jurídica, esvaziando-se o direito de toda contingência." Ao final, concluem explicitando que o ideal positivista pautava-se "[...] na suficiência da lei para a solução de conflitos e, por isso, afirmou a existência de sistema jurídico completo (todas as respostas poderiam ser dadas pela lei) e coerente (haveria uma decisão correta para cada caso levado à Justiça), cabendo ao juiz tão somente aplicar a lei." ROCHA, Lara Bonemer Azevedo da; BARBOSA, Claudia Maria. O papel dos precedentes para o controle do ativismo judicial no contexto pós-positivista. **Revista Brasileira de Políticas Públicas**, Brasília, v. 5, n. Especial, p. 119, 2015.

15 Streck aponta, ainda, que esse ambiente de crise do direito é inflado, também, pelo "excessivo individualismo e o formalismo na visão de mundo". Segundo ele, o primeiro se traduziria pela "convicção de que a parte precede o todo, ou seja, de que os direitos do indivíduo estão acima dos direitos da comunidade; como o que importa é o mercado, espaço onde as relações sociais e econômicas são travadas, o individualismo tende a transbordar em atomismo: a magistratura é treinada para lidar com as diferentes formas de ação, mas não consegue ter um entendimento preciso das estruturas socioeconômicas onde elas são travadas". Já, com relação ao segundo, "decorre do apego a um conjunto de ritos e procedimentos burocratizados e impessoais, justificados em norma da certeza jurídica e da 'segurança do processo'. Não prepara técnica e doutrinariamente para compreender os aspectos substantivos dos pleitos a ela submetidos, ela enfrenta dificuldades para interpretar os novos conceitos dos textos legais típicos da sociedade industrial, principalmente os que estabelecem direitos coletivos, protegem os direitos difusos e dispensam tratamento preferencial aos segmentos economicamente desfavorecidos." STRECK, Lenio Luiz. **Jurisdi-**

É nesse ambiente que o paradigma pós-positivista exsurge, a fim de superar o positivismo normativo de cariz *kelsiano* que, em diversos aspectos, acaba por se relacionar "[...] com o positivismo de Hart, em que a norma *ante casum* e o silogismo para aplicação do direito [...]"[16] acabam por ser elementos desse modelo teórico.

A instrumentalização do silogismo como fundamento para a resolução de conflito, trouxe, para dentro do ambiente, grande limitação, uma vez que ele acabara excluindo, de sua cognição, qualquer tipo de conteúdo não positivado "[...] limitando-se a descrever e organizar apenas o direito produzido pelo convívio humano, chamado direito positivo [...]"[17], fator que acabaria por evidenciar quão obsoleto era o silogismo e, consequentemente, a norma em abstrato. Explicando essa virada paradigmática, Abboud diz que:

> A norma deixa de ser um ente abstrato, ou seja, ela passa a inexistir *ante casum*, uma vez que não se equipara mais ao texto legal, consequentemente, a norma passa a ser constitutiva da formulação do caso concreto. Essa nova concepção de norma jurídica demanda uma visão do direito que abandone os dualismos irrealistas tais como norma/caso e direito/realidade, bem como o silogismo como mecanismo de aplicação do direito.[18]

Agora, tendo o giro linguístico como principal fundamento à viabilização da superação do positivismo e, consequentemente, da relação sujeito e objeto, libertando "[...] a filosofia do *fundamentum* que, da essência, passara, na modernidade, para a consciência [...]"[19]

ção constitucional e hermenêutica: uma nova crítica do Direito. Porto Alegre: Livraria do Advogado, 1999. p. 34, 37-38.

16 ABBOUD, Georges. **Discricionariedade administrativa e judicial**. São Paulo: Revista dos Tribunais, 2014. E-book.

17 Ibid.

18 ABBOUD, Georges. **Discricionariedade administrativa e judicial**. São Paulo: Revista dos Tribunais, 2014. E-book.

19 STRECK, Lenio Luiz. **O que é isto**: decido conforme a minha consciência? Porto Alegre: Livraria do Advogado, 2013. p. 7.

(grifo do autor), acabando por deslocar a estrutura constituidora de mundo para a própria linguagem.[20]

É da dimensão interpretativa do direito que nos antecede, que o intérprete se vê obrigado a tomar uma posição histórico-interpretativa "por trás de cada conceito jurídico"[21] exigindo, para cada decisão jurídica, uma dimensão linguística do direito[22], tornando claro uma das premissas do paradigma pós positivista: a impossibilidade de cisão entre a interpretação e a aplicação. Abboud, sobre essa dimensão, explica que:

> [...] linguagem e compreensão são fatores que estão complicados, numa estrutura circular própria daquilo que se chama círculo hermenêutico. O pano de fundo hermenêutico é essencial para a apreensão da concepção pós-positivista de norma jurídica que intrinsecamente se relaciona com a hermenêutica, partindo de uma cisão radical entre texto normativo e a norma jurídica. [...] se o direito é linguagem e na linguagem e se o problema do

20 Abboud, repercutindo o a nova estrutura que deveria, em tese, constituir o mundo, explica que não "[...] se trata mais de perguntar pela essência das coisas, tampouco por aquilo que o sujeito tem certeza de que saber (no caso do conceito subjetivista), mas, sim, perguntar pelas condições de acesso ao universo simbólico e significativo produzido pela linguagem." Para exemplificar, cita Gadamer objetivando justificar a posição da linguagem não mais ao lado da arte, do direito e da religião, mas, sim, representando "[...] o *médium* sustentador de todos esses fenômenos", indicando, de maneira clara, que a linguagem não pode ser mais "um ferramental que podemos escolher quando usar ou deixar de usar." ABBOUD, op. cit.

21 Ibid.

22 Streck explica que a invasão promovida pela linguagem no campo da filosofia acaba por transferir "[...] o próprio conhecimento para o âmbito da linguagem, onde o mundo se descortina; é na linguagem que se dá a ação; é na linguagem que se dá o sentido (e não na consciência de si do pensamento pensante). O sujeito surge na linguagem e pela linguagem, a partir do que se pode dizer que o que morre é a subjetividade 'assujeitadora', e não o sujeito da relação de objetos (refira-se que, por vezes, há uma leitura equivocada do giro linguístico, quando se confunde a subjetividade com o sujeito ou, se assim se quiser, confunde-se o sujeito da filosofia da consciência [s-o] com o sujeito presente em todo ser humano e em qualquer relação de objetos)." STRECK, op. cit., p. 7.

> compreender é determinante para a formatação do sentido que se projeta dos enunciados jurídicos (textos normativos), toda questão jurídica deve passar pela exploração deste 'elemento hermenêutico' que caracteriza a experiência jurídica.[23]

É importante registrar que a visão tradicional, descrita no positivismo legalista, seria refratária "[...] ao acesso hermenêutico, por que ignora que o direito deve ser concretizado na singularidade de cada caso, e não, apenas, através de uma subsunção de fatos a previsões normativas [...]"[24], ignorando a particularidade de cada caso.

Assim, distanciando-se do paradigma positivista, que se funda na lei como premissa centralizadora do debate nacional e faz uso do silogismo como instituto essencial à resolução de conflitos, Friedrich Muller, partindo de "[...] uma concepção autoritária para uma concepção que pode fazer melhor justiça a esses direitos em nível teórico moderno [...]"[25], anunciou sua Teoria Estruturante do Direito que a buscava, além da superar os problemas deixados pelo paradigma tradicional, conferir maior coerência e integridade ao ordenamento jurídico.

Muller explica que sua teoria seria uma nova concepção de jurídica por que acabaria partindo "[...] pela primeira vez - de um conceito pós-positivista da norma jurídica [...]"[26], não estando ela, reduzida, a um direito escrito no qual acabariam por figurar "[...] apenas formas precedentes (*Vorformen*), distintas da norma jurídica no plano dos princípios [...]."[27] (grifo do autor). Agora, a norma jurídica seria "[...] produzida (*hervorgebracht, produziert*) em cada

---

23 ABBOUD, Georges. **Discricionariedade administrativa e judicial**. São Paulo: Revista dos Tribunais, 2014. E-book.

24 Ibid.

25 MULLER, Friedrich. Teoria moderna e interpretado dos direitos fundamentais. Especialmente com base na teoria estruturante do direito. **Anuario Iberoamericano de Justicia Constitucional**, [s.l.], n. 7, p. 316, 2003.

26 Ibid., p. 319.

27 Ibid., p. 319.

processo individual de solução de um caso jurídico, de uma decisão jurídica."[28] (grifo do autor).

Em suas palavras, a norma jurídica de cada caso (real ou fictício) seria um conceito complexo composto por dois itens: o programa e o âmbito da norma. Abboud, esclarecendo-o, explica que "[...] a prescrição juspositiva é, apenas, o ponto de partida na estruturação da norma, visto que a prescrição literal serve, em regra, para a elaboração do programa de norma [...]"[29], não devendo confundir o texto normativo com a norma:

> O texto normativo é o *programa da norma*, representa o enunciado legal (lei, súmula vinculante, portaria, decreto etc.), sua constituição é *ante casum* e sua existência é abstrata. A norma, por sua vez, é produto de um complexo processo concretizador em que são envolvidos o programa normativo e o âmbito normativo.[30] (grifo do autor).

Esse entendimento gera para o observador a conclusão de que os textos normativos possuiriam, apenas "[...] virtualmente o direito, ou seja, textos de normas enquanto pontos de partida do trabalho jurídico prático [...]"[31], o que acaba evidenciando ser, a norma jurídica, sempre maior que o seu próprio texto.

O intérprete só consegue extrair sentido do que o texto quer, diante da "problematização do caso concreto, seja real ou fictício", justamente, por que é ele que introduz (de maneira consciente ou não), conforme ensina a experiência, "[...] fatos individuais do caso e fatos genéricos do tipo de caso."[32] Assim, a norma acabaria surgindo:

---

28 Ibid., p. 320.

29 ABBOUD, Georges. **Discricionariedade administrativa e judicial**. São Paulo: Revista dos Tribunais, 2014. E-book.

30 Ibid.

31 Ibid.

32 MULLER, Friedrich. Teoria moderna e interpretado dos direitos fundamentais. Especialmente com base na teoria estruturante do direito. **Anuario Iberoamericano de Justicia Constitucional**, [s.l.], n. 7, p. 321, 2003.

> [...] como produto mediado pela linguagem a partir da concretização do texto normativo. O programa da norma (*Normprogramm*) e o âmbito da norma (*Normbereich*) possuem uma estreita conexão. Para a teoria estruturante do Direito, não há raciocínio jurídico criado para um direito puro desassociado da realidade, isso porque a realidade é elemento integrante da composição da norma jurídica (âmbito normativo) em conjunto com os dados linguísticos representados pelo programa normativo.[33] (grifo do autor).

A fim de se evitar, nesse exercício o nascimento de decisões, que acabem suspendendo a vigência do texto normativo, é importante registrar que a teoria estruturante acaba por estabelecer um claro impedimento ao intérprete quando nega, ao âmbito normativo, o direito do mesmo ir de encontro ao que disciplina o programa da norma, sendo, o texto constitucional, óbice intransponível à atividade interpretativa:

> Toda norma alcançada pela atividade interpretativa deve obrigatoriamente estar em conformidade com o texto constitucional. Somente é lícito ao intérprete se afastar do texto normativo infraconstitucional mediante controle de constitucionalidade, tendo por escopo conformar sua interpretação com o texto constitucional.[34]

Para além do respeito as regras de direito admitida, uma interpretação racional seria aquela construída em conformidade com os temos da legislação em sentido lato. Era, esse, o formato paradigmático que ajudaria a superar o Estado de Direito, pautado no paradigma positivista[35], instruído pelo modelo de subsunção do fato à norma.

---

33 ABBOUD, Georges. **Discricionariedade administrativa e judicial**: o ato administrativo e a decisão judicial. São Paulo: Revista dos Tribunais, 2014.

34 ABBOUD, Georges. **Discricionariedade administrativa e judicial**. São Paulo: Revista dos Tribunais, 2014. E-book.

35 Barroso suscitando um dos motivos da crise deste Estado de Direito explicita ser a "falta de seriedade em relação à Lei Fundamental, a indiferença para com a distância entre o texto e a realidade, entre o ser e o dever-ser", o que, em

Assim, o leque das formas de Direito, tentando "[...] prever, decidir, regular, agir em simultaneidade com os processos econômico-sociais [...]"[36], se ampliou e, junto das formas tradicionais, iniciou a discursão sobre a indeterminação do direito e, consequente reflexo, disso, no tipo de atuação judicial, uma vez que esse novo paradigma iluminado por "[...] constituições informadas pelo princípio da positivação dos direitos fundamentais estariam no cerne do processo de redefinição das relações entre os poderes, ensejando a inclusão do poder judiciário no espaço da política [...]"[37], modificando, assim, os contornos democráticos.

Dessa forma, a Democracia - paulatinamente - passou a ser invadida ou governada pelo Direito, colocando em questão "o princípio da soberania popular na Democracia"[38], uma vez que o Poder Judiciário, ao manusear esse espaço, passa a ser questionado, em face dos mais variados fatores, enquanto poder político. Tal situação será melhor avaliada nos tópicos abaixo.

4.1 CONDIÇÕES FACILITADORAS À EXPANSÃO JUDICIAL: O CASO BRASILEIRO

É um fato da vida moderna que os textos constitucionais, objetivando garantir a efetividade do texto constitucional, passem a dar mais espaço à atuação do Poder Judiciário que, muitas vezes, acaba sendo convidado a exercer suas funções, com maior frequência, nos

---

outras palavras, legitimaria a atuação do poder jurisdicional no intuito de manter os termos da norma constitucional. BARROSO, Luís Roberto. **O novo Direito Constitucional brasileiro**: contribuições para a construção teórica e prática da Jurisdição Constitucional no Brasil. Belo Horizonte: Editora Fórum, 2014. p. 28.

36 VIANA, Luiz Werneck et al. **A judicialização da política e das relações sociais no Brasil**. Rio de Janeiro: Renavan, 2014. p. 22.

37 Ibid., p. 22.

38 TONELLI, Maria Luiza Quaresma. **A judicialização da política e a soberania popular**. 2013. 126 f. Tese (Doutorado) – Faculdade de Filosofia, Letras e Ciências Humanas, Departamento de Filosofia, Universidade de São Paulo, São Paulo, 2013. p. 40.

mais variados temas, situação essa que convencionou-se chamar de judicialização da política.[39]

Segundo Tate e Wallinder, nos diversos sistemas políticos pelo mundo, há, em curso, uma expansão global do poder judicial, traduzida - por elas - como judicialização.[40] Há, para essa denominação, dois significados centrais:

> 1. the process by which courts and judges come to make or increasingly to dominate the making of public policies that had previously been made (or, it is widely believed, ought to be made) by other governmental agencies, especially legislatures and executives, and
> 2. the process by which nonjudicial negotiating and decision--making forums come to be dominated by quasi-judical (legalistic) rules and procedures.[41]

Para elas, judicializar seria o processo pelo qual os a) tribunais e os juízes passariam a dominar, cada vez mais, a elaboração de políticas públicas que, antes eram tomadas pelas agências governamentais, especialmente legislaturas e executivos; bem como seria o processo pelo qual b) os foros de negociação e de decisão não-

39 Ao lado da Judicialização da política, a politização do judiciário tomou forma. Como, agora, a carta constitucional passou a autorização que juízes, quando questionados, adentrassem em assuntos, até então, relegados ao político, um outro caminho passou a pegar corpo na essência da atuação judicante, incorporando, para além dos compromissos democráticos, a colocação de outros eixos influenciadores, tais como ideologias, aspectos religiosos, interesses ou objetivos pessoais. Quando age assim, o intérprete politiza a justiça, suspende os acordos legais e, no lugar, incorpora aquilo que bem quer. Ao, assim, fazer, acaba por colocar em questionamento a funcionalidade e a credibilidade da judicialização da política "[...] uma vez que ao revelar um acentuado crescimento de sua força em face da política, coloca também em questão a regra da separação, ou do equilíbrio dos poderes." TONELLI, Maria Luiza Quaresma. **A judicialização da política e a soberania popular**. 2013. 126 f. Tese (Doutorado) – Faculdade de Filosofia, Letras e Ciências Humanas, Departamento de Filosofia, Universidade de São Paulo, São Paulo, 2013. p. 40.

40 TATE, C. Neal; VALLINDER, Torbjõrn. **The global expansion of judicial power**: the judicialization of politics. Nova York: New York University Press, 1995.

41 Ibid., p. 28.

-judiciais passariam a ser dominados por regras e procedimentos quase-judiciais (legalistas).

Independentemente das significações, ambas formas de judicialização acabam por carregar, em seu DNA, algumas condições políticas que facilitariam - em tese - a expansão da atuação judicante.

Para Tate e Vallinder[42], a i) Democracia seria a primeira condição facilitadora, justamente, porque, nesse sistema político, haveria um ambiente que permitiria aos juízes o poder de participação do processo de tomada de decisão. Estava, na Democracia, o *locus* ideal para a ocorrência deste fenômeno.

A ii) fundação do ordenamento orientada na separação dos poderes destaca, para os tribunais, a função de julgar. Ao invés de privilegiar o cerne de sua função, ao invés de julgar, os juízes e/ou tribunais passam a criar direitos, sem esquecer do iii) acesso universal ao sistema de justiça que acaba por não constituir tantos óbices a proteção de qualquer tipo de eventual violação.

A iv) presença de uma carta de direitos, na ótica do autor, acaba se apresentando como fator relevante a disseminação desta expansão do poder judicial. Isso se dá, em essência, por que indivíduos e/ou minorias, detentores de direitos, acabam vindo a opô-los diante das escolhas produzidas pela maioria ocasional. Essa situação, acaba convidando os juízes a se manifestarem sobre.

Não só isso, o uso dos tribunais v) por grupos de interesses que, ao perceberem que a atuação dos juízes não se dá de maneira isolada dos interesses socioeconômicos, entendendo os processos decisórios como reflexo da dedicação da agenda de diversos atores políticos que - de maneira quase que contínua - tentam promover os direitos humanos, bem como vi) pela oposição, que, ao discordar de todas as políticas nacionais de Estado, passam a

42 TATE, C. Neal; VALLINDER, Torbjörn. **The global expansion of judicial power**: the judicialization of politics. Nova York: New York University Press, 1995. p. 27-36.

judicializar as mais variadas questões, acabam por ser as outras condições que facilitariam a expansão do poder judicial.

Segundo as autoras, a corte constitucional, de maneira frequente, acaba vindo a ser colocada como uma espécie de terceira via de debates do Poder Legislativo, ao tentar obstruir, travar e criar embaraços ao caminho regular das agendas de governo.

Por fim, a vii) ineficácia das instituições majoritárias acaba sendo, também, razão ao desenvolvimento desse fenômeno. No entendimento das autoras, há, no mínimo, dificuldade na efetivação das demandas sociais e, diante dessa constatação, restariam aos tribunais a função pacificadora desses conflitos sociais. Ao se posicionarem, acabam atraindo, para si, os custos políticos da decisão viii) conferida mediante delegação dos outros poderes.

Essas condições globais de expansão do poder judicial que, além de muito diversificadas, tendem a aparecer dentro dos ordenamentos jurídicos, com uma moldura mais ou menos flexível. Cada país acaba tendo suas peculiaridades absolutamente "[...] próprias (estrutura institucional, formação histórica, configuração da Carta Constitucional), não sendo capaz de seguir linear, simultânea e sincronicamente, o modelo de judicialização [...]"[43], como é o caso brasileiro.

A Assembleia Nacional Constituinte, ao tentar construir um texto fundamental que reequilibrasse o poder estatal, valorizasse os direitos fundamentais do homem, balanceando a relação existente entre o poder central e os poderes regionais e locais, e reequilibrando a relação e nas formas de atuação entre os poderes, notadamente, o Poder Legislativo e o Poder Executivo, promulgou a Constituição Federal de 1988, trazendo, em 4 (quatro) eixos centrais, as primeiras condições facilitadoras ao toque judicial às demandas.

O primeiro eixo central reside no fato de que, ao promulgar a Constituição Federal de 1988, o Constituinte teria rodeado de

43 VERBICARO, Loiane Prado. **Judicialização da política, ativismo e discricionariedade judicial**. São Paulo: Lumen Juris, 2017. p. 331.

normas de cunho programático[44] que, segundo Verbicaro, teria levado o intérprete "[...] a assumir o centro das principais reflexões políticas, jurídicas e filosóficas do debate contemporâneo [...]"[45], sendo, assim, o principal facilitador à judicialização da política.[46]

Conjuntamente com a constitucionalização abrangente, a Constituinte teria registrado "[...] para dentro da CF, inúmeras matérias que antes eram deixadas para o processo político majoritário e para a legislação ordinária [...]"[47], acabando por influenciar, de maneira pontual, expansão da atuação do poder judiciário no cenário brasileiro.

Conforme já foi dito, tentando reequilibrar o exercício do poder estatal, a Constituição Brasileira acabou prevendo a separação dos poderes, de maneira independente e harmônica, bem como a organização da República Federativa do Brasil por entes federados, cada um com suas competências.

Ao final, registrou um rol de direitos e garantias fundamentais, inaugurou a previsão de direitos sociais, bem como reconheceu a

---

44 De acordo com Branco e Mendes "[...] as constituições dirigentes, não se bastam com dispor sobre o estatuto do poder. Elas também traçam metas, programas de ação e objetivos para as atividades do Estado nos domínios social, cultural e econômico." BRANCO, Paulo Gustavo Gonet; MENDES, Gilmar Ferreira. **Curso de Direito Constitucional**. 8. ed. São Paulo: Saraiva, 2013. p. 63.

45 VERBICARO, op. cit., p. 334.

46 Cittadino explica que o Constituinte, quando discutia os termos da Constituição Federal de 1988, decidiu adotar uma linguagem de direitos. Segundo a autora, base para adoção do seu texto estava na incorporação no sistema de direitos fundamentais, a internalização de todos os direitos da Declaração Universal dos Direitos humanos da ONU, atraindo, para eles, a categoria de "normas-princípios", passando a orientar a própria interpretação do ordenamento constitucional. CITTADINO, Gisele. Judicialização da política, constitucionalismo democrático e separação de poderes. In: VIANNA, Luiz Werneck (Org.). **A democracia e os três poderes no Brasil**. Belo Horizonte: UFMG: IUPERJ, 2002. p. 25.

47 BARROSO, Luís Roberto. Judicialização, ativismo judicial e legitimidade democrática. In: COUTINHO, Jacinto N. M. et al. **Constituição e ativismo judicial**: limites e possibilidades da norma constitucional e da decisão judicial. Rio de Janeiro: Lumem Juris, 2011. p. 3.

existência de direitos coletivos, reinventando, assim, a Democracia. Parte desse diagnóstico foi feito por Tonelli ao registrar que, nesse novo ambiente, "[...] a conservação de direitos, a luta e a criação de novos direitos [só] seria possível através do reconhecimento das divisões sociais e dos conflitos."[48]

Faltava, então, municiar um órgão capaz de proteger as previsões constitucionais. Imbuído nesse espírito, a Constituição Federal de 1988 estabeleceu à Suprema Corte brasileira o dever de guarda do texto constitucional por meio das formas abstratas e controle de constitucionalidade dos atos normativos.[49]

---

48 TONELLI, Maria Luiza Quaresma. **A judicialização da política e a soberania popular**. 2013. 126 f. Tese (Doutorado) – Faculdade de Filosofia, Letras e Ciências Humanas, Departamento de Filosofia, Universidade de São Paulo, São Paulo, 2013. p. 39.

49 Viana e Vieira explicam que "[...] o sistema constitucional brasileiro instituído em 1988, ao ampliar as matérias que não podem se quer ser objeto de emenda como direitos individuais e o voto direto e secreto, também pode ser incluído nesse grupo de democracias constitucionais com constituições super-rígidas. Como consequência da adoção desse modelo constitucional, houve uma significativa alteração no papel a ser desempenhado pelo Supremo Tribunal Federal no sistema político brasileiro. Embira a Constituição de 1988 tenha mantido a estrutura e a composição do tribunal, as mudanças nas relações entre a democracia e o constitucionalismo, incorporado pela Constituição impuseram ao STF uma série de novas e complexas atribuições." Sampaio, falando sobre esses espaços, subdivide em seis categorias nas quais lhe caberia a proteção do ordenamento jurídico. Sendo elas os contenciosos de (i) de constitucionalidade, como no caso da possibilidade do parlamentar questionar a constitucionalidade de uma Proposta de Emenda à Constituição ou de um Projeto de Lei que viole o devido processo legal, ou pela possibilidade de se afastar, por meio das ações constitucionais, Lei em sentido amplo ou Emenda Constitucional que viole dispositivo constitucional, (ii) de órgãos e poderes, cabendo ao Supremo Tribunal Federal, solucionar os conflitos de competência nos moldes do 102, I, alínea o, CF, (iii) entre órgãos territoriais central e local e o contencioso federativo, como nas situações que envolvam conflitos entre os entes federativos na forma como está disposta no art. 102, I, alínea f, CF, (iv) penal ou de responsabilização constitucional, exemplificado pelas ações penais contra parlamentares, ministros de estado, vice-presidente, procurador-geral da república ou contra o Presidente da República nos crimes comuns, (v) eleitoral, quando se especializa o papel desta justiça para julgar casos concernentes as eleições, porém, não invalida, caso a parte sinta a necessidade, o acesso ao Supremo Tribunal Federal, por meio do Recurso Extraordinário (arts. 102, II, alínea a, III, CF) e (vi) a jurisdição

Por último, e tão importante quanto, percebendo a superação do modelo formalista de interpretação, o ordenamento jurídico exigiu um novo paradigma interpretativo que analisa o fenômeno jurídico sem dissociá-lo da realidade.

Há, ainda, o segundo eixo que viabiliza a facilitação da judicialização da política no cenário brasileiro se dá, justamente, na adoção do sistema político pela Assembleia Nacional Constituinte. Ao conferir ao Presidente da República o direito de editar, em caso de relevância e urgência, Medidas Provisórias, percebeu-se que os significados de seus requisitos acabaram vindo a ser construídos ao longo dos últimos 30 (trinta) anos, o que acabou demonstrando, também, que, por várias vezes, questionamentos acabaram sendo endereçados à Suprema Corte brasileira, tema, este, abordado oportunamente no penúltimo capítulo.

O terceiro eixo constitui-se no fato de ter, o texto constitucional, tornado novas forças sociais visíveis, situação que acabou possibilitando acesso ao Poder Judiciário, a fim de garantir, não só voz, mas, também, participação política.

Por fim, a superprodução legal[50] rumo às dimensões da vida social acabou gerando, para o Poder Judiciário, possibilidade de

---

constitucional das liberdades, quando se destina ao mesmo tribunal, por meio de um instrumento processual, possível violação dos direitos fundamentais, como o Mandado de Segurança (art.; 5º, LIX e LXX, CF). VIANA, Luiz Wernek; VIEIRA, Oscar Vilhena. Império da lei ou da corte? **Revista USP**, São Paulo, n. 21, p. 75, 1994. Disponível em: <https://doi.org/10.11606/issn.2316-9036.v0i21p70-77>. Acesso em: 23 jan. 2018; SAMPAIO, José Adércio Leite. **A Constituição reinventada pela jurisdição constitucional**. Belo Horizonte: Editora Del Rey, 2002. p. 132.

50 Quanto a esta questão, Teubner, falando sobre a juridificação das esferas sociais, entende ser, esse fenômeno social, um pressuposto da própria sociedade moderna. Segundo ele, "[...] entonces, si es cierto que la política internacional en todo caso está en condiciones de promover su propia constitucionalización, pero no la del conjunto de la sociedad mundial, si además es cierto que ante la deriva evolutiva de los procesos globales de racionalización existe la necesidad normativa de garantizar espacios de autonomía para la reflexión, se plantea la ulterior cuestión de si los sectores sociales globales tienen el potencial de autoconstitución. En este punto se trata de destacar una importante relación

judicializar diversos assuntos, como a política, saúde, ciência, educação, esportes, bem como a religião.[51]

Agora, esse espaço, ampliado pelos termos da constituição, admitiu, "[...] por conta da exagerada regulação estatal, principalmente com a constitucionalização dessas esferas da vida como direitos econômicos e sociais [...]"[52], maior margem à atuação judicial.

É nesse ambiente que infla a quantidade de leis e, consequentemente, questiona a legitimidade da política, que os atos do Poder Executivo, cada vez mais, são colocados na berlinda pela arquitetura constitucional, afastando, assim, qualquer dúvida de que a Democracia, paulatinamente, estaria sendo guiada pelo Direito.

Destarte, opções políticas, agora, passam a ser juridicizadas gerando o "[...] deslocamento do centro das decisões do legislativo e do Executivo para o plano da justiça constitucional."[53] Isso, por si só, não macula o exercício da atuação judicial, devendo, para tal, distinguir a Judicialização da Política do Ativismo Judicial.

---

entre juridificación. Todo proceso de juridificación contiene necesariamente simultáneamente normas constitucionales latentes." TEUBNER, Günther. **El derecho como sistema autopoiético de la sociedad global**. Traducción de Manuel Cancio Meliá. Lima: ARA Editores, 2005. p. 89-90.

51 Verbicaro, falando sobre isso, explica que "[...] a intensa produção de leis (hipertrofia legislativa), ao tentar atender s mais contingentes, antagônicos e nunca conciliáveis conflitos e aspectos da vida em sociedade, ao invés de cumprir sua função de aumento da certeza e segurança jurídica, resolve-se em esvaziamento da eficácia da própria lei", gerando um problema claro: o da falta de "coerência interna do ordenamento jurídico, que não consegue manter um padrão de logicidade, integração e coesão." VERBICARO, Loiane Prado. **Judicialização da política, ativismo e discricionariedade judicial**. São Paulo: Lumen Juris, 2017. p. 359.

52 SODRÉ, Habacuque Wellington Sodré. As deficiências da atuação legislativa como fator de ativismo: hipertrofia e omissão legislativa: uma análise da sociologia jurídica sobre o caso brasileiro de ativismo judicial. **Direito Público (IOB)**, Brasília, ano 8, n. 43, p. 179, jan./fev. 2012.

53 STRECK, Lenio Luiz. **Hermenêutica jurídica e(m) crise**: uma exploração hermenêutica da construção do Direito. 11. ed. Porto Alegre: Livraria do Advogado, 2014. p. 64.

4.2 UMA DISTINÇÃO MAIS QUE NECESSÁRIA: DA JUDICIALIZAÇÃO DA POLITICA E DO ATIVISMO JUDICIAL

Há, atualmente, uma "[...] tendência judicializante que se verifica nas sociedades atuais (e não é diferente quanto ao contexto brasileiro) [...]"[54], fenômeno que, além de ser global, porque centraliza os direitos essenciais à pessoa humana no centro do debate jurídico, "independe dos desígnios dos membros do Poder Judiciário"[55] e, sim, da expansão da sociedade, sendo, então, um fato consumado nas democracias contemporâneas.

Ricoeur, no prefácio do livro de Antonie Garapon, acaba por justificar a ocorrência do fenômeno como sendo eminentemente social e que a demanda por justiça nasceria do desamparo da política, passando a localizar, no Direito, "[...] a última moral comum em uma sociedade que não a mais possui."[56]

Barcelos, aliando-se a esse entendimento, explica que, no âmbito político, o dirigismo constitucional e a inflação legislativa acabam aumentando o espaço de "[...] interferência (possível) do judiciário no âmbito de regulamentação projetado pelo texto da Constituição e do manancial legislativo, lato senso (Leis, Medidas Provisórias, Regulamentos, Portarias etc.)."[57]

O citado autor explica que o ativismo judicial acaba por ter sua marca nos "[...] fatores de caráter comportamental, dependendo de um ato volitivo (ou de vontade) do órgão judicante [...]"[58], substituindo à autonomia do Direito pelas convicções pessoais do

54 BARCELOS, Guilherme. **Judicialização da política e ativismo judicial**. Florianópolis: Habitus, 2018. p. 29.

55 Ibid., p. 29.

56 GARAPON, Antoine. **O juiz e a democracia**: o guardião das promessas. Tradução Maria Luiza de Carvalho. Rio de Janeiro: Revan, 1999. p. 14.

57 BARCELOS, op. cit., p. 30.

58 Ibid., p. 36.

julgador, quando, o mesmo, faz uso de "[...] argumentos de moral ou de política e afins."[59]

Andando um pouco mais na construção da conceituação deste fenômeno, Abboud lembra haver, no Brasil, variadas formas no emprego de seu sentido. Fazendo uso das lições deixadas pelo filósofo alemão Wolfgang Stegmüller, registrou-se haver uma espécie de poluição semântica, justamente por que ora o termo servia para descrever "[...] fenômenos distintos, ora sendo utilizado para legitimar decisões judiciais apenas em função do seu resultado."[60]

A este exemplo, Branco[61] traz, rapidamente, algumas das diversas acepções quanto ao fenômeno do ativismo judicial, chegando, até, a comparar, com relação ao significado débil de conteúdo, com a dignidade da pessoa humana. Segundo ele:

> A falta de precisão no emprego do conceito de ativismo judicial surpreende situações curiosas e embaraçosas, em que antigos adeptos da mais ampla criatividade do juiz, na empolgação do último argumento ou do interesse pessoal, tornam-se inimigos do fenômeno, o qual, antes como agora, não se rende à ótica míope com que examinado.[62]

Conclui o autor que essa imprecisão[63] acaba reproduzindo, na esfera da realidade, "[...] um imponderável finório, ao sabor das

---

59 Ibid., p. 36.

60 ABBOUD, Georges; NERY JR, Nelson. Ativismo Judicial como conceito natimorto para consolidação do Estado Democrático de Direito: as razões pelas quais a Justiça não pode ser medida pela vontade de alguém. In: DIDIER JR., Fredie et. al. (Org.). **Ativismo judicial e garantismo processual**. Salvador: Juspodivm, 2013. p. 527.

61 BRANCO, Paulo Gustavo Gonet. Em busca de um conceito fugidio: o ativismo judicial. In: FELLET, André; GIOTTI DE PAULA, Daniel; NOVELINO, Marcelo. (Org.). **As novas faces do ativismo judicial**. Salvador: Juspodivm, 2011.

62 Ibid., p. 387.

63 Fato é que, a essa pluralidade de sentidos não possui lastro, apenas, no Brasil. Branco, conversando sobre, explica que a primeira vez que a expressão ativismo judicial veio a ser usada, padeceu de "indeterminação semântica geradora de confusões doutrinárias." O autor, então, localiza o nascimento da expressão num contexto não-técnico, em que Arthur Schlesinger Jr, jurista

circunstâncias do auditório que o recebesse, muitas vezes começava com defesa e acabava em confissão, sempre ao serviço das inclinações do público."[64]

Ao longo dos tempos, inúmeros autores buscaram trazer uma conceituação que indicasse o real significado daquilo que viria ser o ativismo judicial. Branco sintetiza bem esse caminho:

> Michael Perry defende o ativismo como meio para que os tribunais forneçam respostas moralmente corretas a questões políticas e axiológicas fundamentais, rejeitando o que denomina de ceticismo moral. Já Dworkin, apesar de repreender o passivíssimo – doutrina que admitiria, 'como questão de justiça, que os indivíduos não têm direitos contra as maiorias políticas' –, sustenta não ser tampouco o caso de se adotar um ativismo que se expresse por meio de um pragmatismo jurídico virulento, que despreze 'o texto da Constituição, a história de sua promulgação, as decisões anteriores da Suprema Corte que procuraram interpretá-la e as duradouras tradições de nossa cultura política. O ativista ignoraria tudo isso para impor a outros poderes do Estado seu próprio ponto de vista sobre o que a justiça exige. O direito como integridade condena o ativismo e qualquer outra prática de jurisdição constitucional que lhe esteja próxima. Insiste em que os juízes apliquem a Constituição por meio da interpretação, e não por meio de um fiat, querendo com isso dizer que suas decisões

---

respeitado na época, buscou descrever, sem ter nenhuma motivação em indicar qualquer papel a ser desempenhado pela justiça, "as profundas divisões ideológicas entre os nove membros da Suprema Corte americana em 1947." Segundo Branco, "[...] em cinco páginas, o autor separava os juízes em dois grupos diferenciados pelos rótulos de "ativistas judiciais" e de 'campeões da auto-contenção [...]' (self-restraint). A nenhuma dessas etiquetas era devotada alguma reflexão conceitual ou metodológica. Não havia explicação por que, por exemplo, Hugo Black e William Douglas haviam recebido o carimbo de ativistas, senão, no que é interpretado como um impulso de rivalidade universitária. Schelesinger, de Harvard, atribuiu a Black laços com o 'cinismo sobre um Judiciário objetivo, particularmente dominante na Escola de Direito de Yale." Ibid., p. 388-390.

64 Ibid., p. 387.

> devem ajustar-se à prática constitucional, e não ignorá-la'. Ha também os que sustentam que todo o discurso sobre a atividade judicial é ativista, dizendo que 'mesmo aqueles que aconselham a contenção [na jurisdição constitucional] agem em atendimento a uma agenda política'. Acrescentam que, na vida real, 'nós precisamos da arma do ativismo judicial até para proteger os membros das minorias discretas e insulares da tirania da maioria'. Lançam dúvida sobre a efetividade do princípio majoritário, tachando de mito a ideia de que o processo de elaboração de lei reflita 'a tradução da vontade da maioria nas políticas públicas deliberadas pelos órgãos legislativos representativos', máxime quando 'o documento que nos é proposto à reverência [a Constituição] é explicitamente baseado em princípios antimajoritários'; nesse sentido, 'o ativismo judicial se [mostraria] um antídoto essencial contra algumas das toxinas que envenenam o sistema [político]'. Nessa vertente, Peter Irons não hesita em defender o ativismo judicial, porque, 'na medida em que os corpos legislativos, em todos os níveis de governo, não são efetivamente representativos na sua composição, são não-democráticos na operação e são descompromissados com direitos básicos, o ataque ao ativismo judicial, baseado em presunções dogmáticas do mito das maiorias, fica serialmente enfraquecido'.[65]

No Brasil, a pluralidade de conceitos é, ainda, mais evidente. Sem ter a pretensão de catalogar cada uma destas definições, fixa-se o ideal chamando, para o centro do debate, os primeiros passos dados por Garapon que, segundo seu entendimento, localizava o ativismo judicial quando, dentre várias soluções possíveis, a opção judicial acabasse caminhando rumo ao "desejo de acelerar a mudança social ou, pelo contrário, de a travar"[66].

---

65 BRANCO, Paulo Gustavo Gonet. Em busca de um conceito fugidio: o ativismo judicial. In: FELLET, André; GIOTTI DE PAULA, Daniel; NOVELINO, Marcelo. (Org.). **As novas faces do ativismo judicial**. Salvador: Juspodivm, 2011. p. 390.

66 GARAPON, Antoine. **O juiz e a democracia**: o guardião das promessas. Tradução Maria Luiza de Carvalho. Rio de Janeiro: Revan, 1999. p. 56.

Para Abboud, "[...] a discussão acerca do ativismo judicial seria a tensão entre judicial review e self-restraint [...]"[67] pelo qual o juiz poderia incorrer em ativismo ao realizar controle de constitucionalidade quando não deveria ter feito, bem como "[...] quando deixar de efetuar o controle nas hipóteses que, juridicamente, deveria fazê-lo"[68]. Como um guia, passa a fixar seis premissas básicas pelas quais o ativismo judicial não poderia – de plano – vir a ser identificado:

> 1) a realização de controle de constitucionalidade das leis não caracteriza, necessariamente, ativismo judicial;
>
> 2) do mesmo modo, não é ativismo judicial a atuação contramajoritária do Judiciário para assegurar a proteção dos direitos fundamentais face à sociedade civil ou o próprio Estado;
>
> 3) juízes somente podem aplicar o direito mediante atividade interpretativa. Logo, não ser *literal* não é sinônimo de ativismo judicial. O fato de o juiz não buscar a vontade da lei ou do legislador não caracteriza ativismo [...].
>
> 4) juiz pode ser ativista exercendo a *judicial review* ou praticando o *self-restraint;*
>
> 5) ativismo judicial não é questão de ideologia. Ou seja, tanto posturas mais progressistas quanto conservadoras podem ser ativistas.
>
> 6) Em termos de validade da decisão, todo ativismo incorrerá em algum tipo de ilegalidade ou inconstitucionalidade.[69]

Ramos, conceituando o fenômeno, é claro ao configurar que seria ativismo judicial todo o exercício judicante:

> [...] para além dos limites impostos pelo próprio ordenamento que incumbe, institucionalmente, ao Poder Legislativo fazer atuar, resolvendo litígios de feições subjetivas (conflitos de in-

---

67 ABBOUD, Georges. **Processo constitucional brasileiro**. 2. ed. São Paulo: Revista dos Tribunais, 2018. E-book.

68 Ibid.

69 Ibid.

> teresse) e controvérsias jurídicas de natureza objetiva (conflitos normativos).[70]

Em outras palavras, concretizando-se a partir de uma incursão insidiosa na qual se verificaria "[...] à ultrapassagem das linhas demarcatórias da função jurisdicional, em detrimento principalmente da função legislativa, mas também da função administrativa."[71]

Para Streck, o ativismo judicial estaria caracterizado quando um juiz ou tribunal passa a construir sua decisão "[...] a partir de argumentos de política, de moral, enfim, quando o direito é substituído pelas convicções pessoais de cada magistrado (ou de um conjunto de magistrados."[72] Replicando o conceito, Barcelos explica ser:

> [...] um fenômeno marcado por fatores de caráter comportamental, dependendo de um ato volitivo (ou de vontade) do órgão judicante. Noutras palavras, o ativismo ocorre quando o juiz ou o Tribunal decide por argumentos de moral ou de política e afins, de onde exsurge que o Direito (ou a sua autonomia) acaba sendo substituído pelas convicções pessoais do julgador.[73]

Abboud, falando sobre, estabelece um conceito central - que irá guiar a construção dessa obra - como sendo ativismo toda atuação judicial que se concretiza "[...] a partir de um desapego da legalidade vigente (CF + leis) para fazer prevalecer, por meio da decisão, sua própria subjetividade (viés ideológico, político, religioso etc.)."[74] Além de pernicioso atalho à democracia "[...] porque suplanta o caminho democrático do dissenso e da deliberação política

---

70 RAMOS, Elival da Silva. **Ativismo judicial**: parâmetros dogmáticos. São Paulo: Saraiva, 2010. p. 29.

71 Ibid., p. 116.

72 STRECK, Lenio Luiz. **Verdade e consenso**: Constituição, hermenêutica e teorias discursivas. 4. ed. São Paulo: Saraiva, 2011. p. 589.

73 BARCELOS, Guilherme. **Judicialização da política e ativismo judicial**. Florianópolis: Habitus, 2018. p. 36.

74 ABBOUD, Georges. **Processo constitucional brasileiro**. 2. ed. São Paulo: Revista dos Tribunais, 2018. E-book.

[...]"[75], constrói a viabilidade (ou não) do pedido à revelia dos "[...] procedimentos democráticos que cuidam do dissenso político."[76]

Ademais, nas lições do constitucionalista, o ativismo judicial acaba possuindo duas dimensões em sua decisão: uma macroestrutural e uma micro-decisória. Para ele:

> Na dimensão decisória (micro) o ativismo consiste na suspensão da legalidade (CF + lei) como critério decisório por um critério voluntarista que pode ser puramente ideológico, econômico, moral, religioso etc. Ou seja, por meio dele, no Brasil, os pré-compromissos democráticos (Constituição e leis) são suspensos pelo julgador e substituídos por sua subjetividade/discricionariedade. Nessa dimensão, o julgador adquire uma faceta messiânica como intérprete do futuro da sociedade, o *escolhido (vanguarda iluminista)* para guiar a sociedade na direção do caminho correto. Já na dimensão macro ou estrutural do ativismo, o que ocorre é a caracterização do fenômeno da juristocracia ou da própria Supremacia Judicial. Em linhas gerais, na dimensão macro, o ativismo se caracteriza por um agigantamento do Judiciário em face dos demais poderes, sem respaldo constitucional para tanto.[77] (grifo do autor).

Citando John L, Austin, Abboud explica que a utilização dos conceitos vagos e semanticamente indeterminados, normalmente, são os caminhos mais usuais, utilizado pelos juízes, para legitimar "[...] qualquer tipo de decisão ainda que haja regra legal/constitucional em sentido oposto à decisão dada."[78]

O ativismo judicial, quando aparece cristalizado nas decisões judiciais, normalmente, se manifesta por meio dos enunciados performativos que "[...] englobaria as expressões linguísticas que seriam frequentemente vazias de sentido nelas próprias (um sem sentido)".

---

75 Ibid.

76 Ibid.

77 Ibid.

78 ABBOUD, Georges. **Processo constitucional brasileiro**. 2. ed. São Paulo: Revista dos Tribunais, 2018. E-book.

Estes enunciados performáticos não *descrevem* ou *registram* algo, por consequência, eles não são nem verdadeiros nem falsos [...]"[79] (grifo do autor), o que, em outros termos, oferecem grande impedimento à validade do Direito, uma vez que, por não dizerem ou significarem alguma coisa, qualquer tipo de controle da decisão judicial torna-se impossível de realizar e, consequentemente, de ser refutado.[80]

Há dois argumentos, de conteúdo performático, que, frequentemente, são utilizados para legitimar todo tipo de ativismo: a presença de déficit do legislativo, bem como o fato de que o Judiciário não agiria de ofício, o que acabaria por convidar a atuação judicial.

É importante registrar que o texto constitucional, de plano, confere autorização ao Poder Judiciário agir por meio do Mandado de Injunção e da Ação Direta de Inconstitucionalidade (ADIn) por omissão, não sendo, nesta condição constitucional, a forma de manifesto ativismo judicial. O que se busca evidenciar é que inexiste "[...] autorização constitucional abstrata para o Judiciário agir simplesmente porque há déficit legislativo."[81]

> Até mesmo porque, no Brasil, os três Poderes têm atuação deficitária. Logo, o Legislativo poderia proferir determinadas decisões na jurisdição constitucional em face da inércia do STF? O Presidente da República poderia julgar algumas questões judiciais que estão com pedido de vista que dura mais de uma década a pretexto de haver déficit e omissão judicial sobre o tema? Por óbvia que as respostas são negativas. O que almejamos é evidenciar que é igualmente teratológico simples-

79 Ibid.

80 Abboud sai trazendo diversos exemplos, nos quais estes enunciados performativos, em regra, acabam por ser usado a fim de possibilitar verniz normativo às decisões perniciosas à democracia, como o "[...] interesse público, conveniência e oportunidade, livre convencimento motivado, proporcionalidade, vontade da lei, princípio republicano e justiça [...]." Segundo ele, o desses institutos em acordo com o que dita a subjetividade de cada intérprete acaba por mascarar o voluntarismo, criando suposta normatividade ao conteúdo da decisão. Ibid.

81 Ibid.

> mente se afirmar que não há ativismo judicial no Brasil porque haveria imperativo moral do Judiciário agir em face de inércia dos demais Poderes. Em uma democracia, além da inércia do Executivo e Legislativo deve haver autorização constitucional para o Judiciário ter legitimidade de ação.[82]

Com relação ao segundo que sustenta a atuação judicial pelo simples fato do mesmo não agir de ofício, registra que, em abstrato, o enunciado não estaria "[...] correto nem errado, uma vez que não é dado, ao Judiciário, o direito de se imiscuir de um questionamento."[83] A questão principal fica, justamente, ao tipo de resposta que lhes é dada:

> [...] decisão justa é a decisão baseada na lei e na Constituição. Porém, não raro o conceito de justiça é utilizado para se desenvolver todo tipo de ativismo. Por diversas vezes, a justiça é usada com enunciado performático para fazer prevalecer no âmbito decisório, a subjetividade do intérprete em desfavor do direito posto.[84]

Deste feito, fundamentar de maneira verdadeira é, além de possibilitar o controle do ato decisório para que se evitem arbitrariedades, expor "[...] as razões que levaram o julgador a decidir desta ou daquela forma [...]"[85], possibilitando, acima de tudo, coerência ao texto constitucional.

É importante lembrar que a crítica que se formula não busca vedar a interpretação e, sim, discutir as condições de possibilidade que determinada decisão jurídica se constituiu. Antes de tudo, é "uma questão de democracia."[86]

---

82 ABBOUD, Georges. **Processo constitucional brasileiro**. 2. ed. São Paulo: Revista dos Tribunais, 2018. E-book.

83 Ibid.

84 Ibid.

85 Ibid.

86 STRECK, Lenio Luiz. **O que é isto**: decido conforme a minha consciência? Porto Alegre: Livraria do Advogado, 2013. p. 95.

Abboud, repercutindo a exigência de resposta constitucionalmente adequada, indica ser necessário, numa decisão judicial, a presença da justificação da decisão, atuando com transparência na aplicação do direito, passando, ao intérprete, a prestar contas no exercício da jurisdição. Autorizando, assim, "o controle democrático sobre a decisão" sendo absolutamente vedado aplicar a lei em conformidade com aquilo que acreditar ser o mais justo.[87]

Em síntese, o juiz, ao invés de aplicar o formato do direito que lhe parece, tem o dever de seguir os termos descritos pelos pactos democráticos (Constituição + Leis infraconstitucionais), onde, o texto constitucional, acaba por ser o limite para esse andar interpretativo[88], sendo negado, ao Judiciário, o direito de substituir-se "[...] aos demais Poderes (!), sob pena de, paradoxalmente, ir de encontro àquilo que o constitui, a Constituição Federal, Lei das Leis da República brasileira."[89]

A judicialização, então, não pode ser o álibi que sustenta a prática do ativismo[90], "[...] fator de fragilização do grau de autonomia alcançado pelo direito neste novo paradigma"[91].

---

87 ABBOUD, Georges. **Processo constitucional brasileiro**. 2. ed. São Paulo: Revista dos Tribunais, 2018. E-book.

88 Streck, falando sobre esse olhar interpretativo, aduz que o questionamento desses limites buscam, acima de tudo, evidenciar a necessidade de controle estando "[...] obviamente implícita a rejeição da *negligência do positivismo 'legalista' para com o papel do juiz*, assim como também a 'descoberta' das diversas correntes realistas e pragmatistas que se coloca(ram) como antítese ao exegetismo das primeiras." (grifo do autor). STRECK, Lenio Luiz. **O que é isto**: decido conforme a minha consciência? Porto Alegre: Livraria do Advogado, 201., p. 42.

89 BARCELOS, Guilherme. **Judicialização da política e ativismo judicial**. Florianópolis: Habitus, 2018. p. 35.

90 Se o nascimento do texto constitucional buscava dar maior grau de efetividade à norma, hoje, a preocupação, além, busca questionar de que forma poderia se controlar, de maneira democrática, a interpretação do direito a fim de evitar que juízes passem a tomar mão da legislação democraticamente construída.

91 STRECK, Lenio Luiz. As recepções teóricas inadequadas em *terrae brasilis*. **Revista de Direitos Fundamentais e Democracia**, Curitiba, v. 10, n. 10, p. 7, jul./dez. 2011.

A raiz do ativismo praticado no Brasil possui lastro numa espécie de "[...] institucionalização – *desinstitucionalizada* – da discricionariedade a partir da recepção equivocada de teorias estrangeiras, as quais foram erguidas em tempo e contexto distintos [...]"[92] (grifo do autor) à luz das respectivas realidades locais.

A Constituição Federal de 1988 nasceu buscando efetivação do seu texto normativo. Ao contrário, o que se viu, foi a sua instrumentalização por três principais teorias estrangeiras, feitas de modo acrítico, que acabou criando, no Brasil, um protagonismo judicial que, vez por outra, frauda os pré-compromissos democráticos. Assim,

> [...] a jurisprudência dos valores, o realismo norte-americano (com ênfase no ativismo judicial) e a teoria da argumentação de Robert Alexy, com o agravante de que esta – embora as críticas que seu criador, Alexy, faz à primeira (a *Wertungsjurisprudenz*) – acaba ingressando em solo brasileiro como um (simplório) 'derivativo' daquela.[93]

Segundo o autor, no direito alemão, a Jurisprudência dos Valores acabou por servir na legitimação de "[...] uma carta que não tinha sido constituída pela ampla participação do povo alemão."[94]

---

92 Streck, falando sobre a necessidade de novos paradigmas interpretativistas, registra que "Uma Constituição nova exige novos modos de análise: no mínimo, uma nova teoria das fontes, uma nova teoria da norma, uma nova teoria interpretativa e, fundamentalmente, uma teoria da decisão (teoria da validade)." Por não haver uma teoria constitucional adequada às demandas de um paradigma jurídico novo, acabaram por jogar "[...] os juristas brasileiros nos braços de teorias alienígenas [...] sendo a aposta no protagonismo dos juízes o ponto comum da maior parte das posturas." Ibid., p. 8; BARCELOS, op. cit., 54.

93 STRECK, Lenio Luiz. As recepções teóricas inadequadas em *terrae brasilis*. **Revista de Direitos Fundamentais e Democracia**, Curitiba, v. 10, n. 10, p. 8, jul./dez. 2011.

94 Id. **O que é isto**: decido conforme a minha consciência? Porto Alegre: Livraria do Advogado, 2013. p. 8.

> [...] a afirmação de um *jus* distinto da *lex*, ou seja, a invocação de argumentos fora da estrutura rígida da legalidade. A referência a valores aparece, assim, como mecanismo de 'abertura' de uma legalidade extremamente fechada.[95] (grifo do autor).

Ocorre que os juristas brasileiros, ao importar a teoria, passaram a não se atentar às distintas realidades entre os dois países. Fator este gerador, dentro do exercício judicante, da fraude ao comando legal no modo de utilização, uma vez que os teóricos brasileiros, assumindo a tese de ser, a Constituição, uma ordem concreta de valores, repassaram, aos intérpretes, o papel "[...] de encontrar e relevar esses interesses ou valores."[96]

Nesses termos, e de maneira mais específica, a implementação da "[...] teoria da argumentação de Robert Alexy, que, entretanto, recebeu uma leitura superficial por parcela considerável da doutrina e dos Tribunais de *terrae brasilis* [...]"[97] (grifo do autor), equivocadamente, acabou sendo caracterizada como se princípio fosse, não sendo raro encontrar:

> [...] constitucionalistas que não se rendam à distinção (semântico) estrutural regra-princípio e à ponderação (Alexy). A partir desse equívoco, são desenvolvidas/seguidas diversas teorias/teses por vezes incompatíveis entre si. Na maior parte das vezes, os adeptos da ponderação não levam em conta a relevante circunstância de que é impossível - sim, insista-se, é realmente impossível - fazer uma ponderação que resolva diretamente o caso. A ponderação - nos termos propalados por seu criador, Robert Alexy - não é (insista-se, efetivamente não é) uma operação em que se colocam os dois princípios em uma balança e se aponta para aquele que 'pesa mais' (sic), algo

---

95 Id. **Verdade e consenso**: Constituição, hermenêutica e teorias discursivas. 4. ed. São Paulo: Saraiva, 2011. p. 48.

96 BARCELOS, Guilherme. **Judicialização da política e ativismo judicial**. Florianópolis: Habitus, 2018. p. 56.

97 STRECK, Lenio Luiz. As recepções teóricas inadequadas em *terrae brasilis*. **Revista de Direitos Fundamentais e Democracia**, Curitiba, v. 10, n. 10, p. 10, jul./dez. 2011.

> do tipo 'entre dois princípios que colidem, o intérprete escolhe um' (sic). Nesse sentido é preciso fazer justiça a Alexy: sua tese sobre a ponderação não envolve essa 'escolha direta.[98]

Ao invés de caminhar sua utilização buscando formar uma regra a ser aplicada ao caso concreto, os tribunais passaram a manuseá-las como "[...] se fosse um enunciado performativo, uma espécie de álibi teórico capaz de fundamentar os posicionamentos mais diversos"[99]. Isto é, o uso do 'relativismo ponderativo' acabou tornando turvo "[...] o valor da tradição como guia da interpretação [...]"[100], gerando, na ponderação, a abertura necessária à discricionariedade.

A doutrina[101] e a jurisprudência brasileira tenderam a tratar o termo ativismo judicial pelas mãos do realismo jurídico norte

---

98 STRECK, Lenio Luiz. As recepções teóricas inadequadas em *terrae brasilis*. **Revista de Direitos Fundamentais e Democracia**, Curitiba, v. 10, n. 10, p. 10, jul./dez. 2011.

99 Ibid., p. 11.

100 Ibid., p. 13-14.

101 Apesar da equivocada compreensão impressa por Pogrebinschi que, ao tratar judicialização da política e ativismo judicial como se sinônimos fossem, aponta para o crescimento do papel das cortes constitucionais indicando ser "[...] uma das formas possíveis de fortalecimento da democracia representativa." Há algo, em sua obra, que possibilita pinçarmos a fim de demonstrar as diversas formas de se ver o fenômeno da judicialização e o fator comportamental que é o ativismo judicial. Segundo ela, as Ciências Sociais e o Direito vêm "[...] realizando importantes e interessantes esforços de compreensão do processo de judicialização da política e do papel do Poder Judiciário. Mesmo sem dialogar entre si, a literatura política e sociológica (Arantes, 1997 e 2007; Arantes e Kerche, 1999; Carvalho, 2004 e 2009; Castro, 1996; Maciel e Koerner, 2002; Sadeck, 2001, 2009 e 2010; Marchetti, 2008; Marchetti e Cortez, 2009; Oliveira, 2005; Pacheco, 2007; Taylor, 2007; Taylor e Da Ros, 2008; Vianna et alli, 1999 e 2007; Vianna, 2002 e 2008) e a literatura jurídica e constitucional (Barroso, 2010; Binenbjom, 2001; Cittadino, 2004; Sarlet, 2009; Sarmento, 2000, 2006 e 2010; Sarmento e Souza Neto, 2008; Souza Neto, 2005 e 2006; Vieira, 1994 e 2008) aportam relevantes contribuições ao debate, ainda que enfocando aspectos distintos e apoiando-se em abordagens diversas, contribuindo com a difusão da crença de que judicializar implicaria implica no avanço do direito em detrimento da política e consequente ampliação da esfera de autoridade dos tribunais em detrimento dos parlamentos." POGREBINSCHI, Thamy. **Judicialização ou representação?** Política, Direito e Democracia. São Paulo: Elsevier, 2011. p. 4; 165.

americano[102] "de um modo tábula rasa"[103], bastando lembrar que o mesmo teria aparecido, no anteprojeto do Código Brasileiro de Processo Coletivo (art. 2º, letra i), como "princípio norteador (sic) do processo coletivo"[104], o que acabara evidenciando "o profundo impasse teórico que impera na doutrina."[105]

Exemplificando o uso inadvertido desse tipo de *decisum*, o jus-filósofo Streck lembra do resultado obtido no julgamento da ADIn nº 4.277 que buscava regulamentar as uniões homoafetivas. O Supremo Tribunal Federal, em sua unanimidade, julgou parcialmente procedente o pedido. Realizando interpretação conforme a constituição do art. 1.723 do Código Civil Brasileiro, reconheceu a proteção do Estado às Uniões homoafetivas. A questão de destaque, aqui, está nos argumentos, até então, registrados pelos ministros que, na sua grande maioria, possuem aspectos sociológicos e/ou moral.

O fato, em síntese, diz respeito à forma que a jurisdição constitucional decidiu enfrentar o problema, ao se "[...] substituir ao poder constituinte derivado, alterando o texto da constituição [...]"[106], o qual não foi evitado pela maioria dos ministros[107]. Segundo lembra:

---

102 O realismo jurídico, nas palavras de Streck (2017, p. 245), possui marca nos seguintes posições: "a) mantem sua atenção nas mudanças e não sobre o caráter estático da realidade jurídica; b) afirmam que o juiz exerce uma atividade criativa sobre o Direito; c) o Direito é concebido não como fim, mas como meio para alcançar objetivos sociais; d) assumem uma atividade científica direcionada a observação dos fatos sociais; e) em sua concepção o conjunto de regras jurídicas não se coloca como principal objeto de análise pela ciência do Direito; f) criticam os conceitos jurídicos tradicionais e as normas entendidas em sentido tradicional." STRECK, Lenio Luiz. **Dicionário de hermenêutica**: quarenta temas fundamentais da teoria do Direito à luz da crítica hermenêutica do Direito. Belo Horizonte: Letramento, 2017. p. 245.

103 STRECK, Lenio Luiz. As recepções teóricas inadequadas em *terrae brasilis*. **Revista de Direitos Fundamentais e Democracia**, Curitiba, v. 10, n. 10, p. 14, jul./dez. 2011.

104 Ibid., p. 15.

105 Ibid., p. 15.

106 Ibid., p. 17.

107 Streck, ilustrando onde é possível visualizar que os argumentos usados no julgamento acabaram vindo a ser determinados, muito mais, pelo entendimento das circunstancias pessoais, relembra que "no voto do relator, por exemplo, está

> [...] o caso apresentado, tanto na origem quanto no seu desfecho, representa muito bem como a discussão sobre o ativismo interpretativo do Supremo Tribunal Federal é realizada no campo jurídico brasileiro, podendo se afirmar que por vezes, os pragmatismos tomam emprestados pressupostos originários das teorias argumentativas, em especial a de Alexy, mormente quando as decisões judiciais aplicam a proporcionalidade e a razoabilidade.[108]

Abboud, falando sobre a citada ADIn, é claro quando lembra que o texto constitucional, ao falar de casamento, o registra como sendo união entre homem e mulher.[109] A Suprema Corte brasileira ao julgar autorizando, de maneira imediata, a caracterização de união estável para casais de mesmo sexo, passa a decidir "[...] contra texto expresso da Constituição, *in casu,* § 3º do art. 226 da CF."[110]

Contrariando o limite que o texto constitucional impõe, o STF interpreta avançando sobre as regras e, consequentemente, declarando inconstitucional dispositivo formulado pelo Poder Constituinte originário.[111] Se afinal, "[...] o STF pode decidir contra texto constitucional originário, qual o limite de sua atuação?"[112]

---

dito que 'o órgão sexual é um plus, um bônus, um regalo da natureza. Não é um ônus, um peso, um estorvo, menos ainda uma reprimenda dos Deuses'. Em voto de outro Ministro, lê-se que 'a homossexualidade é traço da personalidade, não é crença, ideologia ou opção de vida'". Ibid., p. 17.

108 Ibid., p. 17.

109 ABBOUD, Georges. **Processo constitucional brasileiro**. 2. ed. São Paulo: Revista dos Tribunais, 2018. E-book.

110 ABBOUD, Georges. **Processo constitucional brasileiro**. 2. ed. São Paulo: Revista dos Tribunais, 2018. E-book.

111 "Não cabe ao Poder Judiciário 'colmatar lacunas' (sic) do constituinte (nem originário e nem derivado). Ao permitir decisões desse jaez, estar-se-á incentivando a que o Judiciário 'crie' uma Constituição 'paralela' (uma verdadeira 'Constituição do B'), estabelecendo, a partir da subjetividade dos juízes, aquilo que 'indevidamente' – a critério do intérprete – não constou no pacto" STRECK, Lenio Luiz; BARRETTO, Vicente de Paulo; OLIVEIRA, Rafael Tomaz. Normas constitucionais inconstitucionais. **Consultor Jurídico**, São Paulo, 19 jul. 2009. Disponível em: <https://www.conjur.com.br/2009-jul-19/confiar-interpretacao-constituicao-poupa-ativismo-judiciario?pagina=4>. Acesso em: 19 jan. 2019. online.

112 ABBOUD, op. cit.

Além de preocupante, porque acaba constituindo na decisão o entendimento do Direito naquilo que o Poder Judiciário insiste em dizer que é, posturas desse tipo acabam por evidenciar claro desapego às balizas democráticas.

O uso destas três teorias, quando somadas, acabaram por influenciar na "[...] proliferação incontrolada de enunciados (standards) para resolver determinados problemas concretos, muitas vezes ao alvedrio da própria legalidade constitucional [...]"[113], questão de fragmentação da jurisprudência nacional.

Ademais, é prerrogativa primeira a caracterização do país como sendo democrático que todos os Poderes da República respeitem o que manda a Constituição Federal de 1988. Este fator deveria impedir que o Poder Judiciário atuasse na contramão da coerência e da integridade do ordenamento jurídico.

Sobre isso, Abboud e Nery Jr, preocupados com a falta de comprometimento com os citados requisitos, deixam claro que só pode ser possível medir o sentimento de justiça em sistemas que predominam a vontade de quem é mais forte.[114] Já no Estado Democrático Direito:

> [...] a justiça não se mede pela vontade de ninguém, nem pela do STF; pois todo juiz ao decidir precisa prestar contas de porque sua decisão é a melhor para o caso, a decisão mais consentânea com o texto constitucional, bem como qual a sua principiologia.[115]

---

113 Streck alcunha esse movimento de panprincipiologismo que, segundo ele, acaba por ser "[...] um subproduto do 'neoconstitucionalismo' à brasileira, que acaba por fragilizar as efetivas conquistas que formaram o caldo de cultura que possibilitou a consagração da Constituição brasileira de 1988." STRECK, Lenio Luiz. As recepções teóricas inadequadas em *terrae brasilis*. **Revista de Direitos Fundamentais e Democracia**, Curitiba, v. 10, n. 10, p. 12, jul./dez. 2011.

114 ABBOUD, Georges; NERY JR, Nelson. Ativismo Judicial como conceito natimorto para consolidação do Estado Democrático de Direito: as razões pelas quais a Justiça não pode ser medida pela vontade de alguém. In: DIDIER JR., Fredie et. al. (Org.). **Ativismo judicial e garantismo processual**. Salvador: Juspodivm, 2013.

115 Ibid., p. 533-534.

Não se pode, sob escusa alguma, admitir que parcela da liberdade constitucional se esvaia no seio das decisões judiciais que, fazendo uso da condição de ambiente que autoriza a judicialização do máximo de temas possíveis, acabe suspendendo as regras admitidas e, consequentemente, iniciando um "estado de exceção hermenêutico".

> [...] na verdade, a intensidade da judicialização da política (ou de outras dimensões das relações sociais) é a contradição secundária do problema. A grande questão não é o 'quanto de judicialização', mas 'como as questões judicializadas' devem ser decididas'. Aqui está o busílis. Este é o tipo de controle que deve ser exercido. A Constituição é o alfa e o ômega da ordem jurídica. Ela oferece marcos que devem pautar as decisões da comunidade política.[116]

Na busca da efetivação dos direitos constitucionais, partindo de parâmetros ativistas, em verdade, o Poder Judiciário acaba contribuindo na demolição "[...] dos alicerces de nossa democracia constitucional. No local do nosso edifício democrático, erigimos um regime de Juristocracia"[117].

> A Juristocracia não é apenas uma modificação interpretativa do direito, mas uma transformação da própria engenharia constitucional mediante uma invasão sem limites da esfera individual pelo Estado, mais especificamente, por suas decisões judiciais. Ou seja, modificamos toda a engrenagem que relaciona cidadão e Poder Público em uma democracia. Em outros termos, a juristocracia é uma forma de degradação da democracia constitucional em que a autonomia e a separação de poderes é golpeada por um ativismo judicial que atinge a esfera dos demais Poderes, sem respaldo constitucional. Além da usurpação em relação aos demais poderes, é traço distintivo

---

116 STRECK, Lenio Luiz. **Hermenêutica jurídica e(m) crise**: uma exploração hermenêutica da construção do Direito. 11. ed. Porto Alegre: Livraria do Advogado, 2014. p. 85.

117 ABBOUD, Georges. Submissão e juristocracia. **Revista de Processo**, São Paulo, v. 258, p. 521, ago. 2016.

> da juristocracia a crescente invasão do Poder Judiciário em face da esfera de liberdade do cidadão. Há uma espécie de colonização do mundo da vida.[118]

Falando sobre essa situação, Barcelos explica que, na medida em que se aumenta a interferência judicial, maior deveria ser "[...] o comprometimento de juízes e tribunais em respeitar a tradição jurídica (legislação, Constituições e entendimentos jurisprudenciais anteriores)"[119].

Num Estado Democrático de Direito, cada poder deve atuar em consonância ao que manda o texto que inaugura o contrato social[120], louvando "[...] a legislação democraticamente construída, de modo que a (in)aplicação do arcabouço normativo infraconstitucional restará sempre condicionado ao exercício da jurisdição constitucional."[121]

---

118 Ibid., p. 521.

119 BARCELOS, Guilherme. **Judicialização da política e ativismo judicial**. Florianópolis: Habitus, 2018. p. 14.

120 Moreira desacredita esse comprometimento e, no seu lugar, registra que a judicialização da política acabou alcançando patamares mais que alarmantes no Brasil. Segundo ele: "Sob o argumento de que vivemos sob uma democracia de direitos, o sistema de justiça passou a tutelar todas as áreas, interferindo em políticas públicas, imiscuindo-se no mérito do ato administrativo, desbordando de suas competências para envolver-se em assuntos que foram tradicionalmente conjugados conforme uma organização horizontal de poder, violando assim a autonomia dos poderes políticos tudo submetendo ao jurídico [...]" é, nessa tentativa de colonizar o mundo da vida pelo jurídico que se realiza, por meio da interpretação, a desvinculação à lei. Para Moreira, "[...] a legitimidade da democracia no Ocidente decorre dos tribunais constitucionais." Em conformidade com esse modelo, "[...] não ocorre apenas a judicialização da política, mas a sua consequente criminalização, chegando-se à conclusão segundo a qual a democracia emana do direito. Esse quadro teórico contraria todo o projeto libertário contido na modernidade." MOREIRA, Luiz. Judicialização da política no Brasil. **Le Monde Diplomatique Brasil**, São Paulo, 1 fev. 2013. Disponível em: <https://diplomatique.org.br/judicializacao-da-politica-no-brasil/>. Acesso em: 3 jun. 2013. online.

121 BARCELOS, op. cit., p. 75.

Nesse cenário, marcado pela atuação insidiosa do jurídico rumo ao político, fator, este, que descaracteriza a função típica do judiciário, que se percebe, cada vez mais, a instrumentalização deste poder na busca pela concretização dos mais variados desejos, pouco observando ser direitos (ou não). O lastro, então, extrai razão nas democracias presidencialistas, como é a do Brasil, tema, este, melhor narrado no próximo capítulo.

5

A JUDICIALIZAÇÃO DA POLÍTICA NA DEMOCRACIA PRESIDENCIALISTA BRASILEIRA

O capítulo 3 deixou claro que a Assembleia Nacional Constituinte, no afã de ultrapassar os 21 anos de autoritarismo e, enfim, restaurar as liberdades públicas, acabou incorporando diversas demandas de setores organizados e grupos de interesse em seu corpo.

Esse fato acabou por gerar, dentro do texto, uma "[...] vasta mistura de reivindicações legítimas de trabalhadores e categorias econômicas, cumulados com interesses cartoriais, reservas de mercado e ambições pessoais [...]"[1], acabando por transformar o texto num documento absolutamente heterogêneo e que oscila entre os mais variados assuntos.

Foi imbuído nesta perspectiva que o Constituinte juntou no mesmo conteúdo o "[...] presidencialismo, o federalismo, o bicameralismo, o multipartidarismo e a representação proporcional [...]"[2], extraindo, da interação desses institutos, a chave

---

1 BARROSO, Luís Roberto. A reconstrução democrática do Brasil. **Justiça & Cidadania**, Rio de Janeiro, 12 jul. 2011. Disponível em: <https://www.editorajc.com.br/a-reconstrucao-democratica-do-brasil/>. Acesso em: 15 set. 2018. online.

2 ABRANCHES, Sérgio Henrique H. de. O presidencialismo de coalizão: o dilema institucional brasileiro. **Revista de Ciências Sociais**, Rio de Janeiro, v. 31, n. 1, p. 10, 1998.

mestra que pautaria o formato comportamental dos Poderes da República.

Após a proclamação do texto fundamental, a engenharia constitucional passou a dar, ao Presidente da República, diversos institutos que possibilita, além da aprovação do projeto político eleito pelo voto popular[3], o controle da agenda política do país.

No primeiro momento, explica que o raciocínio que enreda a formalização da aliança se constrói objetivando, "[...] em torno de diretivas programáticas mínimas, usualmente amplas e pouco específicas, e de princípios a serem obedecidos na formação do governo [...]"[4], uma perspectiva mínima de coerência a campanha eleitoral que se iniciará. Quanto maior à coalizão, maior será o tempo na propaganda eleitoral na televisão e no rádio.

Após essa formulação inicial, os partidos políticos passam a se coligar a fim de gerar, no pleito eleitoral, a vitória de um candidato. Em tese, a coligação irá guiar, de maneira mais ou menos coerente,

---

3 O Ex-Ministro do STF, Ayres Britto, disse, certa vez, haver uma distinção, num Estado Democrático de Direito, entre o povo e a nação e a correlação de atuação existente por parte do Poder Judiciário. Segundo ele: "A toga exige de cada um de nós fidelidade às leis e notadamente à Constituição, porque o Supremo é o guardião mor, maior da Constituição. E como a Constituição é o mais legítimo dos documentos jurídicos, porque é produzido não pelo povo, quadrienalmente convocado, a Constituição é produzida pela nação, e nação é um conceito atemporal. Passado, presente e futuro. Nação incorpora da primeira geração, da mais antiga geração a mais atual, a nação é dotada de uma vontade normativa, uma vontade jurídica permanente, e essa vontade jurídica permanente da nação - da nação chega a ser um cacófato, mas é inevitável – essa vontade permanente é derramada na Constituição. E a Constituição depositária da vontade normativa permanente da nação, que é mais do que o povo, ela, a Constituição, governa permanentemente quem governa transitoriamente. Então, a legitimidade do juiz e, sobretudo do ministro do Supremo, decola, arranca do seu apego irrestrito à Constituição. Ele só é grato à Constituição". AYRES Britto ressalta derrubada da Lei de Imprensa como maior legado. **G1**, Rio de Janeiro, 15 nov. 2012. Disponível em: <http://g1.globo.com/globo-news/noticia/2012/11/ministro-ressalta-derrubada-da-lei-de-imprensa-como-maior-legado.html>. Acesso em: 29 set. 2018.

4 ABRANCHES, Sérgio Henrique H. de. O presidencialismo de coalizão: o dilema institucional brasileiro. **Revista de Ciências Sociais**, Rio de Janeiro, v. 31, n. 1, p. 27, 1998.

a montagem do governo visando, consequentemente, garantir estabilidade e capacidade à produção da governabilidade. Nas palavras, de Abranches, nesta fase, predomina-se a "[...] disputa por cargos e compromissos relativos a um programa mínimo de governo, ainda bastante genérico."[5]

Buscando consolidar a coalizão e, consequentemente, atender às "[...] demandas políticas, sociais e econômicas competitivas e a formular um programa coerente e efetivo [...]"[6] é, na terceira fase, que a efetivação dos termos da aliança, lançada nas fases anteriores, acaba apresentando problemas iniciais na formulação do projeto.

O Presidente da República, utilizando os instrumentos que tem em mãos, como a distribuição de cargos públicos aos partidos da coalizão, a liberação de emendas parlamentares ao orçamento da União e a centralização das atividades legislativa no Poder Executivo, "[...] reforçado pelo controle que a coalizão governamental exerce sobre os trabalhos legislativos, centralizados na atuação dos líderes partidários [...]"[7], tem, nas Medidas Provisórias, o direito de introduzir efeitos imediatos na vida política do pais.

Restando, neste último, ao Congresso Nacional, a função residual de controle, convertendo (ou não) a opção em lei, no prazo constitucional, sob pena de receber, dentro da Casa em que a mesma se encontrar (Câmara ou Senado), o sobrestamento da pauta.[8]

Essa situação, além de inusitada, dá ao Poder Executivo, o controle da agenda política do país e, consequente, amplo domínio na produção legiferante, empurrando, na execução do Presidencialismo de Coalizão, à condição de mero ratificador das decisões

5 Ibid., p. 27.

6 Ibid., p. 28.

7 BRANCO, Paulo Gustavo Gonet; MENDES, Gilmar Ferreira. **Curso de Direito Constitucional**. 8. ed. São Paulo: Saraiva, 2013. p. 921.

8 É o texto que se vê no §6º do art. 62 da Constituição Federal de 1988.

mais importantes do país[9] ao Poder Legislativo, fator, este, que acaba por desagradar, de sobremaneira, a oposição política, uma vez que o desenho institucional força a Câmara dos Deputados e o Senado Federal a perspectiva de país querido pelo Presidente da República.

Streck, repercutindo o sistema político adotado pelo constituinte, registra que por ser, o presidencialismo brasileiro, de coalizão, não importaria tanto à ideologia, "[...] pois a maioria dos partidos fazem política de maneira pragmática, instrumentalizando a Constituição e desrespeitando a República."[10]

Na tentativa de garantir a coalizão, o Presidente da República acaba tendo que "[...] negociar com um Congresso composto por um grupo heterogêneo de partidos, que representam uma esfera também heterogênea de interesses."[11]

A coalizão, assim, entraria "[...] na definição do conceito não como solução, mas como expressão das dificuldades enfrentadas pelo presidente para governar [...]"[12], acabando por criar uma dinâmica interessante no funcionamento do governo. Ao invés da tensão acontecer entre o Executivo, que domina produção legiferante, e o Legislativo, que aceita - passivamente - a imposição institucional da agenda política do Presidente da República, ela acaba acontecendo entre a coalizão majoritária e a oposição do governo.

---

9 É importante relembrar que caberá, ao Presidente da República, a prerrogativa exclusiva de iniciar legislação nas principais áreas de política, como é o orçamento e a fixação dos quadros do funcionalismo.

10 STRECK, Lenio Luiz. Os dilemas da representação política: o estado constitucional entre a democracia e o presidencialismo de coalizão. **Direito, Estado e Sociedade**, Rio de Janeiro, n. 44, p. 86, jan./jun. 2014.

11 TRINDADE, André Karam; OLIVEIRA, Rafael Tomaz de. O ativismo judicial na débâcle do sistema político: sobre uma hermenêutica da crise. **Revista Eletrônica do Curso de Direito da UFSM**, Santa Maria, v. 11, n. 2, p. 768, 2016.

12 LIMONGI, Fernando. A democracia no Brasil: presidencialismo, coalizão partidária e processo decisório. **Novos estudos – CEBRAP**, São Paulo, n. 76, p. 3, nov. 2006. Disponível em: <http://dx.doi.org/10.1590/S0101-33002006000300002>. Acesso em: 20 jan. 2018.

O fato dessa pauta que compõe o acordo não ser definida de maneira clara e objetiva, os termos podem vir a ser revistos e, nesse caso, "[...] a relação do Executivo com o Legislativo pode apresentar dificuldades que, dependendo do grau de divergências, pode chegar a bloquear ações importantes do governo."[13], mas não é a regra.

Como existem poucos elementos e expedientes concretos, que possibilitam à oposição frear ou atravancar o andamento das escolhas do governo, tornou-se normal, principalmente, nas democracias constitucionais, pelas razões já evidenciadas no tópico 4.1., protelar/questionar o resultado buscado pela coalizão governamental, não só dentro do Congresso Nacional, mas, também, por encaminhar questionamentos acerca de possíveis inconstitucionalidades no âmbito de atuação do Supremo Tribunal Federal.

Por não dá conta de superar a agenda política proposta pelo Poder Executivo[14], a oposição, as vezes – e com pouco respeito ao estatuto partidário –, já antevendo perder o embate no campo da política, convida o Supremo Tribunal Federal a agir como um grande árbitro do conflito a fim de desatar "[...] os nós da disputa político-partidária ou, no limite, destravar o sistema político, bloqueado pelo enfraquecimento da coalizão que sustentava o governo."[15]

Em outras palavras, tenta-se, nesses expedientes, transformar a Suprema Corte brasileira num local de repescagem das desmandas

---

13 TRINDADE; OLIVEIRA, op. cit., p. 768.

14 Streck, falando sobre, diz que a cada tensão existente entre o Executivo e o Legislativo, o Supremo Tribunal Federal, diuturnamente, é convidado a entrar "[...] perigosamente nesse terreno de (atendimento a) demandas de grupos. E, também – e isso precisa ser dito –, demandas provenientes da falta de resolução dos problemas das liberdades públicas no plano dos demais tribunais do país. Eles falham e tudo acaba no STF. Ele cresce. Mas sofre. E sangra na legitimidade." STRECK, Lenio Luiz. **30 anos da CF em 30 julgamentos**: uma radiografia do STF. Rio de Janeiro: Forense, 2018. p. 28.

15 TRINDADE, André Karam; OLIVEIRA, Rafael Tomaz de. O ativismo judicial na débâcle do sistema político: sobre uma hermenêutica da crise. **Revista Eletrônica do Curso de Direito da UFSM**, Santa Maria, v. 11, n. 2, p. 766, 2016.

perdidas na política e, de plano, suspendendo a vigência do diploma normativo questionado.

A execução do modo de governar exercido pelo Presidente da República acaba transbordando os desarranjos existentes para o "problema da jurisdição constitucional"[16], tornando-se, cada vez mais, intensos nos períodos de crise, como a que culminou na instauração do processo de *impeachment* contra a Presidente da República, Dilma Vanna Rousseff, e que já vem se apresentando no curso da 38ª Presidência da República, exercida por Jair Messias Bolsonaro.[17]

Desde o 1º dia de vigência do texto constitucional ao 22º dia do mês de novembro de 2019 foi possível extrair que, em sede de Ação Direta de Inconstitucionalidade em face de todos

---

16 STRECK, Lenio Luiz. Os dilemas da representação política: o estado constitucional entre a democracia e o presidencialismo de coalizão. **Direito, Estado e Sociedade**, Rio de Janeiro, n. 44, p. 86, jan./jun. 2014.

17 Após a eleição de Jair Messias Bolsonaro à Presidência da República, alguns dos ministros se apressaram em pontuar uma aludida defesa do texto constitucional. O primeiro, foi o Ministro do Supremo Tribunal Federal, Luis Roberto Barroso que registrou à Folha de São Paulo certas divisões quanto a alguns assuntos importantes, como o combate a corrupção. Indicou, diante disso, haver "[...] muitos laços históricos difíceis de se desfazerem, infelizmente. Mas em relação a proteção dos direitos fundamentais, ele sempre esteve unido [...]", construindo, ao final, uma perspectiva de resistência ao programa de governo do Presidente eleito. Algum tempo depois, foi a vez do Presidente do Supremo Tribunal Federal, Dias Toffoli, em infeliz declaração, registrar, antes mesmo de tomar ciência da execução da agenda de governo da atual Presidência da República, que a Suprema Corte deixaria a condição de centroavante, para, agora, passar a atuar como zagueiros na defesa dos "direitos e garantias que estão na Constituição." BERGAMO, Monica. STF se unirá por defesa de negros, gays mulheres e liberdade de expressão, diz Barroso. Folha de São Paulo, São Paulo, 30 out. 2018. Disponível em: <https://www1.folha.uol.com.br/colunas/monicabergamo/2018/10/protecao-de-direitos-fundamentais-deve-unir-correntes-distintas-do-stf.shtml>. Acesso em: 19 jan. 2019; STF será 'zagueiro' da Constituição, diz Toffoli. Terra, [S.l.], 19 nov. 2018. Disponível em: <https://www.terra.com.br/noticias/brasil/stf-sera-zagueiro-da-constituicao-diz-toffoli,c3574e186a565012ecdfc49be1fc7f1aufz2ux0h.html>. Acesso em: 19 jan. 2019.

os atos normativos possíveis, um total de 7.039 decisões dos mais variados tipos[18].

Apesar de observar importância dos governos Collor (1990 - 29 de dezembro de 1992) e Itamar Franco (30 de dezembro de 1992 - 31 de dezembro de 1994), o escrito autoriza analisar os reflexos do Presidencialismo de Coalizão no perfil de atuação do Supremo Tribunal Federal a partir de 1º de janeiro de 1995, justamente, por entender que, desde a redemocratização, Fernando Henrique Cardoso acabou sendo o primeiro Presidente da República eleito pelo voto popular e que deu conta de inteirar um mandato, tornando ascendente o sistema político atual.[19]

É na clara e evidente situação projetada no sistema político atual, marcado pela facilidade em que se judicializa questões, inclusive por meio da oposição, que o próximo tópico analisará quantitativa e qualitativamente os dados dispostos no sítio eletrônico do Supremo Tribunal Federal, buscando questionar se a Suprema Corte, quando questionada por esses atores, passa a atuar (ou não) como local de repescagem as demandas na política.

---

18 Esta quantidade de decisões reúnem as finais (que caminham pela improcedência, pelo não conhecimento, por não identificar, pela procedência, bem como, pela procedência em parte), decisões em recurso (como as nascidas no conhecimento, não provimento e pelo provimento em Agravo regimental, nos Embargos declaratórios, não conhecidos, os recebidos e os que foram recebidos como agravo regimental desde logo não provido, os que foram recebidos em parte, os rejeitados e os de reconsideração), as interlocutórias, liminares (que adotaram o rito do Art. 12, Lei 9.868/99, as deferidas, as Deferidas em parte, as Indeferidas, as não identificadas e as prejudicadas) e, por fim, as decisões que acabavam por sobrestar os processos.

19 Nas palavras de Avritzer, além do conservadorismo, a morosidade no Poder Legislativo era o principal obstáculo a ser superado, dai, por que, o primeiro mandato de Fernando Henrique Cardoso acaba por se destacar. Objetivando garantir governabilidade e, enfim, superar o obstáculo da morosidade das casas legislativas é, com Fernando Henrique Cardoso, que se torna "[...] proeminente o argumento do Presidencialismo de Coalizão, isto é, da efetivação da capacidade de governar ainda que em uma situação de minoria no Congresso." AVRITZER, Leonardo. **Impasses da democracia no Brasil**. Rio de Janeiro: Civilização Brasileira, 2016. p. 34.

5.1 OBSERVATÓRIO JURISPRUDENCIAL DA SUPREMA CORTE BRASILEIRA

Desde o 1º dia do mês de janeiro de 1995 ao 22º dia do mês de novembro de 2019, 3.914 Ações Diretas de Inconstitucionalidade acabaram por receber algum tipo de decisão da Suprema Corte brasileira. Nesse universo, o Supremo Tribunal Federal, quando questionado por partidos políticos com representação no Congresso Nacional, avaliou a constitucionalidade de Medidas Provisórias, editadas pelo Presidente da República, em 148 ocasiões.

Dividindo tais ocasiões tem-se, nos dois governos de Fernando Henrique Cardoso, 59 decisões; nos de Lula, outras 50; nos mandatos de Dilma, 14 momentos; no mandato de Michel Temer, 6 decisões, e, por fim, até agora, 19 outros provimentos jurisdicionais no curso do mandato de Jair Messias Bolsonaro, conforme se pode ver na tabela nº 1:

► **Tabela 1 – Relação do nos de Ação Direta de Inconstitucionalidade, ajuizadas por Partido Político com Representação no Congresso Nacional, em face de Medidas Provisórias ajuizadas pelo Presidente da República**

	Nº de Decisões em sede de ADIs	Por Partido Político	Em face de Medidas Provisórias
FHC 1	504	70	29
FHC 2	771	76	30
LULA 1	814	53	26
LULA 2	479	46	24
DILMA 1	572	28	6
DILMA 2	314	25	8
TEMER	290	20	6
BOLSONARO	261	31	19
TOTAL	**3.914**	**349**	**148**

Fonte: elaborado pelo autor (2019).

É oportuno registrar que, nem toda Ação Direta de Inconstitucionalidade, ajuizada por Partido Político em face de Medida Provisória, editada pelo Presidente da República, deu conta de, ao menos liminarmente, suspender a vigência do Instrumento normativo, no curso do mandato do Presidente da República de quem as editou.

Durante os quase 25 anos de atuação da Suprema Corte, dentro das 148 decisões, os partidos políticos conseguiram suspender - cautelarmente - o ato normativo em 19 oportunidades. Vejamos:

▶ **Tabela 2 - Relação entre o nº de Ações Diretas Inconstitucionalidade, ajuizadas por Partido Político em face de Medidas Provisórias x Quantidade de decisões cautelares que suspenderam no curso do mandato presidencial de quem as editou**

	Nº de decisões em sede de ADI, ajuizadas por partido político, em face de MPs?	Deste número, quais ADIs mandaram suspender, de maneira cautelar, a eficácia das MPs, no curso do mandato presidencial que as editou?
FHC (94 – 2002)	29	1576, 1597, 1664, 1717 e 1721
	30	1975, 2005, 2083, 2125, 2290 e 2473.
LULA (2002 – 2010)	26	3068 e 3467
	24	3964, 4048 e 4049
DILMA (2010 à 31.10.2016)	6	0
	8	5513.
TEMER (31.10.2016 à 31.12.2018)	6	5809.
BOLSONARO (1.01.2019 à 22.11.2019)	19	6062
TOTAL	**148**	19

Fonte: elaborado pelo autor (2019).

A prolação das 19 decisões cautelares em sede de Ação Direta de Inconstitucionalidade faz surgir a dúvida quanto ao modo de atuação do Supremo Tribunal Federal. Sabendo que a judicialização da política é um fato da vida moderna, é de se questionar se, ao suspender cautelarmente a vigência das Medidas Provisórias no curso do mandato presidencial de quem as editou, teria, a Suprema Corte brasileira, atuado de maneira ativista e, consequentemente, suspendendo os termos da legalidade vigente para pôr, no local, qualquer outro critério.

Juízes ativistas, sempre irão pôr no lugar dos pré-compromissos democráticos, algum critério voluntarista (que pode ser ideológico, econômico, moral, religioso etc.). A regra de ouro num Estado Democrático de Direito está no direito a uma resposta constitucionalmente adequada, o qual prescindiria, não só da justificação da decisão, como, também, de transparência na aplicação do direito, evidenciando o formato de como se controla democraticamente a atuação judicante.

Por entender que o ativismo judicial tem intima ligação com o conteúdo de cada decisão, tem-se a certeza de que a análise quantitativa, para esse fim, se mostraria irrelevante. Assim, a mancha do ativismo judicial só apareceria após detida análise conteudista da respectiva decisão. Ou seja, prescinde da análise qualitativa para, enfim, registrar se há, nos 19 provimentos jurisdicionais gerado ao longo dos quase 25 anos, algum resquício de atuação lesiva à Democracia.

Dito isso, há algo em comum que acaba por tocar, desde a primeira Ação Direta de Inconstitucionalidade nº 1576, ajuizada pelo Partido Liberal (PL), até a última Ação Direta de Inconstitucionalidade nº 5809, ajuizada pelo Partido Social e Liberdade (PSOL): Em todas, a suspensão cautelar do dispositivo da Medida Provisória se realizaria quando presente o *periculum in mora* e o *fumus boni iures*.

Inicialmente, o PL conseguiu obter, junto do Supremo Tribunal Federal, aquilo que viria ser a primeira suspensão cautelar em face de Medida Provisória no curso do mandato presidencial de quem as editou.

Questionando a Medida Provisória nº 1.570, editada em 26 de março de 1997, que disporia alterando a aplicação da tutela antecipada contra a fazenda pública, o partido político ajuizou, em 31 de março de 1997, a Ação Direta de Inconstitucionalidade nº 1.576[20], a qual questionava a intromissão do Executivo no espaço do Judiciário ao "subtrair competência que foi entregue pelo Constituinte".

Segundo registra o partido político, seria função típica do Poder Judiciário exercer a sua competência, podendo dizer o direito aplicável a uma controvérsia, deduzida, processualmente, em caráter definitivo e com força institucional do Estado.

Ao cercear o poder de concessão de liminares, no caso concreto "[...] da aplicação da tutela antecipada contra a fazenda púbica, o Poder Executivo quebrou a harmonia e independência entre os poderes [...]"[21] e, assim, estando presente o *fumus boni iures*, que demonstraria total dissonância da Media Provisória, e consequente, "[...] inconteste presença do *periculum in mora* e da relevância dos argumentos expedidos [...]"[22] (grifo do autor), o partido passava a requerer à Suprema Corte suspensão da vigência do texto normativo até o julgamento final da respectiva ação, sob pena de passarmos, até então, "à ditadura do tesouro nacional."[23]

O Supremo Tribunal Federal, em 16 de abril de 1997, avaliando o pedido cautelar, por maioria de votos, deferiu em parte o pedido, passando a suspender o art. 2º da respectiva medida provisória que estabelecia, para o uso da prestação jurisdicional, o caucionamento do valor, isso se "[...] resultar dano à pessoa jurídica de direito pública."[24]

---

20 BRASIL. Supremo Tribunal Federal. **Ação Direta de Inconstitucionalidade nº 1576** – DF, Partido Liberal – PL. Relator: Min. Marco Aurélio. Brasília, DF, 19 de abril de 1997a. p. 1-16.

21 BRASIL. Supremo Tribunal Federal. **Ação Direta de Inconstitucionalidade nº 1576** – DF, Partido Liberal – PL. Relator: Min. Marco Aurélio. Brasília, DF, 19 de abril de 1997a. p. 12.

22 Ibid., p. 12.

23 Ibid., p. 12

24 Ibid., p. 1-69.

O Ministro Relator Marco Aurélio, rememorando o histórico das antecipações de tutela no Código de Processo Civil (CPC), votou pelo indeferimento do pedido feito pelo partido por entender que a alteração legislativa possuía lastro com os ditames constitucionais.

O Ministro Maurício Correia foi o primeiro ministro a se contrapor ao voto do Relator que, de plano, registrava a "[...] violência desse mecanismo, que visava colocar obstáculos ao cumprimento de liminares"[25]. Diante disso, divagava acerca do fato que acabaria por pôr, ao servidor miserável, através da prestação jurisdicional, "[...] uma compensação melhor ou mesmo alguém que obtenha medida cautelar sobre o outro tema qualquer."[26]

Citando o art. 5º, XXXV, da CF/88, entendia que o texto da Medida Provisória acabaria por excluir os já sacrificados que não teria "[...] condições de recorrer ao poder judiciário, aqueles que recebem a gratuidade para recorrer à justiça [...]"[27], passando, assim, a votar pela suspensão da eficácia do art. 2º da medida em questão.

Somando a ele, o Ministro Ilmar Galvão, entendendo se tratar de norma que se limitaria a repetir medida já vigente no ordenamento jurídico, acredita inexistir dúvidas de que se estaria diante "[...] de situação objetiva reveladora da ausência de urgência e consequentemente caso de manifesta a impropriedade do meio utilizado para veiculação da norma, seja, a medida provisória."[28]

O Ministro Carlos Veloso, avaliando a questão, foi sucinto ao registrar que o dispositivo acabaria por ofender o "[...] princípio da inafastabilidade do controle judicial de lesão ou ameaça ao direito

25 BRASIL. Supremo Tribunal Federal. **Ação Direta de Inconstitucionalidade nº 1576** – DF, Partido Liberal – PL. Relator: Min. Marco Aurélio. Brasília, DF, 19 de abril de 1997a. p. 38.

26 Ibid., p; 39.

27 Ibid., p. 39.

28 Ibid., p. 41-42.

[...]"[29] e, por isso, passava a deferir a suspensão cautelar do dispositivo, entendimento, este, seguido pelo Ministro Neri da Silveira, que registrara a relevância dos fundamentos da inicial "[...] a vista do disposto no art. 5º, XXXV, da Constituição."[30]

O Ministro Octávio Gallotti, ao observar a Medida Provisória, não entendia pela diminuição da autonomia do juiz e, sim, pela ampliação, motivo, este, que subsidiaria o indeferimento do pedido. Nos mesmos termos, o Ministro Moreira Alves prosseguia entendendo ser "[...] um problema de conveniência, problema de oportunidade, mas não de problema de constitucionalidade."[31]

Fechando a linha de votos lançados no plenário do Supremo Tribunal Federal, o Ministro Sepúlveda Pertence, de plano, avaliando o dispositivo questionado, entendia que a alteração tornaria inócua à tutela antecipada e, por isso, passaria a deferir a cautelar.

Deste conjunto decisório, nota-se o respeito às regras do direito na maioria dos votos, à exceção das razões lançadas pelo Ministro Ilmar Galvão que, ao votar, discutia, dentro do plenário do Supremo Tribunal Federal, o porquê da medida não ser urgente, como se jurídico fossem os requisitos previstos no art. 62 da Constituição Federal de 1988.

É importante registrar que, nos idos de 1997, o instituto da Medida Provisória existia no ordenamento jurídico sem tantos limites, assim, para ser constituído. Nas palavras de Amaral Junior, a Medida Provisória teria nascido:

> (1) sem delimitação temática; (2) conheceu reedição em escala ainda maior do que aquela do Direito italiano, o que se deve, inclusive, ao prazo original das medidas provisórias: apenas

29 Ibid., p. 47.

30 Ibid., p. 47.

31 Ibid., p. 55.

> trinta dias, contra sessenta do decreto-legge[**69**]; e (3) regrediu ao modelo italiano de desconstituição retroativa, inclusive em prejuízo de eventuais direitos adquiridos.[32] (grifo do autor).

Ainda aquela época, a Constituição Federal de 1988 não autorizava esse tipo de controle pela via do Poder Judiciário que, como se sabe, deve curvar-se ao que ela manda. Dos cinco votos possíveis, em apenas um é possível extrair, do fundamento do voto, a mancha do ativismo que, à revelia do limite do texto constitucional, buscava pôr, no mundo jurídico, uma regra que inexistia - até então.

Ainda no mês de abril de 1997, o PT, o PSB e o PDT ajuizaram Ação Direta de Inconstitucionalidade nº 1.597, a fim de barrar, dentro do mandato presidencial, vigência da Medida Provisória nº 1.481-48, editado em 15 de abril de 1997, que criava condições legais à higidez do Plano Nacional de Desestatização. Nesse grupo, estaria incluso a privatização da Companhia Vale do Rio Doce (CVRD).[33]

Segundo consta no § 1º do art. 176 da Constituição Federal de 1988, a inicial registra que a exigência, para a pesquisa e a lavra de recursos minerais, deveria ser feitas por empresas brasileiras e, após a edição da Medida Provisória, evidente inconstitucionalidade seria gerada ao autorizar que empresas, constituídas sob as leis brasileiras e com sede e administração no País, pudessem explorar os recursos minerais, ainda que de capital transacional fossem, bem como, por ter, via Medida Provisória, regulamentado texto da constituição federal, o que, segundo o art. 246 da Constituição Federal de 1988, tornaria evidente a inconstitucionalidade.

Situações, estas, que reiteravam a necessidade de suspender cautelarmente a vigência da Medida Provisória, sobretudo, pelo

---

32 AMARAL JUNIOR, José Levi Mello do. Comentário ao Art. 62. In: CANOTILHO, J. J. Gomes et al. (Coords.). **Comentários à Constituição do Brasil**. São Paulo: Saraiva: Almedina, 2013. p. 1155.

33 BRASIL. Supremo Tribunal Federal. **Ação Direta de Inconstitucionalidade nº 1597** - DF, o Partido dos Trabalhadores – PT, Partido Socialista Brasileiro – PSB e Partido Democrático Trabalhista - PDT. Relator: Min. Neri Junior. Brasília, DF, 19 de novembro de 1997b. p. 1-68.

fato da mesma permitir que empresas estrangeiras acabassem por participar do leilão de privatização, que só não teria acontecido, até então, na data de "[...] 29.04.97 (ontem) porque, como também é público e notório, persistiram duas das 21 liminares concedidas até então pela Justiça Federal, em ações populares e em algumas ações cíveis públicas [...]"[34], em diversos Estados brasileiros, impedindo a realização do leilão.

Demonstrando, assim, a presença *periculum in mora*, uma vez que, a não concessão da cautelar, anexo a hipótese de realização do leilão, "[...] com o concurso das normas inconstitucionais, haveria risco indiscutível de que, mais tarde, venha a ser considerado nulo todo o processo, com a provável procedência da presente ação [...]"[35], e do *fummus boni iuris*, após a exposição das diversas inconstitucionalidade, fatores, estes, que acabaria por justificar a concessão da cautelar em questão.

O Supremo Tribunal Federal, em 08 de maio de 1997, avaliou o pedido cautelar e, na maioria de seus integrantes, deferiu em partes, sem redução de texto, o pedido para excluir, do campo da incidência do art. 13 da Medida Provisória nº 1481-22, a alienação de ações de sociedades de economia mista que operam nos setores a que se refere o art. 176, § 1º, da Constituição Federal de 1988.[36]

O Ministro Relator Neri da Silveira, após extenso relatório, avaliou a alegação de inconstitucionalidade da Medida Provisória olhando, objetivamente, para o § 1º do art. 176 que, segundo ele, não caberia "[...] ao Presidente da República estabelecer a disciplina, por via de Medida Provisória."[37]

---

34 BRASIL. Supremo Tribunal Federal. **Ação Direta de Inconstitucionalidade nº 1597** - DF, o Partido dos Trabalhadores – PT, Partido Socialista Brasileiro – PSB e Partido Democrático Trabalhista - PDT. Relator: Min. Neri Junior. Brasília, DF, 19 de novembro de 1997b. p. 12.

35 Ibid., p. 12.

36 Ibid., p. 1-66.

37 Ibid., p. 18.

Além disso, o Relator também informa que a vigência dessa medida geraria autorização à alienação de ações no processo de desestatização a pessoas jurídicas, sem "[...] qualquer limitação quanto a nacionalidade ou forma de Constituição da empresa adquirente das ações de sociedade economia mista privatizada, podendo, ademais atinge a cem por cento do capital votante."[38]

Ao contrário, o Ministro Nelson Jobim, falando sobre a alteração trazida pela Medida Provisória em questão, encaminhou o seu voto não acompanhando o texto do relator, sobretudo, pelo fato de ser, o instrumento normativo, anterior à alteração constitucional. Segundo ele:

> A redação de 88 só permite a concessão ou autorização para empresas brasileiras de capital nacional. Logo, a venda de ações de empresas mineraria, para que esta pudesse continuar nessa atividade, haveria de respeitar a norma condicional. Alterada a norma condicional, desapareceu o impedimento. Não foi a redação da MP que fez desaparecer o impedimento a venda das ações. Foi a emenda constitucional. A MP não regulamentou nada de atualização ou concessão. Tratou de assunto diverso.[39]

O Ministro Mauricio Correia, seguindo por conferir a cautelar, entendeu que a medida provisória em questão estaria exigindo "[...] exclusão da alienação de ações de sociedade economia mista que operem nos setores abrangidos pelo art. 176, § 1º, da Constituição Federal."[40]

Ademais, prossegue, assim, informando que, se a atual redação dada ao § 1º do art. 176 fosse posterior à Emenda nº 6/96, não poderia "[...] aplicar esse princípio situações no outro jogo pelo art.

38 BRASIL. Supremo Tribunal Federal. **Ação Direta de Inconstitucionalidade nº 1597** - DF, o Partido dos Trabalhadores – PT, Partido Socialista Brasileiro – PSB e Partido Democrático Trabalhista - PDT. Relator: Min. Neri Junior. Brasília, DF, 19 de novembro de 1997b. p. 19.

39 Ibid., p. 45.

40 Ibid., p. 53.

246 do texto maior [...]"[41], fator, este, que evidenciaria a patente violação ao art. 246 da Constituição Federal de 1988.

Já o Ministro Marco Aurélio constituiu seu voto a fim de suspender cautelarmente o texto da medida provisória, justamente, porque, segundo seu entendimento, seria impróprio manejar esse tipo de alteração por meio de Medida Provisória.

Em suas palavras, a medida provisória teria sido reeditada diversas vezes, chegando-se "[...] a quadragésima oitava reedição em 15 de abril e 1997. Portanto, algo que deveria viger por 30 dias estava em vigor, em 15 de abril de 1997, a 1470 dias."[42] Assim, observando o art. 62 e, consequente, a vida efêmera da medida provisória, acompanha o voto concedendo a liminar requerida na inicial dos partidos.

Da decisão que extraiu a suspensão do dispositivo da Medida Provisória, apenas, o voto do Ministro Marco Aurélio pode ser caracterizado como ativista. Justamente, por sustentar, em o seu voto, uma possível inconstitucionalidade na reedição das medidas.

Repetindo o que já se foi dito, a Emeda Constitucional nº 32/2001 foi a responsável pelos limites na edição do instituto. Na época do julgado, inexistia limitações do texto constitucional, sobretudo, quanto às reedições. E, no *decisum* cautelar emitido pelo Supremo Tribunal Federal, com exceção do voto supracitado, não há como apontar ativismo judicial.

O PDT, o PT e o PC do B, nos termos da Ação Direta de Inconstitucionalidade nº 1.664, deram conta de suspender a Medida Provisória nº 1.523-11, editada em 27 de agosto de 1997, que, alterando dispositivos das Leis nº 8.212 e nº 8.213, passou

41 Ibid., p. 53.

42 BRASIL. Supremo Tribunal Federal. **Ação Direta de Inconstitucionalidade nº 1597** - DF, o Partido dos Trabalhadores – PT, Partido Socialista Brasileiro – PSB e Partido Democrático Trabalhista - PDT. Relator: Min. Neri Junior. Brasília, DF, 19 de novembro de 1997b. p. 54.

a vedar, conforme diz o art. 48[43] do diploma, o acesso ao benefício de aposentadoria de qualquer outro regime previdenciário a todos os segurados que teriam completado 65 anos de idade e, por decorrência disso, cumprido a carência que a lei, até então, determinava.

A inicial sustentara existir diversas inconstitucionalidades ao produzir alteração, por meio da Medida Provisória em questão, no Regime Geral da Previdência Social.[44] Ao fazer, teria suspendido a "[...] auto-aplicabilidade dos direitos assegurados pela Carta de 1988, notadamente, nos seus art. 201, § 1º e 202, incisos I a III e parágrafos 1º e 2º [...]"[45], acabando por prejudicar os segurados empregados e autônomos que, ao atingir a idade para aposentadoria por velhice, receberiam a negação do "[...] benefício previdenciário em face da irrelevante, aos olhos da Carta de 1988, condição de serem já beneficiados de aposentadoria por outro sistema previdenciário [...]."[46]

Em outras palavras, a petição requeria cautelarmente a suspensão da vigência da Medida Provisória nº 1.523-11, justamente, por que a continuidade dos seus efeitos traria severas restrições aos direitos dos assegurados, atentando, assim, "[...] aos princípios da ordem social e ao próprio princípio da isonomia", por produzir graves danos "em favor de um pretenso ajuste financeiro que ignora

---

43 Art. 48. A aposentadoria por idade será devida ao segurado que completar 65 anos de idade, se homem, e sessenta, se mulher, desde que tenha cumprido a carência exigida nesta Lei e não receba benefício de aposentadoria de qualquer outro regime previdenciário.

44 Id. Supremo Tribunal Federal. **Ação Direta de Inconstitucionalidade nº 1664** - DF, O Partido Democrático Trabalhista - PDT, o Partido dos Trabalhadores – PT e Partido Comunista do Brasil – PC do B. Relator: Min. Octávio Gallotti. Brasília, DF, 13 de novembro de 1997c. p. 1-24.

45 Ibid., p. 22.

46 BRASIL. Supremo Tribunal Federal. **Ação Direta de Inconstitucionalidade nº 1664** - DF, O Partido Democrático Trabalhista - PDT, o Partido dos Trabalhadores – PT e Partido Comunista do Brasil – PC do B. Relator: Min. Octávio Gallotti. Brasília, DF, 13 de novembro de 1997c. p. 22.

o direito social assegurado pela Constituição [...]"[47] promovendo evidente retrocesso social.

Deste modo, acreditando estar presente, nas citadas inconstitucionalidades, o *fumus boni iures* e, consequente, em razão da relevância das ofensas ao ordenamento constitucional como um todo, diante da impossibilidade de se tolerar, no âmbito dos Poderes da República "[...] a usurpação indevida e violenta do Poder Executivo das prerrogativas inerentes ao poder Legislativo e a supressão com eficácia imediata, de direitos sociais assegurados [...]"[48], o *periculum in mora*, estaria o Supremo Tribunal Federal autorizado, diante da lesão e da irreparabilidade, suspender a eficácia das alterações promovidas pelo art. 2º da Medida Provisória nº 1.523-11, de 1997.

O Suprema Tribunal Federal, cinco meses após a edição da Medida Provisória, avaliando o pedido de medida cautelar, suspendeu, até a decisão final da ação direta, a eficácia do art. 48 e do art. 107, ambos da Lei nº 8.213, do § 2º do art. 55 da citada Lei nº 8.213/91, e, por fim, emprestando-lhe interpretação conforme à Constituição, afastou a aplicação do inciso IV do art. 96 da Lei nº 8.213/91.[49]

Objetivamente, o Ministro Relator, Octávio Gallotti, ao narrar seu voto, explica que, ao contrário da carta anterior, a Constituição de 1988 teria dividido em dois campos a chamada seguridade social: "o da previdência (seção III, art. 201 e 202) e o da assistência."[50]

Segundo ele, esposando as razões pela qual a aludida inconstitucionalidade daria corpo, ao mostrar que, uma vez conferida vigência ao art. 48 da Medida Provisória 1.523-11/1997, o ordenamento estaria criando óbice ao texto constitucional, uma vez que, por ser a Aposentadoria por Velhice, até então, obrigatória caso

47 Ibid., p. 23.

48 Ibid., p. 22.

49 Ibid., p. 1-22.

50 Ibid., p. 11.

estivesse presente as contribuições exigidas, a vigência do texto da medida geraria grave incompatibilidade, "[...] qual seja a exótica figura do contribuinte obrigatório, mas legalmente proibido de alcançar o correspondente benefício."[51]

No voto condutor, o Ministro Relator deixa claro que a propósito das questões mais genéricas, como a ausência de pressupostos de relevância e urgência da edição da medida, bem como a aludida proibição do retrocesso social, entendeu que não deveria "[...] merecer acolhida pelo menos neste juízo provisório."[52]

O destaque, nesse primeiro julgado, está no voto dado pelo Ministro Marco Aurélio que, claramente, se apresenta como ativista, uma vez que tenta, ao contrário do que manda o texto constitucional, registrar entendimento além.

Em suas palavras, reitera a sua preocupação em "[...] sobre a necessidade desta Corte exercer o crivo relativamente aos pressupostos fixados no art. 62 [...]"[53], demonstrando, com clareza, a necessidade de jurisdicionalizar os dois requisitos. Continuando as razões, explica inexistir "relevância e urgência na forma potencializada"[54], fator, este, que, segundo o voto do Ministro, desautorizaria o uso do instituto pelo Presidente da República. A conclusão de seu voto prosseguia por observar a presença de vício de inconstitucionalidade formal, suspendendo a eficácia da medida provisória nos termos queridos pela inicial.

O voto derradeiro acabou sendo exarado pelo Ministro Sepúlveda Pertence, que, além de sucinto, de plano, informara a meditação sobre as razões do voto do Ministro Marco Aurélio. Todavia,

---

51 BRASIL. Supremo Tribunal Federal. **Ação Direta de Inconstitucionalidade nº 1664** - DF, O Partido Democrático Trabalhista - PDT, o Partido dos Trabalhadores – PT e Partido Comunista do Brasil – PC do B. Relator: Min. Octávio Gallotti. Brasília, DF, 13 de novembro de 1997c. p. 11.

52 Ibid., p. 14.

53 Ibid., p. 18.

54 Ibid., p. 19.

para o julgamento desta MP, acreditava não merecer reflexão profunda e, assim, caminhava por deferir a liminar nos exatos termos do voto do Relator.

A medida cautelar, então, solicitada na ADI 1664/UF, ao que se ver, acabou por ser sustentada fora das bases do texto constitucional, uma vez que os argumentos esposados no *decisum*, acabaram demonstrando, acima de tudo, como se constituiu diante das regras bem claras. Uma vez entrando em vigor o art. 48 da MP 1.523-11, o Supremo Tribunal Federal, por maioria, acabou gerando, no bojo do ordenamento jurídico, evidente incompatibilidade entre o diploma normativo criado e o texto constitucional.

Apesar do voto do Ministro Marco Aurélio caminhar conferindo entendimento diverso e – diametralmente oposto – ao que dizia, até então, o texto constitucional, evidenciando postura ativista, o voto não obteve acolhimento em sua extensão, impedindo, assim, qualquer caracterização que evidenciasse a suspensão das regras de direito admitidas.

O Presidente da República Federando Henrique Cardoso, ao editar em 6 de novembro de 1997, a Medida Provisória nº 1549-36, recebeu questionamento por parte do PDT, do PT e do PC do B, conforme pode se ver na Ação Direta de Inconstitucionalidade nº 1717/DF, ajuizado no 26º dia do mesmo mês.[55]

Os partidos sustentavam estarem presentes diversas inconstitucionalidades e, em razão da presença delas, ao menos liminarmente, requeria a suspensão da vigência do Art. 58 e seus parágrafos da Medida Provisória nº 1.549-36 que nasceu objetivando delegar, ao particular, a realização da fiscalização de profissões regulamentadas.

55 BRASIL. Supremo Tribunal Federal. **Ação Direta de Inconstitucionalidade nº 1717** - DF, Partido Democrático Trabalhista - PDT, o Partido dos Trabalhadores – PT e o Partido Comunista do Brasil – PC do B. Relator: Min. Sydney Sanches. Brasília, DF, 12 de dezembro de 1997d. p. 1-18.

Sustenta, a inicial, ter violado o princípio da segurança jurídica em razão da inserção e alteração de novos dispositivos normativos por Medida Provisória, sucessivamente reeditada, bem como evidente inconstitucionalidade material do dispositivo.

Pela relevância jurídica do caso, estaria evidenciado o risco eminente de difícil reparação quando, ao surtir efeitos, os Conselhos de Fiscalização passariam "[...] a demitir servidores e contratar outros, gerando inegável insegurança em todos os servidores destes órgãos [...]"[56], fator que autorizaria ao partido requerer a suspensão liminar dos efeitos da norma impugnada, justamente, por que "[...] a aplicação da norma tenderia a acarretar maior prejuízo, no que se refere a insegurança jurídica decorrente de sua aplicação[...]"[57] até o julgamento final desta ação.

O Supremo Tribunal Federal, ao avaliar à questão, deferiu, por maioria de seus membros, o pedido da medida cautelar, suspendendo a eficácia do *caput* e demais parágrafos do art. 58 da medida Provisória, nos termos do voto do Ministro Relator Sydney Sanches.[58]

Acerca de um ano e oito meses após a edição do texto normativo, o Relator, avaliando as razões do pedido cautelar, registrou que, com a aludida ausência dos requisitos de Relevância e Urgência, o Supremos Tribunal Federal somente tenderia a caracterizá-lo, apenas, quando objetivamente evidenciada e não quando dependesse "[...] de uma avaliação subjetiva, estritamente política, mediante critérios de oportunidade e conveniência [...]"[59], estas confiadas a quem possui melhores condições à emissão de alguma conclusão

---

56 Ibid., p. 17.

57 BRASIL. Supremo Tribunal Federal. **Ação Direta de Inconstitucionalidade nº 1717** - DF, Partido Democrático Trabalhista - PDT, o Partido dos Trabalhadores – PT e o Partido Comunista do Brasil – PC do B. Relator: Min. Sydney Sanches. Brasília, DF, 12 de dezembro de 1997d. p. 17.

58 Id. Supremo Tribunal Federal. **Ação Direta de Inconstitucionalidade nº 1717** - DF. Relator: Min. Sydney Sanches. Brasília, DF, 22 de setembro de 1999a. p. 1-55.

59 Ibid., p. 35.

a respeito. Ou seja, aos Poderes Legislativo e Executivo, e, não, ao Poder Judiciário.

Prosseguia, o Relator, registrando haver "plausibilidade jurídica da ação", o que tornaria por satisfeito o requisito do *fumus boni iuris*, uma vez que, sob seu olhar, não seria possível, mediante a leitura conjunta dos Art. 5º, XIII, 21, XXIV, 22 XVI, 70, parágrafo único, 149 e 175 da CF, admitir delegação de uma atividade típica do estado, como é "[...] o poder de polícia, de tributar e punir no que concerne ao exercício de atividades profissionais [...]"[60], a uma entidade privada.

Por ser esses conselhos autarquias federais com personalidade jurídica de direito público, com autonomia administrativa e financeira, deveriam, em consonância com o que indica os artigos supracitados, exercer a atividade de fiscalização do exercício profissional, além de regular prestação de contas junto ao Tribunal de Contas da União.

Anexo a esse entendimento – e já caminhando pro final do voto – o Ministro Relator registra, também, a presença do *periculum in mora*, uma vez que a adoção do caso acabaria por gerar, então, ruptura do sistema atual, podendo "[...] acarretar graves transtornos à administração pública e ao próprio exercício das profissões regulamentadas [...]"[61], em face do ordenamento constitucional em vigor. Por isso, deferia, quanto ao caput e demais parágrafos, com exceção do § 3º, a medida cautelar suspendendo a eficácia até o julgamento final da ação.

Em seu voto-vista, o Ministro Mauricio Correia, seguiu afastando a alegação de estar ausente o "requisito da urgência para a medida provisória" e, consequente, de ofensa ao Art. 62 da Consti-

60 BRASIL. Constituição (1988). **Constituição da República Federativa do Brasil**. Brasília: Senado Federal, 1988.

61 BRASIL. Supremo Tribunal Federal. **Ação Direta de Inconstitucionalidade nº 1717** - DF. Relator: Min. Sydney Sanches. Brasília, DF, 22 de setembro de 1999a. p. 39.

tuição Federal de 1988. Contrariando o entendimento lançado pelo Ministro Relator, "[...] aparentemente, a lei não trata de matéria que deva ser examinada como em conflito com a Constituição [...]"[62], senão, as remanescentes questões de delegação legislativa e da extensão da imunidade, e que o desate da questão estaria em saber "[...] se os serviços de fiscalização de profissões regulamentadas podem ser exercidos em caráter privado, por delegação do poder público, mediante autorização legislativa."[63]

Em seus termos, não averiguaria, de plano, qualquer tipo de impedimento a delegação legislativa, isso por que teria, no art. 236 do texto constitucional, previsto "[...] expressamente para serviços notariais e de registro, de conotação muito mais ampla do que a fiscalização do exercício de determinada profissão."[64]

Diante da ausência desse claro impedimento, restaria, então, autorização da "delegação à atividade fiscalizadora para uma entidade privada" e, portanto, não via óbice algum à delegação do Poder Público, mediante autorização legislativa, passando a negar o pedido de cautelar desenhado pela inicial.

Como voto de minerva, o Ministro Sepúlveda Pertence, avalizando as razões lançadas pelo Ministro Mauricio Correia, optou por acompanhar os termos lançados pelo Relator. Dessa maneira, a suspensão cautelar da Medida Provisória nº 1549-36 é pontual, porque, nos dois votos favoráveis a suspensão, não se vislumbrou posturas ativistas no conteúdo de cada uma delas.

Todavia, não se pode dizer o mesmo no conteúdo do voto do Ministro Mauricio Correia que, ao indicar constitucionalidade da Medida Provisória, para além do texto constitucional, criou parâmetros não descritos pela Constituição Federal de 1988.

---

62 Ibid., p. 45.

63 Ibid., p. 48.

64 Ibid., p. 50.

Citando as opções feitas pelo constituinte ao olhar para os serviços notariais e para os exercidos pela Ordem dos Advogados do Brasil (OAB), o voto organizou sua linha de raciocínio autorizando, mediante parâmetros bem pessoais, o controle da atividade profissional, mediante delegação, à entidade privada, a atividade típica do Estado.

A criação desses parâmetros fora das previsões do texto constitucional, gera, dentro do ordenamento jurídico, norma diametralmente oposta ao diploma fundamental. De certa maneira, ao julgar, acaba por inovar o ordenamento jurídico, dando claramente, a prova de ter sido, o voto, absolutamente ativista.

O quinto provimento jurisdicional, conquistado, ainda, no ano de 1997, nasceu na Ação Direta de Inconstitucionalidade nº 1721, ajuizada, então, pelo PT, PDT e pelo PC do B, que buscava apontar inconstitucionalidade na Medida Provisória nº 1.596-14, editada em 10 de novembro de 1997.[65]

Conforme sustenta a inicial, ao alterar dispositivos da Consolidação das Leis Trabalhistas (CLT), o art. 3º da MP, transformado no § 2º do art. 453 da CLT, consubstanciaria "[...] em verdadeiro ato impositivo e inconstitucional que à revelia da vontade das partes, extingue o vínculo empregatício na ocorrência da aposentadoria espontânea proporcional [...]"[66], criando, ao final, mais uma modalidade de extinção de vínculo empregatício.

Além de sustentar estarem ausentes os pressupostos para a edição da Medida Provisória, indica relevância constitucional, na presença do *fumus boni iures*, quando se permite que "[...] diversos trabalhadores do país tenham suprimidos direitos ou que sejam impossibilitados de optarem por uma aposentadoria que já fazem

---

65 BRASIL. Supremo Tribunal Federal. **Ação Direta de Inconstitucionalidade nº 1721** - DF, Partido dos Trabalhadores – PT, Partido Democrático Trabalhista – PDT e pelo Partido Comunista do Brasil – PC do B. Relator: Min. Ilmar Galvao. 19 de dezembro de 1997e. p. 1-23.

66 Ibid., p. 6.

jus [...]"[67], e, também, na presença do *periculum in mora*, diante da "[...] flagrante supressão de direitos constitucionais impostos pela medida extrema e no enorme caos social que a adoção da nova regra perpetrará na vida dos trabalhadores"[68].

O Supremo Tribunal Federal, em 19 de dezembro de 1997, entendeu estar presente os requisitos de concessão à medida cautelar e, oportunamente, mandou suspender a vigência da eficácia do art. 3º da Medida Provisória nº 1.596-14[69].

Inicialmente, o Ministro Relator Ilmar Galvão, citando o art. 7º, I, CF/88, registra ser, o dispositivo, responsável pela estabilidade do emprego no ambiente democrático o que, em outras palavras, daria aptidão à proteção ao trabalhador diante de qualquer tipo de dispensa "[...] arbitrária ou sem justa causa, consistente em uma indenização compensatória."[70]

Citando a Medida Provisória em questão, ele registrava que, ao dispor que a "[...] aposentadoria concedida a empregado que não tiver completado 35 anos de serviço importa em extinção do vínculo empregatício [...]"[71] e, consequente - a bem da verdade - em instituir modalidade de despedida arbitrária ou sem justa causa, sem direito a indenização.

Assim, ele entendia que a vigência da MP, após haver exonerado o empregador da "obrigação de indenizar o empregado arbitrariamente despedido", acabaria por ofender o art. 7º, I, do texto constitucional e, por isso, não possuía razão em manter-se como norma jurídica válida, fazendo urgir à pronta suspensão da eficácia.

67 Ibid., p. 22.

68 BRASIL. Supremo Tribunal Federal. **Ação Direta de Inconstitucionalidade nº 1721** - DF, Partido dos Trabalhadores – PT, Partido Democrático Trabalhista – PDT e pelo Partido Comunista do Brasil – PC do B. Relator: Min. Ilmar Galvao. 19 de dezembro de 1997e. p. 22.

69 Ibid., p. 1-48.

70 Ibid., p. 9.

71 Ibid., p. 9-10.

O Ministro Nelson Jobim, avaliando o pedido, entendeu, em face das considerações lançadas, inexistir violação ao texto constitucional que impedisse a lei de estabelecer "[...] que a aposentadoria voluntária seja a causa para a extinção do contrato de trabalho, por força de ter sido voluntária, e a continuidade da relação de trabalho importar num novo contrato de trabalho"[72].

O Ministro Marco Aurélio, acompanhando o Relator, deu início ao seu voto criticando o uso desmedido da Medida Provisória que, segundo ele, contaminaria, de plano, a constituição do instituto normativo. Citando antigas palavras do, então, Presidente da República Fernando Henrique Cardoso, que, na época, ocupava a curiosa condição de Senador da República, registrava que o Executivo abusava:

> [...] da paciência e da inteligência do país quando insiste em editar medidas provisórias sob o pretexto de que, sem sua vigência imediata (...), vai por água baixo o combate inflação. Com esse ou com pretextos semelhantes, o governo afoga o Congresso numa enxurrada honrada de medidas provisórias. O resultado é lamentável: Câmara e Senado nada mas fazendo o que apreciar as aos borbotões... Seja qual for o mecanismo ou Congresso põe ponto final no reiterado desrespeito a si próprio e à Constituição ou então é melhor reconhecer que no país só existe um poder de verdade: o do presidente. E daí por diante esqueçamos também de falar em democracia.[73]

Nesse parâmetro, reconhecia, não só sob o ângulo formal da constitucionalidade, a ausência dos quesitos de relevância e urgência, mas, também, sob o ângulo material, por evidenciar a não razoabilidade, uma vez que entregaria à aposentadoria, tratamento prejudicial, esvaziando a garantia constitucional "[...] segundo a

---

72 Ibid., p. 27-28.

73 BRASIL. Supremo Tribunal Federal. **Ação Direta de Inconstitucionalidade nº 1721** - DF, Partido dos Trabalhadores – PT, Partido Democrático Trabalhista – PDT e pelo Partido Comunista do Brasil – PC do B. Relator: Min. Ilmar Galvao. 19 de dezembro de 1997e. p. 30-31.

qual pode o trabalhador aposentar-se de forma proporcional [...]"[74], razão pela qual acabaria por conceder a liminar. O voto concluiria indicando que "[...] às vésperas do Natal, não posso, a não ser que queira ter pesadelos nessas férias que se avizinham, deixar de deferir essa liminar, acompanhando o eminente relator"[75].

O Ministro Carlos Velloso, prosseguindo na sequência dos votos, orientou por conceder a cautelar e, consequentemente, suspender o texto da medida provisória. Em seus termos, entendeu que a medida provisória arrepiaria as disposições constitucionais ao estabelecer "[...] que essa aposentadoria proporcional, direito constitucional do trabalhador, é causa extintiva do contrato de trabalho."[76]

O Ministro Sepúlveda Pertence, em sucinto voto, registrou ser ponderável o argumento lançado na inicial no qual teria convertido "[...] o exercício regular de um direito constitucional, qual seja a aposentadoria previdenciária, em causa de extinção do contrato de trabalho sem indenização [...]"[77], prosseguindo por votar junto com o Relator.

O Ministro Octávio Gallotti, ao contrário do que registrava o Relator, entendia que "[...] depois da vigência desta norma, não se poderia falar em aposentadoria arbitrária, por que o empregado que a requerer estará ciente de que isso acarretará a rescisão do contrato de trabalho [...]"[78] e, por conta disso, entendia por inexistir qualquer inconstitucionalidade da Medida Provisória.

Em voto curto, o Ministro Neri da Silveira, citando o § 2º do art. 202, optou por seguir o entendimento do Relator, enquanto o

---

74 Ibid., p. 33.

75 Ibid., p. 34.

76 Ibid., p. 36.

77 Ibid., p. 37.

78 BRASIL. Supremo Tribunal Federal. **Ação Direta de Inconstitucionalidade nº 1721** - DF, Partido dos Trabalhadores – PT, Partido Democrático Trabalhista – PDT e pelo Partido Comunista do Brasil – PC do B. Relator: Min. Ilmar Galvao. 19 de dezembro de 1997e. p. 39.

Ministro Moreira Alves, ao contrário, seguia o entendimento do Ministro Nelson Jobim, indeferindo o pedido de liminar.

Em suma, não há como indicar, para dentro da decisão cautelar do Supremo Tribunal Federal, a perspectiva de ativismo judicial, uma vez que, além de clareza e transparência na aplicação do direito, os votos exarados pela grande maioria dos ministros do Supremo Tribunal Federal acabaram por respeitar os limites do texto constitucional. A exceção, mais uma vez, fica no voto exarado pelo Ministro Marco Aurélio que, ao conceder a liminar, criou limitação formal à edição da Medida Provisória.

O PT, identificando possível inconstitucionalidade na Medida Provisória nº 1.815, editada em 5 de março de 1999, que suspendia a concessão de promoções e progressões funcionais dos servidores públicos da Administração Pública Federal direta, das autarquias e das fundações e extingue o adicional por tempo de serviço, ajuizou, em 24 de março de 1999, Ação Direta de Inconstitucionalidade nº 1975.[79]

O partido, impugnando a medida provisória, registra estar presentes as inconstitucionalidades materiais e formais em sua integralidade. Segundo consta, ao autorizar "[...] a redução do gasto com pessoal e encargos da União, permitindo a satisfação de compromissos de 'ajuste fiscal' firmados com o Fundo Monetário Internacional em prejuízo da própria soberania [...]"[80], o instrumento, simultaneamente, atacaria o adicional por tempo de serviço e o direito à promoção e progressão funcional.

Desde a sua incorporação ao sistema normativo brasileiro, esses dois diretos jamais teriam sido "[...] causadores de quaisquer desequilíbrios, em vista da sua aplicação homeopática e sempre

79 Id. Supremo Tribunal Federal. **Ação Direta de Inconstitucionalidade nº 1975** - DF, Partido dos Trabalhadores – PT. Relator: Min. Carlos Velloso, 20 de maio de 1999b. p. 1-27.

80 Ibid., p. 2.

associada a critérios claramente definidos [...]"[81], vinculados ao percurso do servidor na carreira.

Do ponto de vista de forma, a edição da Medida Provisória teria violado, de sobremaneira, o art. 246 que, em resumo, vedava, regulamentação, por meio de medida provisória, de algum dispositivo do texto constitucional.

Acreditando que o feito comportaria postura enérgica por parte do Supremo Tribunal Federal, entendia que a presença das inconstitucionalidades acabariam por configurar a plausibilidade da tese exposta e, consequente, o *fumus boni iures* e o *periculum in mora*, justamente, pelo fato da gravidade das ofensas, ao produzirem efeitos imediatos, além de alterar a situação jurídica dos servidores, acabaria por impedir o gozo dos direitos e vantagens.

Em 20 de maio de 1999, o Supremo Tribunal Federal se debruçou em cima do pedido e, em sua unanimidade, deferiu em parte o pedido para suspender a execução e aplicabilidade do art. 1º e parágrafo único da medida provisória nº 1.815 de 1999.[82]

O Ministro Carlos Velloso, relator daquela época, observando o dispositivo da medida provisória, registrou perceber violação ao princípio da isonomia, uma vez que o art. 1º, parágrafo único do texto, mantinha para toda a generalidade das carreiras do serviço público, as tradicionais promoções. Desse modo, vislumbrando a grave suspeita da inconstitucionalidade, "[...] exacerbado por derivar de discriminação contra os mais humildes servidores públicos da união [...]"[83], encaminhava seu voto à concessão da medida pleiteada.

Já o Ministro Marco Aurélio, voltando os olhos à fúria das edições de medidas provisórias, questionou a ausência de urgência

---

81 BRASIL. Supremo Tribunal Federal. **Ação Direta de Inconstitucionalidade nº 1975** - DF, Partido dos Trabalhadores – PT. Relator: Min. Carlos Velloso, 20 de maio de 1999b. p. 2.

82 Ibid., p. 1-27.

83 Ibid., p. 15.

na formação do instituto. Segundo informa que gratificação por tempo de serviço seria instituto integrado a muito tempo em ordem jurídica Brasileira e, justamente por isso, "[...] da noite para o dia, vê-se urgência em extirpá-la do cenário jurídico, quando há, aproximadamente, cinco anos os servidores estão sem reposição do poder positivo dos vencimentos."[84] Concluía, assim, por deferir o pedido cautelar, uma vez que o passo teria sido demasiadamente largo por parte do Presidente da República.

Enquanto isso, os Ministros Mauricio Correia, Ilmar Galvão e Carlos Velloso, caminharam junto com o Relator ao entender que o texto da Medida Provisória teria violado o disposto no art. 246 da Constituição Federal de 1988.

Dos votos em questão, é oportuno registrar que, até aquela época, inexistia, como é hoje, tantos limites à confecção da Medida Provisória pelo Presidente da República. Persistia no cenário jurídico, a ideia de que os dois conceitos, autorizadores da medida, possuíam a natureza política e, até aquele momento, inexistia qualquer autorização para mudança desse tipo de posicionamento.

Desta forma, o único voto que se observa, por suspender a regra de direito vigente, está, mais uma vez, nas razões lançadas pelo Ministro Marco Aurélio que, isoladamente, criou limite não disposto no texto constitucional, ao tornar jurídico o requisito da urgência. Mais uma vez, o voto, em meio a unanimidade, foi o único ativista.

Seguindo a sequência de provimentos jurisdicionais que deram conta de suspender a vigência de medidas provisórias, dentro do mandato de quem as editou, o PC do B e o PSB, ajuizou Ação Direta de Inconstitucionalidade nº 2005 a fim de questionar a Medida Provisória nº 1819-1, editada em 30 de abril de 1999, que, em

---

84 BRASIL. Supremo Tribunal Federal. **Ação Direta de Inconstitucionalidade nº 1975** - DF, Partido dos Trabalhadores – PT. Relator: Min. Carlos Velloso, 20 de maio de 1999b. p. 17.

suma, alterava dispositivos legais relacionados à regulamentação do setor de energia elétrica[85].

Segundo consta da inicial, após promulgar a EC nº 6/95, o constituinte derivado acabou vedando ao conteúdo das futuras Medidas Provisórias a função de regular dispositivos do texto constitucional, conforme pode ser visto no art. 246. E, por perceber que a MP em questão, ao "[...] possibilitar o aproveitamento dos potenciais de energia hidráulica por brasileiros ou por empresas constituídas sob as leis brasileiras e que tenha sua sede na administração no país [...]"[86], acabou por, assim, fazer.

É, nesse contexto, que a Medida Provisória passa a produzir diversas regulamentações do texto constitucional quando, por exemplo, altera as dispositivos legais "[...] de forma a regular a atividade de aproveitamento dos potencias de energia hidráulica e de energia elétrica [...]"[87], diretamente, "[...] sob a forma de participação minoritária, em empresas ou consórcios de empresas titulares de concessão ou autorização para geração ou transmissão de energia elétrica."[88] No entendimento dos partidos, a previsão do art. 246 deveria "[...] impedir que o Poder Executivo exacerbasse, como ocorre na hipótese dos autos na regulamentação de matérias [...]"[89], forçando, assim, ao Poder Legislativo, o regular debate e deliberação do respectivo assunto.

Assim, pela relevância jurídica dos fundamentos expostos, entendiam, após evidenciar o risco eminente e de difícil reparação,

85 Id. Supremo Tribunal Federal. **Ação Direta de Inconstitucionalidade nº 2005** - DF, Partido Comunista do Brasil – PC do B e o Partido Socialista Brasileiro – PSB. Relator: Min. Neri da Silva. Brasília, DF, 26 de maio de 1999c. p. 1-17.

86 Ibid., p. 8.

87 BRASIL. Supremo Tribunal Federal. **Ação Direta de Inconstitucionalidade nº 2005** - DF, Partido Comunista do Brasil – PC do B e o Partido Socialista Brasileiro – PSB. Relator: Min. Neri da Silva. Brasília, DF, 26 de maio de 1999c. p. 9.

88 Ibid., p. 9-10.

89 Ibid., p. 10.

evidenciado pelo abuso do poder normativo do Chefe do Executivo, ser necessária a suspensão da Medida Provisória em tela.

O Supremo Tribunal Federal, em 26 de maio de 1999, em sua unanimidade, deferiu o pedido cautelar, suspendendo a vigência da Medida Provisória nº 1.819-1 de 1999, sob o argumento central de que o texto normativo, em questão, buscava regular "[...] alteração constitucional efetivada na emenda constitucional nº 6/95 [...]"[90] indo de encontro ao que manda o art. 246. É, essa, a tese central fixada pelo Ministro Relator Neri da Silveira.

Seguindo a orientação, os Ministros Nelson Jobim e Sepúlveda Pertence, também, entenderam inexistir razão ao Presidente da República em editar Medida Provisória a fim de regular assunto disposto no texto constitucional, acabando, também, por conferir razão à inicial e, consequentemente, reconhecendo a inconstitucionalidade da MP, sobretudo, por estar evidente a violação ao art. 246 da Constituição Federal de 1988. Ou seja, inexiste, no conteúdo da decisão, qualquer tipo de mancha do ativismo judicial e, consequentemente, violação as regras de direito admitidas.

O PT e o Partido Verde (PV), questionando a Medida Provisória nº 1.874-15, de 24 de setembro de 1999, que acrescentava dispositivo à Lei nº 9.605, dispondo sobre sanções penais e administrativas derivadas de condutas e atividades lesivas ao meio ambiente, ajuizaram, em 08 de outubro de 1999, Ação Direta de Inconstitucionalidade nº 2083.[91]

Para os partidos supracitados, a Medida Provisória, ao viger no ordenamento jurídico e, consequentemente, alterar a lei de crimes ambientais, passou a violar o art. 225, que estipula, como essencial qualidade à vida, garantia de um meio ambiente ecologicamente equilibrado. Ao proceder com as alterações, o Executivo estaria

90 Ibid., p. 1-58.

91 BRASIL. Supremo Tribunal Federal. **Ação Direta de Inconstitucionalidade nº 2083** - DF, O Partido dos Trabalhadores – PT e o Partido Verde – PV. Relator: Min. Moreira Alves. Brasília, DF, 7 de dezembro de 1999d. p. 1-26.

renunciando de seu poder-dever em fiscalizar quais "[...] atividades lesivas ao ambiente seriam punidas na esfera administrativa e penal, independente da reponsabilidade civil."[92]

Sustentam, não só a inconstitucionalidade formal, justamente, pela ausência dos requisitos da relevância e urgência na formulação da medida, pois, há muito, estaria "[...] colocada na ordem do dia da nação e sobre qual o Congresso Nacional vem legislando com eficiência e responsabilidade [...]"[93], como, também, a inconstitucionalidade material, por que a edição desta Medida Provisória acabaria por possibilitar a invasão da "[...] competência legislativa do Congresso Nacional, traduzindo-se num inaceitável vilipendio do Poder Executivo à independência do Poder Legislativo [...]"[94], fato gerador de uma série de regras jurídicas próprias e novas, o qual suspenderia centenas de processos administrativos em curso, violando, de maneira agressiva, o art. 225 do texto constitucional.

O Supremo Tribunal Federal, avaliando o pedido cautelar em 03 de agosto de 2000, em sua maioria, deferiu parcialmente a medida cautelar para, dando ao ato normativo atacado - hoje Medida Provisória nº 1949-25, de 26 de junho de 2000 - interpretação conforme a Constituição, suspender, *ex nunc* e até final julgamento desta ação, a eficácia dele fora dos limites da norma de transição.[95]

O Ministro Relator Moreira Alves, ao tomar ciência das informações trazidas pela Presidência da República, que dizia ser constitucional a Medida Provisória, justamente, pelo fato de que elas teriam natureza de norma de transição, entendeu que a argumentação acabaria por retirar a "[...] relevância da fundamentação da arguição de inconstitucionalidade que é necessária para a concessão

---

92 Ibid., p. 10.

93 Ibid., p. 22.

94 Ibid., p. 22.

95 Id. Supremo Tribunal Federal. **Ação Direta de Inconstitucionalidade nº 2083** - DF. Relator: Min. Moreira Alves. Brasília, DF, 3 de agosto de 2000b. p. 1-30.

dessa medida excepcional que é a liminar em ação direta [...]"[96], concluindo, assim, o seu voto pelo deferimento da medida cautelar.

Seguindo a orientação, o Ministro Marco Aurélio, lembrando da preocupação mundial que existia, até então, acerca da preservação do planeta, trouxe o art. 225 insculpido pelo constituinte originário como parâmetro ao controle de constitucionalidade. Falando sobre, disse não crer que, em relação à Lei 9605/98 e durante o longo período pós-Carta de 1988, tenha se feito presente a relevância, e, também, "[...] o risco de manter-se com plena eficácia o quadro a ditarem a edição de uma medida provisória, quadro que, repito, afeito à preservação do meio ambiente, de um ambiente saudável, visa ao bem-estar de gerações futuras."[97]

Assim, concluía seu voto registrando inconstitucionalidades formal, por ter, o Presidente da República, ao editar a Medida Provisória em questão, feito "[...] vista grossa aos requisitos constitucionais insertos no art. 62: a relevância e a urgência [...]"[98], e a inconstitucionalidade material, uma vez que a vigência do texto esvaziaria o conteúdo do art. 225, "[...] ao viabilizar a instalação de indústrias e também atividades que deterioram o meio-ambiente, porquanto, prevê-se a feitura de um acerto com as autoridades constituídas."[99]

O Ministros Sepúlveda Pertence, ao votar, encaminhou o Relator, entendendo ser "[...] evidente que o novo sistema de repressão infrações administrativas - ou penais também - contra o meio ambiente necessitava de sistema de transição."[100] Por isso, entendia ser razoável esse termo de compromisso para os empreendimentos existentes antes da lei.

---

96 BRASIL. Supremo Tribunal Federal. **Ação Direta de Inconstitucionalidade nº 2083** - DF. Relator: Min. Moreira Alves. Brasília, DF, 3 de agosto de 2000b. p. 23.

97 Ibid., p. 26.

98 Ibid., p. 26.

99 Ibid., p. 26-27.

100 Ibid., p. 27.

Não se pode, assim, "[...] admitir que essa medida - razoável no período de transição - (...) converter em cheque em branco à administração para mediante termo de compromisso, perdoar *ad eternum* infrações mais graves."[101]

Quanto a este conjunto decisório, de novo, o voto do Ministro Marco Aurélio, ao traçar limites à edição da Medida Provisória pelo Presidente da República, sem a legislação assim querer, se apresenta como o único ativista.

Enquanto isso, o PT, caminhando à regra de fazer oposição dentro dos tribunais superiores, deu conta de suspender a Medida Provisória nº 2.006, editada pelo Presidente da República, em 14 de dezembro de 1999, que altera e acresce dispositivos à Lei nº 9.279, que regula direitos e obrigações relativos à propriedade indústria, por meio da Ação Direta de Inconstitucionalidade nº 2125.[102]

Inicialmente, o partido sustenta haver inconstitucionalidade no art. 2º da Medida Provisória, justamente, por que ela, ao incluir a contratação temporária por excepcional interesse público, conforme prevê o art. 37, IX, do texto constitucional, não apenas atende ao pressuposto da excepcionalidade, como, tampouco, se enquadra no requisito da temporariedade.[103]Isso, na leitura do partido, significa dizer existir novas hipótese de contratação "[...] sem limites numéricos pré-fixados, servidores temporários para o exercício de quaisquer atividades desempenhadas pelo INPI [...]"[104], contrariando, assim, o texto constitucional.

---

101 Ibid., p. 27

102 BRASIL. Supremo Tribunal Federal. **Ação Direta de Inconstitucionalidade nº 2125** - DF, Partido dos Trabalhadores - PT. Relator: Min. Maurício Correia. Brasília, DF, 6 de abril de 2000a. p. 1-13.

103 Ibid.

104 Id. Supremo Tribunal Federal. **Ação Direta de Inconstitucionalidade nº 2083** - DF, O Partido dos Trabalhadores – PT e o Partido Verde – PV. Relator: Min. Moreira Alves. Brasília, DF, 7 de dezembro de 1999d. p. 4.

A concessão da liminar, também se pautava no *periculum in mora*, justamente, em face da gravidade da produção dos efeitos imediatos, uma vez que a contratação temporária, no âmbito do Instituto Nacional da Propriedade Industrial (INPI), por excepcional interesse público, potencialmente, causaria danos grave ao erário.

O Supremo Tribunal Federal, em 06 de abril de 2000, por unanimidade dos votos, deferiu a liminar, suspendendo a eficácia do art. 2º da Medida Provisória.[105] Dessa forma, segundo o voto lavrado pelo Ministro Relator, Mauricio Correia, falando sobre, registrou que o "[...] comando constitucional do inciso IX do art. 37, não confere o legislador ordinário ampla liberdade para enumerar os casos suscetíveis de contratação temporária [...]"[106], reconhecendo que a "[...] norma atacada teria que ser específica, designando as atividades a serem ocupadas por contratação temporária [...], tornando letra morta a salutar disposição constitucional."[107]

O Ministro Nelson Jobim, analisando o conteúdo do dispositivo da Medida Provisória, entendia, não pela regulamentação do texto constitucional, mas, sim, pela criação de mais uma hipótese de contratação, não prevista na lei e, consequentemente, estaria "diretamente confrontada com a constituição"[108] e, em razão disso, gostaria de examinar o problema.

O Ministro Sepúlveda Pertence, em tom lacônico, registrou que, no seu entendimento, a inconstitucionalidade seria "[...] gritante, mas, como se trata de medida cautelar [...] digo que, à primeira vista, parece inconstitucional à norma [...]"[109], concedendo a suspensão cautelar da vigência do texto. Entretanto, de igual forma,

---

105 BRASIL, op. cit., p. 1-16.

106 Ibid., p. 9.

107 BRASIL. Supremo Tribunal Federal. **Ação Direta de Inconstitucionalidade nº 2125** - DF, Partido dos Trabalhadores - PT. Relator: Min. Maurício Correia. Brasília, DF, 6 de abril de 2000a. p. 9.

108 Ibid., p. 64.

109 Ibid., p. 65.

não se vislumbrou, na concessão da medida cautelar, ativismo judicial na baliza usada pela Suprema Corte brasileira para deferir a suspensão da vigência do diploma normativo.

Após a edição da Medida Provisória nº 2045-2, em 28 de julho de 2000, pelo Presidente da República, Fernando Henrique Cardoso, que buscava, em resumo, suspender temporariamente o registro de arma de fogo, ao instituir o Fundo Nacional de Segurança Pública (FNSP), o Partido Social Liberal (PSL), nos termos da ADI nº 2290, arguia a inconstitucionalidade do art. 6º e seus incisos os quais suspendia, até 31 de dezembro de 2000, o registro de arma de fogo, salvo para as forças armadas, para os órgãos de segurança pública e as empresas de segurança privada regularmente constituídas nos termos da legislação.[110]

Segundo a inicial, a suspensão cautelar da vigência da Medida Provisória nasceria por que, de plano, "[...] asseguraria às indústrias e às empresas comerciais atingidas pela norma constitucional, o pleno exercício legal de suas atividades, todas autorizadas e fiscalizadas pelos órgãos competentes da União Federal."[111]

Além disso, permanecendo vigente o art. 6º da Medida Provisória, acabaria refletindo, por via oblíqua, na venda "[...] de novas armas de uso permitido, privando os cidadãos brasileiros de seu direito líquido e certo à compra, propriedade, posse e guarda dessas armas em suas residências ou locais de trabalho."[112]

Por fim, alude-se que a edição da Medida Provisória acabou nascendo num ambiente extremamente controvertido e polêmico. Por isso, seria oportuno suspensão à vigência do diploma norma-

110 Id. Supremo Tribunal Federal. **Ação Direta de Inconstitucionalidade nº 2290** - DF, Partido Social Liberal – PSL. Relator: Min. Moreira Alves. Brasília, DF, 18 de outubro de 2000c. p. 1-15.

111 BRASIL, op. cit., p. 6.

112 BRASIL. Supremo Tribunal Federal. **Ação Direta de Inconstitucionalidade nº 2290** - DF, Partido Social Liberal – PSL. Relator: Min. Moreira Alves. Brasília, DF, 18 de outubro de 2000c. p. 14.

tivo, "[...] de cuja aplicação já resultam sérias lesões dos direitos e garantias fundamentais dos comerciantes e cidadãos que ficaram à margem da Constituição."[113]

A exordial indica que, em tese, a exposição de motivos justificaria a relevância e a urgência para a edição da norma, quando sustenta que a suspensão teria por objetivo impedir, enquanto Congresso Nacional conclua as discussões acerca da proibição de venda de arma de fogo em todo território nacional, que a violência siga se alastrando.

O partido, então, argumenta existir "[...] excesso do poder de legislar ficando evidenciada, outrossim, 'a improcedência da relevância ou urgência' enfatizada pelo Chefe do Executivo [...]"[114], uma vez que, ao assinalar não estar interferindo na tramitação da proposta de lei, evidenciaria, justamente, oposto.

À guisa de esclarecimento, relembra ter, na Câmara dos Deputados, cerca de 37 projetos sobre o tema e, inclusive, um iniciativa do próprio executivo, e, no Senado Federal, existirem outros três projetos principais, a fim de demonstrar que a "[...] polêmica em torno do assunto é nacional, indefinida, incerta e, sobretudo, não há qualquer acordo visível sobre a questão tanto na Câmara quanto no Senado Federal."[115]

Diante desta aludida interferência do Poder Executivo na tramitação dos projetos de lei, o partido sustenta haver violação ao devido processo legal, uma vez que "inexistiria relevância e urgência para a edição da norma impugnada"[116], nascendo a razão ao requerimento de suspensão, por meio da medida cautelar, da eficácia da norma até decisão final por parte da corte.

113 Ibid., p. 15.

114 Ibid., p. 7.

115 Ibid., p. 7.

116 Ibid., p. 14.

O Supremo Tribunal Federal, avalizando o pedido feito pelo Partido Social Liberal, em 18 de outubro de 2000, entendeu pela plausibilidade jurídica desenhando nesse exame sumário, pretensa ofensa ao devido processo legal em sentido material.[117]

Sob a relatoria do Ministro Moreira Alves, o voto inicial registrou que, em verdade, a edição da aludida Medida Provisória acabara por restringir, de maneira drástica, a "[...] comercialização de armas de fogo especialmente no tocante ao comércio varejista, apesar de continuar ela lícita nesse período de suspensão de registro."[118]Ele afirma, em poucos parágrafos, não "[...] haver necessidade de entrar no exame de todos os diversos dispositivos tidos, pela inicial, como violados [...]"[119], bastando, apenas, falar da ofensa ao princípio do devido processo legal em sentido material (art. 5º, LIV, da Constituição Federal de 1988).

Ainda segundo ele, seria desarrazoado "[...] a norma que, sem proibir a comercialização de fogo, que continua, portanto, lícita, praticamente inviabiliza de modo indireto e provisório o que não se quer é adequada produzir o resultado [...]"[120] e, muito menos, "[...] atende a proporcionalidade em sentido estrito."[121]

Assim, "[...] quer sob o ângulo da ocorrência do *periculum in mora* pelos danos causados a comercialização lícita dessas armas, quer sob a perspectiva da conveniência resultante da dezarraoabilidade apontada [...]"[122] acabaria por conceder da liminar requerida.

---

117 BRASIL. Supremo Tribunal Federal. **Ação Direta de Inconstitucionalidade nº 2290** - DF, Partido Social Liberal – PSL. Relator: Min. Moreira Alves. Brasília, DF, 18 de outubro de 2000c. p. 1-15.

118 Id. Supremo Tribunal Federal. **Ação Direta de Inconstitucionalidade nº 2125** - DF, Partido dos Trabalhadores - PT. Relator: Min. Maurício Correia. Brasília, DF, 6 de abril de 2000a. p. 8.

119 BRASIL., op. cit., p. 12.

120 BRASIL., op. cit., p. 12.

121 Ibid., p. 12.

122 BRASIL. op. cit., p. 13.

O Ministro Marco Aurélio, seguindo a orientação do Relator, registrou que, em razão do pais atravessar "uma quadra de delinquência maior", o criminoso não adquiriria "arma de fogo em loja de comércio, visando ao registro" e, em razão disso, destacara que o dispositivo, ao vigorar, tornaria impossível a aquisição da arma "[...] por aquele que deseja se defender e adquire legitimamente buscando, até mesmo, registro, ou seja, a identificação [...]"[123], passando, então, a deferir a liminar ao partido.

A decisão liminar, então, conforme está posta, claramente, possui a mancha do ativismo. Não só pelo fato da decisão não esposar, de maneira clara e bem definida, quais os fundamentos adotados nela. Está claro, acima de tudo, o déficit argumentativo nos dois votos que acabaram por conceder a suspensão da liminar.

Ao poder judiciário, diferentemente, do Poder Legislativo e do Executivo, reside o dever de manter coerência e integro o ordenamento jurídico. Atuar, nesses termos, registrando o argumento para conceder a liminar no fato de que ela não seria adequada ou violaria a razoabilidade em sentido estrito, no mínimo, evidencia falta de parâmetros que acabem por dar, quem observa o conteúdo decisório, elementos para contraditá-la.

É importante destacar que, na inicial formulada pelo Partido Social Liberal, o fundamento para a violação do aludido devido processo legal estaria diretamente ligado à suposta ausência dos requisitos de relevância e urgência. Ocorre que, ao conceder a suspensão pela violação do devido processo legal, mas sem caminhar a argumentação rumo ao fundamento que sustente essa inconstitucionalidade, ao menos, se está reconhecendo indiretamente – e fora das balizas constitucionais – a premissa que autoriza a judicialização dos requisitos.

Além de grave, ela mostra, perfeitamente, como o Poder Judiciário pode invadir a esfera de outro poder. Neste caso, o Executivo.

---

123 Ibid., p. 14.

Não se trata, aqui, de vedação à interpretação judicial e, sim, exigir, no Estado Democrático de Direito, a demonstração de como juiz constitucional chegou a um resultado. É *accountability*. Trata-se, ao final e em essência, de privilegiar a responsabilidade política de cunho institucional, dando à Democracia uma decisão judicial que seja compatível a ela.

Possibilitar que o argumento de que a edição da medida provisória não parece, sob o crivo do juiz constitucional, adequando aos resultados e, consequentemente, à proporcionalidade em sentido estrito, autorizará que, no local da legalidade vigente, incorpore outras razões, que não sejam as fixadas pelo direito. Isso é voluntarismo, além de postura perigosa ao Estado Democrático de Direito.

O PT, o PC do B, PDT e PSB, questionando a Medida Provisória n 2.152-2, que criava e instalava a Câmara de Gestão da Crise de Energia Elétrica, do Conselho de Governo, passando a estabelecer diretrizes para os programas de enfrentamento da crise de energia elétrica, ajuizou Ação Direta de Inconstitucionalidade nº 2473.[124]

Em extensa peça, sustentam a inconstitucionalidade da Medida Provisória por uma série de fatores, dos quais, destaca-se justamente, o art. 5º, XXXII, da CF/88, ao registrar que nas relações existentes entre as pessoas jurídicas ou consumidores não residenciais, aplicar-se-ia o Código Civil e o Código de Processo Civil, afastando, da relação, os termos previstos pelo Código de Defesa do Consumidor.

Sustenta, também, que ao criar Câmara de gestão da Crise de Energia elétrica, acaba por violar o princípio da divisão de poderes em sentido estrito, além de afetar, por outras atribuições, o princípio da proporcionalidade.

---

124 BRASIL. Supremo Tribunal Federal. **Ação Direta de Inconstitucionalidade nº 2473** - DF, Partido dos Trabalhadores – PT, o Partido Comunista do Brasil – PC do B, Partido Democrático Trabalhista - PDT e Partido Socialista Brasileiro – PSB. Relator: Min. Neri da Silva. Brasília, DF, 13 de setembro de 2001. p. 1-123.

O Supremo Tribunal Federal, deferiu a medida cautelar suspender a eficácia do artigo 24 da medida provisória nº 2.152-2, de 1º de junho de 2001, por entender que, ao prever a obrigatoriedade de "[...] citação da União como poder concedente, e da Aneel, na qualidade agência reguladora do setor de energia elétrica como litisconsortes passivos, em todas as ações judiciais [...]"[125] violaria os termos descritos no art. 109, I, CF/88.

O Ministros Mauricio Correia e Carllos Velloso e, por último, Marco Aurélio, ao olharem para a demanda, acabam por seguir pelo entendimento provido pelo Ministro Relator, caminhando, então, por conceder a suspensão cautelar da vigência do artigo da Medida Provisória. Desse conjunto decisório, é plenamente possível indicar inexistir qualquer resquício de ativismo judicial.

No curso do governo Lula, outros cinco provimentos judiciais cautelares, nascidos em Ações Declaratórias de Inconstitucionalidade, em face de Medida Provisória editada pelo atual Presidente da República, acabaram por acontecer.

A edição da Medida Provisória nº 136, 17 de novembro de 2003, que buscava, em resumo, transformar o Conselho Administrativo de Defesa Econômica (CADE) em Autarquia, além de dispor sobre a prevenção e a repressão às infrações contra a ordem econômica foi atacada pela Ação Direta de Inconstitucionalidade nº 3068, ajuizada pelo Partido da Frente Liberal (PFL), no 27º dia do mesmo mês da edição do ato normativo impugnado[126], sustentando que o preceito normativo inserto na Medida Provisória em questão possibilitaria contratações temporárias "[...] voltadas ao exercício das competências institucionais do CADE" o que, em outras palavras, admitiria as de tipo "eventual, temporário ou excepcional."[127]

125 Ibid., p. 1-70.

126 BRASIL. Supremo Tribunal Federal. **Ação Direta de Inconstitucionalidade nº 3068** - DF, Partido da Frente Liberal - PFL. Relator: Min. Marco Aurélio. Brasília, DF, 9 de dezembro de 2003. p. 1-8.

127 Ibid., p. 3.

Com isso, sustentara violação chapada ao art. 37, IX, da Constituição Federal, o que faria, de plano, a necessidade da concessão da medida cautelar, uma vez que o *periculum in mora* estaria evidenciado após "[...] imediata autorização ao CADE de promover o processo seletivo simplificado e efetivar a respectiva contratação temporária utilizando indevidamente recursos públicos [...]"[128], bem como o *fumus boni iuris* estaria presente, justamente, por contrariar, de maneira frontal, "[...] o disposto no art. 37, IX da Constituição Federal, ao permitir contratação temporária de pessoal para exercícios atividades públicas de natureza permanente e ordinária."[129]

Em decisão monocrática exarada pelo Ministro Marco Aurélio, no 1º dia do mês de julho de 2004, ou seja, quase oito meses após a edição da medida, registrou haver regra clara indicando como deve ser feito a investidura em cargo público.[130]

Diante disso, entendeu ser indispensável a arregimentação do seu pessoal observando "[...] os parâmetros do concurso público de provas ou de provas e títulos, ante a natureza ou a complexidade do cargo ou emprego, ressalvadas apenas as nomeações para cargo em comissão declarado em lei de livre nomeação."[131]

Quanto a isso, defluiu, o Ministro, ser sintomático que "[...] existindo o CADE há tantos anos, tenha-se lançado mão de medida provisória, buscando-se, com isso, viabilizar contratação temporária."[132] Tendo como referência o artigo 37, inciso IX, da Constituição

128 Ibid., p. 6.

129 Ibid., p. 7.

130 BRASIL. Supremo Tribunal Federal. **Ação Direta de Inconstitucionalidade nº 3068** - DF, Partido da Frente Liberal - PFL. Relator: Min. Marco Aurélio, Decisão Monocrática. Brasília, DF, 1 de julho de 2004. Disponível em: <http://stf.jus.br/portal/jurisprudencia/listarJurisprudencia.asp?s1=%28ADI%24%2ESCLA%2E+E+3068%2ENUME%2E%29+NAO+S%2EPRES%2E&base=baseMonocraticas&url=http://tinyurl.com/kowhvqa>. Acesso em: 22 jan. 2019. online.

131 Ibid., online.

132 BRASIL. Supremo Tribunal Federal. **Ação Direta de Inconstitucionalidade nº 3068** - DF, Partido da Frente Liberal - PFL. Relator: Min. Marco Aurélio, Decisão Monocrática. Brasília, DF, 1 de julho de 2004. Disponível em: <http://

Federal de 1988, percebia ausência de harmonia do texto legal com o mandamento constitucional.

Assim, mesmo a lei estabelecendo casos de contratação por prazo determinado, o voto conduz a necessidade temporária de excepcional interesse público para sua ocorrência o que, em tese, não ocorria "[...] na espécie, sob pena de transmudar-se a exceção, tornando-a regra."[133]

Além desse ponto, acrescenta-se ao conflito "[...] que a contratação está prevista relativamente ao pessoal técnico 'imprescindível ao exercício de suas competências institucionais' [...]"[134], das quais destaca-se a fiscalização exercida pelo CADE e, aí, "[...] a contratação temporária vai de encontro ao disposto no artigo 247 da Carta da República."[135]

A conclusão da decisão que defere a liminar suspendendo a Medida Provisória até a decisão final da ação, se fundamenta no fato de que os que devem implementar atividade própria à competência institucional do CADE "[...] hão de ser titulares de cargos públicos, não se coadunando com a atividade a ser desenvolvida a contratação precária e efêmera."[136] Apesar do juízo monocrático, nesse caso, houve clara e objetiva demonstração do caminho percorrido pela decisão, o resultado claramente, caminha por respeitar o que manda o texto constitucional, não autorizando estar, na condução do CADE, pessoal com contrato efêmero e temporário.

O limite constitucional, além de evidenciado, foi respeitado, não sendo possível indicar qualquer tipo de atuação ativista na decisão monocrática expedida pelo Ministro Marco Aurélio.

---

stf.jus.br/portal/jurisprudencia/listarJurisprudencia.asp?s1=%28ADI%24%2ESCLA%2E+E+3068%2ENUME%2E%29+NAO+S%2EPRES%2E&base=baseMonocraticas&url=http://tinyurl.com/kowhvqa>. Acesso em: 22 jan. 2019. online.

133 Ibid., online.

134 Ibid., online.

135 Ibid., online.

136 Ibid., online.

Em 24 de março de 2005, o Presidente Lula editou, então, Medida Provisória nº 242 que, em suma, alteraria alguns dispositivos da Lei nº 8.213/1991, modificando critérios para a concessão e cálculos de benefícios.

Diante disso, o Partido da Social Democracia Brasileira (PSDB), então, ajuizou a Ação Direta de Inconstitucionalidade nº 3467 impugnando todo o texto da Medida Provisória que, segundo ele, demonstraria evidente retrocesso social.[137]

Aventando estar presente os dois requisitos autorizadores à concessão da cautelar, o partido indicou que, além da inconstitucionalidade da forma, uma vez que estariam ausentes os requisitos de relevância e urgência, haveria, também, presença da inconstitucionalidade material, justamente, por gerar no bojo do ordenamento jurídico, claro retrocesso social. Segundo sustenta, ao viger, a medida provisória acabaria por alterar "[...] critérios para a concessão e cálculos de benefícios, acarretando gravosos prejuízos à sociedade em geral."[138]

Ao receber as razões e, consequentemente, as informações anexadas ao processo, monocraticamente, o Ministro Marco Aurélio, julgando o pedido cautelar, acabou por deferir a cautelar até o julgamento final da ação[139].

Inicialmente, dissertou sobre os quesitos autorizadores da Medida Provisória. Para ele, a situação se revela como emblemática, essencialmente, "[...] a demonstrar, a mais não poder, o uso abusivo

137 BRASIL. Supremo Tribunal Federal. **Ação Direta de Inconstitucionalidade nº 3467** - DF, Partido da Social Democracia Brasileira - PSDB. Relator: Min. Marco Aurélio, Decisão Monocrática. Brasília, DF, 23 de maio de 2005. Disponível em: <http://stf.jus.br/portal/jurisprudencia/listarJurisprudencia.asp?s1=%28ADI%24%2ESCLA%2E+E+3467%2ENUME%2E%29+NAO+S%2EPRES%2E&base=baseMonocraticas&url=http://tinyurl.com/nx848xt>. Acesso em: 22 jan. 2019.

138 Ibid., online.

139 Ibid., online.

da medida provisória [...]"[140] uma vez que, buscando modificar as balizas do auxílio-doença, acabou desprezando a "[...] necessidade das alterações, antes de surtirem efeito, passarem pelo crivo dos representantes do povo - deputados federais - e dos representantes dos Estados - senadores da República [...]"[141], pouco importando "[...]a quadra deficitária da Previdência Social - que não é de hoje e que tem origem não na outorga do benefício auxílio-doença a trabalhadores que a ele tivessem jus."[142]

Informou, também, que a Medida Provisória nº 242/2005, violava o artigo 246 da Constituição Federal, bem, como, por estar ausente a submissão da medida provisória à Comissão Mista de Deputados e Senadores, conforme mandava o artigo 62 do § 9º da Constituição Federal de 1988, nasceria dever constitucional em deferir a medida liminar até a decisão final.

A guisa de esclarecimento, O Presidente do Senado Federal, no dia 20 de julho de 2005, informou à Suprema Corte que o Plenário da Casa havia rejeitado os pressupostos constitucionais de relevância e urgência da Medida Provisória nº 242/2005, gerando, na Ação Direta de Inconstitucionalidade em questão, a perda do objeto.

É importante registrar, quanto a isso, que, a suspensão cautelar produzida - monocraticamente - pelo Ministro Marco Aurélio, acima de tudo, é flagrantemente ativista. Primeiro porque o provimento nasce fora dos limites expressos e implícitos do texto constitucional.

Conforme já foi falado em tópico a parte, a Medida Provisória, frequentemente, é vista enquanto mecanismo de abuso de poder, seja pela ação do "[...] Congresso Nacional, que buscou disciplinar a Medida Provisória por meio da Emenda nº 32; seja pela Jurispru-

140 Ibid., online.

141 Ibid., online.

142 Ibid., online.

dência do Supremo Tribunal Federal, que se mostra cada vez menos tolerante com o excesso de medidas provisórias."[143]

Enquanto a alteração de matriz constitucional se dava pela aprovação da Emenda Constitucional nº 32/2001, o qual tratou de conferir maior racionalidade ao uso da medida, definindo, com clareza, quais matérias seriam vedadas ao instituto[144], estabeleceu vedação a reedição da medida provisória que, por conveniente, não fosse convertida em lei dentro do prazo constitucional[145], estabeleceu tutela mais racional ás relações jurídicas nascidas das medidas provisórias rejeitadas ou caducas[146], além da imposição de prazos inexoráveis à tramitação parlamentar da medida provisória, o "[...] que força ou a votação (aprovando, modificando ou rejeitando) ou a caducidade da decretação de urgência por decurso de prazo [...]"[147], combatendo, então, a inércia decisória do Congresso Nacional.

É importante registrar, também, que houve modificações de matriz constitucional do modo de como se vislumbraria o instituto. Objetivamente, sob a ótica jurisprudencial, prevalecia, nos idos de 2005, o entendimento de que os requisitos autorizadores da Medida Provisória seriam conceitos políticos, entregues "[...] à apreciação política do Presidente da República, que goza de larga margem de apreciação sobre a sua ocorrência."[148]

Inexistia, até então, orientação legislativa e, muito menos, decisão do Supremo Tribunal Federal, com efeito vinculante, que

---

143 AMARAL JUNIOR, José Levi Mello do. Comentário ao Art. 62. In: CANOTILHO, J. J. Gomes et al. (Coords.). **Comentários à Constituição do Brasil**. São Paulo: Saraiva: Almedina, 2013. p. 1153.

144 Observar o texto do Art. 61, §1º, da Constituição Federal de 1988.

145 É o que consta no § 3º **do art. 61** da Constituição.

146 Art. 62, §§ 3º e 11, da Constituição.

147 AMARAL JUNIOR, José Levi Mello do. Comentário ao Art. 62. In: CANOTILHO, J. J. Gomes et al. (Coords.). **Comentários à Constituição do Brasil**. São Paulo: Saraiva: Almedina, 2013. p. 1155.

148 BRANCO, Paulo Gustavo Gonet; MENDES, Gilmar Ferreira. **Curso de Direito Constitucional**. 8. ed. São Paulo: Saraiva, 2013. p. 883.

autorizasse que os requisitos de relevância e urgência, pudessem vir a ser sindicalizados.

É, nesse conjunto de fatores, que se localiza a decisão monocrática do Ministro Marco Aurélio que, à revelia das claras balizas, proferiu voto incutindo, no sentido do texto, norma - até então - distante do que quis fazer o Constituinte.

Evidencia-se, assim, a presença do ativismo judicial, fator este que põe, apesar das claras e evidentes preocupações com o uso indiscriminado da Medida Provisória, a opinião singular do juiz constitucional acima das regras em direito admitida. Além de nocivo ao texto constitucional, é perigoso à separação dos poderes, isso porque, acaba, em essência, por autorizar a entrada do Judiciário em seara que, até então, era palco exclusivo do Poder Executivo.

O PSDB, o Partido Popular Socialista (PPS) e o Democratas (DEM), em 25 de setembro de 2007, ajuizou Ação Direta de Inconstitucionalidade nº 3964 o qual questionava à constitucionalidade da Medida Provisória nº 394, editada em 20 de setembro de 2007, que acabava por dar nova redação ao § 3º do art. 5º da Lei nº 10.826, de 22 de dezembro de 2003, dispondo, assim, sobre registro, posse e comercialização de armas de fogo e munição.[149]

Segundo consta o partido, a Medida Provisória possuía inconstitucionalidade flagrante ou chapada, justamente, por que o instrumento normativo teria sido a reedição escancarada da Medida Provisória nº 379, aquela época, já revogada. Em suas palavras, ao "reeditar, com modificações, uma medida provisória"[150], estaria a autorizar a volta "perniciosa de prática que a emenda constitucional

149 BRASIL. Supremo Tribunal Federal. **Ação Direta de Inconstitucionalidade nº 3964** - DF, O Partido da Social Democracia Brasileira – PSDB, o Partido Popular Socialista – PPS e o Democratas – DEM. Relator: Carlos Ayres Britto. Brasília, DF, 12 de dezembro de 2007. p. 1-26.

150 BRASIL. Supremo Tribunal Federal. **Ação Direta de Inconstitucionalidade nº 3964** - DF, O Partido da Social Democracia Brasileira – PSDB, o Partido Popular Socialista – PPS e o Democratas – DEM. Relator: Carlos Ayres Britto. Brasília, DF, 12 de dezembro de 2007. p. 5.

afastou"[151], evidenciando, desta forma o desvio de finalidade da edição da medida provisória, e consequente ausência dos pressupostos de relevância e urgência.

O partido, em razão da "[...] evidente e gravíssima interferência do poder executivo na própria ordem constitucional, inclusive, com forte vulneração da autonomia do Congresso Nacional"[152], entendia estar presente, diante da inconstitucionalidade que botava, no uso da medida provisória, ao contrário do que mandava o art. 62, § 10, da CF/88, o *fumus boni iures* e o *periculum in mora.*

O Supremo Tribunal Federal, em 12 de dezembro de 2007, em sua maioria, deferiu a medida cautelar a fim de suspender a eficácia da Medida Provisória em questão, nos termos do voto do Ministro Relator, Carlos Ayres Britto que, ao avaliar o pedido em questão, entende plausível a alegação de que a "[...] MP nº 394 de 20.09.2007 é mera reedição de parte da MP nº 379, de 26.06.2007. Isso por que, a mais recente, incorpora tema da mais antiga, sem aportar modificações substanciais [...]"[153] fraudando, assim, à EC nº 32/2001.

Os Ministro Cezar Peluso, Carmen Lúcia, Gilmar Mendes, Marco Aurélio e Celso de Mello, todos, alertados à possibilidade de medida provisória reeditada, à revelia do que dizia o art. 62, § 10, CF/88, teria fraudado a Constituição e, assim, passaram a caminhar, nos exatos termos do voto do Relator, a conceder a suspensão cautelar.

Na Ação Direta de Inconstitucionalidade n. 3.964-4/DF, Relator o Ministro Carlos Britto, julgada em 12-12-2007, o Supremo Tribunal Federal suspendeu a eficácia de medida provisória que reeditara outra, revogada dias antes, tudo na mesma sessão legislativa. A Corte reconheceu, no caso, ofensa ao art. 62, § 10, da Constituição

151 Ibid., p. 5.

152 Ibid., p. 12.

153 Ibid., p. 1-67.

e, justamente por isso, inexistiria ativismo por clara violação ao texto constitucional.

O PSDB, questionando a Medida Provisória nº 405, editada em 18 de dezembro de 2007, que abria crédito extraordinário, em favor da Justiça Eleitoral e de diversos órgãos do Poder Executivo, no valor global de R$ 5.455.677.660,00, ajuizou, em 12 de março de 2008, Ação Direta de Inconstitucionalidade n. 4.048-1/DF.[154]

Segundo consta o partido, a abertura de crédito extraordinário, apenas, poderia acontecer nos termos que dispõe o art. 167, § 3º, da Constituição Federal de 1988, ou seja, para atender a "[...] despesas imprevisíveis e urgentes, como decorrentes de guerra, comoção interna ou calamidade pública."[155]

Não se discutia as razões do cabimento do crédito extraordinário e, sim, o "[...] real enquadramento de um determinado crédito na categoria de 'extraordinário', a única que a Constituição de 1988 admite medida provisória [...]"[156] para, ao fim, evidenciar eventos, tão graves, como, por exemplo em caso "[...] (1) de guerra, (2) de comoção interna e de (3) calamidade pública [...]"[157], eventos, estes, que poderiam levar à decretação de Estado de Defesa ou, até mesmo, em Estado de Sítio.

Diante disso, por ter visualizado o desrespeito à regra constitucional, o que mostraria a presença do *fumus boni iures* e o *periculum in mora*, a vigência da medida provisória exigiria, do Supremo Tribunal Federal, postura enérgica a fim de suspender a vigência do instituto normativo.

---

154 BRASIL. Supremo Tribunal Federal. **Ação Direta de Inconstitucionalidade nº 4048** - DF, Partido da Social Democracia Brasileira – PSDB. Relator: Min. Gilmar Mendes. Brasília, DF, 14 de maio de 2008a. p. 1-84.

155 Id. Constituição (1988). **Constituição da República Federativa do Brasil**. Brasília: Senado Federal, 1988.

156 BRASIL., op. cit., p. 5.

157 Ibid., p. 6.

O Supremo Tribunal Federal, em 14 de maio de 2008, em sua maioria, entendeu por conceder a cautelar, nos termos do voto do Ministro Relator, Gilmar Mendes[158], suspendendo a medida provisória que abriu créditos extraordinários no valor total de, aproximadamente, de R$ 5,5 bilhões. Segundo o Relator,

> [...] o artigo 167, § 1º, ao prescrever a observância do art. 62, impõe seja a medida provisória o veículo legislativo adequado para abertura de crédito extraordinário. Nesse caso, porém, além dos requisitos de relevância urgência a Constituição exige que a abertura de crédito extraordinário seja feita apenas para atender a despesas imprevisíveis e urgentes. Sobre o que seja despesas imprevisíveis e urgentes, a própria Constituição oferece exemplos elucidativos. Segundo dicção do § 3º do art. 167, são imprevisíveis e urgentes as despesas decorrentes de (1) guerra, (2) comoção interna ou (3) calamidade pública. Assim ao mesmo tempo em que se fixar conceitos normativos de caráter aberto determinado, a Constituição oferece os parâmetros para interpretação e aplicação desses conceitos. Ao contrário do que ocorre em relação aos requisitos de relevância e urgência (art. 62), que se submetem a uma ampla margem de discricionariedade por parte do Presente da República, os requisitos em imprevisibilidade e urgência recebe densificação normativa da Constituição. Nesse sentido, os conteúdos semânticos das expressões 'guerra', 'comoção interna' e 'calamidade pública' constituem vetores para a interpretação/aplicação do art. 167, § 3º, c/c art. 62, § 1º, inciso I, alínea 'd' da Constituição.[159]

O Ministro, ainda, seguindo o seu voto, registra não ser possível negar que, em alguns casos, haveriam de existir "[...] fatos relevantes que necessitam impreterivelmente de recurso suficiente para evitar o desencadeamento de uma situação de crise."[160] Alerta,

158 Ibid., p. 1-138.

159 BRASIL. Supremo Tribunal Federal. **Ação Direta de Inconstitucionalidade nº 4048** - DF, Partido da Social Democracia Brasileira – PSDB. Relator: Min. Gilmar Mendes. Brasília, DF, 14 de maio de 2008a. p. 69.

160 Ibid., p. 70.

quanto a isso, que esses aportes financeiros teriam sua destinação "[...] à adoção de mecanismos de prevenção em relação à situação de risco previsíveis [...]"[161], ou seja, de situação de crise que, ainda, não estariam configuradas. Assim, por entender inexistir, no caso em questão, situação que autorize a abertura de crédito extraordinário, encaminharia seu voto pela concessão da medida cautelar.

A ministra Carmen Lucia, após ouvir as razões descritas pelo Ministro Relator, orientou seu voto no sentido de encaminhar o construído pelo relator, assim como fez o Ministro Carlos Ayres Britto e o Ministro Marco Aurélio que, registrava, caber "[...] ao supremo exercer a guarda da Carta quanto aos requisitos estabelecidos."[162] De igual forma, os Ministros Eros Grau e Celso de Mello acabaram por votar, a fim de suspender, então, a vigência do texto normativo.

Nesse sentido, a decisão, acima de tudo, é paradigmática, justamente, porque ela possibilita, a Suprema Corte, superar a jurisprudência por duas vezes. Primeiro, porque a decisão passa a admitir Ação Direta de Inconstitucionalidade em face de leis formais (sem a presença de generalidade e abstração), como é o caso da lei orçamentária. Em segundo lugar, o Supremo Tribunal Federal, ao decidir serem inconstitucionais as Medidas Provisórias editadas sem estarem presentes, no fato, situações imprevisíveis e urgentes às despesas, que decorressem de guerra, de comoção interna ou de calamidade pública.

Sem a presença desses requisitos, o Supremo Tribunal Federal entendeu que, qualquer crédito extraordinário aberto para si fazer frente às despesas, receberia a mancha da inconstitucionalidade e, por isso, mereceriam, da corte constitucional, força para suspender a vigência da Medida Provisória nº 405, editada em 18 de dezembro de 2007.[163]

---

161 Ibid., p. 72.

162 Ibid., p. 43.

163 Amaral Junior, falando sobre registra que "o Supremo Tribunal Federal, ao examinar os pressupostos constitucionais à edição de medidas provisórias, segue a

Os termos da ADI nº 4048, também, foram usados como parâmetro para a decisão da ADI nº 4049, ajuizada, também, pelo PSDB, que questionava a constitucionalidade da Medida Provisória nº 402, editada em 23 de novembro de 2007, que possibilitava abrir crédito extraordinário no valor de R$ 1.646.339.765,00 a diversos órgãos do Poder Executivo, pautado, essencialmente, nas mesmas razões da Ação Direta de Inconstitucionalidade supracitada.[164] O caso, assim, é idêntico.

Sob a relatoria do Ministro Carlos Ayres Britto, o Supremo Tribunal Federal, por maioria de votos, deferiu a medida cautelar suspendendo a vigência da Medida Provisória e sua totalidade, sustentando - em essência - o mesmo argumento de que não bastaria, apenas, para editar o crédito suplementar, o requisito da urgência. Seria necessário um *plus* de anormalidade, seja, ela, factual, ou, até, mesmo institucional.[165]

Nas palavras do Relator, haveria de ser necessário "[...] algo qualitativamente diverso daquele de relevância e urgência, reclamadas pelo art. 62 da Constituição Federal."[166] Repete-se, a fim de fundamentar a suspensão cautelar do dispositivo, nos termos formulados na conclusão da ADI nº 4.048 do julgado, reiterou que os créditos suplementares, em nada, tinham de imprevisíveis. À revelia do que mandava o texto constitucional, eles editavam abertura dos valores sem possuir autorização para tal e, por essa razão, votava pelo deferimento da liminar. O entendimento, na mesma linha

---

tendência jurisprudencial de importantes Tribunais Constitucionais, como, por exemplo, o espanhol [78] e o italiano [79]. Essas Cortes, recentemente, também fulminaram decretações de urgência por não observância de pressupostos constitucionais." AMARAL JUNIOR, José Levi Mello do. Comentário ao Art. 62. In: CANOTILHO, J. J. Gomes et al. (Coords.). **Comentários à Constituição do Brasil**. São Paulo: Saraiva: Almedina, 2013. p. 1154.

164 BRASIL. Supremo Tribunal Federal. **Ação Direta de Inconstitucionalidade nº 4049** - DF, Partido da Social Democracia Brasileira – PSDB. Relator: Min. Carlos Ayres Britto. Brasília, DF, 5 de novembro de 2008b. p. 1-36.

165 Ibid., p. 1-73.

166 Ibid., p. 7.

da AD nº 4048, foi seguido pelos Ministros Celso de Mello, Gilmar Mendes, Marco Aurélio e Ellen Gracie, constituindo, assim, a maioria do tribunal. Assim sendo, nenhuma das ADIs supracitadas constituíram, assim, como se ativistas fossem.

Na mesma linha das adis 4048 e 4049, a ADI nº 5513, ajuizada pelo Solidariedade (SD), também, caminhou por questionar a constitucionalidade da Medida Provisória nº 722, editada em 28 de abril de 2016, a fim de possibilitar abertura de crédito suplementar, em favor da Presidência da República, no importe de R$ 180.000.000,00. Monocraticamente, o Ministro Gilmar Mendes, citando os dois julgados, registra que, com relação à MP 722/2016, o crédito estaria dividido em:

> R$ 100.000.000,00 destinados à Presidência da República, para despesas com 'Comunicação Institucional' e com 'Publicidade de Utilidade Pública', e os R$ 80.000.000,00 restantes para o Ministério do Esporte para gastos com 'Implantação de Infraestrutura para os Jogos Olímpicos e Paralímpicos Rio 2016'.[167]

E que, tomando como base o seu conteúdo, não se vislumbraria, diante do que se disse, haver respeito ao art. 167, § 3º, CF/88, "[...] visto que não se pode afirmar que se esteja diante de despesas imprevisíveis e urgentes, como seria necessário para justificar a abertura de crédito extraordinário."[168]

Citando, mais uma vez, a decisão paradigmática da ADI nº 4048, afirma que, com relação à imprevisibilidade, "[...] vale ainda ressaltar que não basta que a despesa não tenha sido antes prevista, deve ser imprevisível [...]"[169], passando, assim, a deferir parcialmente

---

167 BRASIL. Supremo Tribunal Federal. **Ação Direta de Inconstitucionalidade nº 5513** - DF, Relator: Min. Gilmar Mendes: Brasília, DF, 30 de abril de 2016. Disponível em: <http://stf.jus.br/portal/jurisprudencia/listarJurisprudencia.asp?s1=%28ADI%24%2ESCLA%2E+E+5513%2ENUME%2E%29+NAO+S%2EPRES%2E&base=baseMonocraticas&url=http://tinyurl.com/zod4scq>. Acesso em: 22 jan. 2019. online.

168 Ibid., online.

169 Ibid., online.

a medida cautelar para suspender parcialmente a vigência da Medida Provisória, apenas na parte em que abre crédito extraordinário em favor da Presidência da República, "[...] sob as rubricas Comunicação Institucional (R$ 85.000.000,00) e Publicidade de Utilidade Pública (R$ 15.000.000,00) [...]"[170] e, consequentemente, indeferir a medida cautelar, naquilo que diz respeito ao crédito aberto em favor do Ministério do Esporte para gastos com "Implantação de Infraestrutura para os Jogos Olímpicos e Paralímpicos Rio 2016". Isso já que, segundo lembra o ministro relator, a proximidade com os Jogos Olímpicos tornaria qualificada a urgência, inexistindo, nos autos, elementos que permitam, "[...] em análise inicial, típica de providências cautelares, infirmar o caráter extraordinário do crédito, ainda que as condições para sua abertura possam ser resultado de má gestão."[171]

A decisão monocrática, como se sabe, acaba por possibilitar algo que o texto constitucional buscou não viabilizar, ao estabelecer, para o seu uso, não só a relevância e a urgência, mas, também, a necessidade da imprevisibilidade, como - e obviamente, o texto exemplifica - as que decorreriam de guerra, de comoção interna ou de calamidade pública.

É sabido, àquela época, que, no aludido ano, os Jogos Olímpicos iriam acontecer no Estado do Rio de Janeiro. Consequentemente, absolutamente previsíveis, justamente, porque estaria claro no mundo dos fatos, as datas e, até mesmo, as condições de como o evento esportivo iria ser realizado. Isso, por si só, evidencia o conteúdo ativista da decisão que, à revelia do texto constitucional, entendeu ser constitucional, editar crédito extraordinário diante de evento previsível, que foi o evento olímpico realizado na cidade do Rio de Janeiro em 2016.

---

170 BRASIL. Supremo Tribunal Federal. **Ação Direta de Inconstitucionalidade nº 5513** - DF, Relator: Min. Gilmar Mendes: Brasília, DF, 30 de abril de 2016. Disponível em: <http://stf.jus.br/portal/jurisprudencia/listarJurisprudencia.asp?s1=%28ADI%24%2ESCLA%2E+E+5513%2ENUME%2E%29+NAO+S%2EPRES%2E&base=baseMonocraticas&url=http://tinyurl.com/zod4scq>. Acesso em: 22 jan. 2019. online.

171 Ibid., online.

Assim, ao indeferir a medida cautelar, suscitando ser constitucional trecho da Medida Provisória que autoriza abertura de crédito, a fim de cobrir evento previsível em seu acontecimento, o Ministro Gilmar Mendes, susta a regra constitucional, insculpida no art. 167, §°3 da Constituição Federal, alterando, pelo voto, a baliza constitucional que deveria ser guardada pelo Supremo Tribunal Federal.

Após o *impeachment* da Presidenta Dilma, em 31 de outubro de 2016, Michel Temer, continuando a regra que precedeu seus antecessores, tornou institucionalizar o uso das Medidas Provisórias como mecanismo de conquista à governabilidade. Assim, durante o período em que governou, ações diretas de inconstitucionalidade foram decididas pelo Supremo Tribunal Federal. Todavia, apenas, em 6 ocasiões, os partidos políticos buscavam questionar a constitucionalidade das Medidas Provisórias exaradas pelo respectivo Presidente da República. Destas 6, em apenas 1 único caso, a Suprema Corte brasileira mandou suspender a vigência do texto normativo no curso do mandato do Presidente Temer.

Trata-se da Ação Direta de Inconstitucionalidade n°. 5809, ajuizada pelo PSOL, em face da Medida Provisória n° 805, editada em 30 de setembro de 2017, a fim de postergar ou cancelar aumentos remuneratórios para os exercícios subsequentes dos regime jurídicos dos servidores públicos civis da União, das autarquias e das fundações públicas federais, apontando, para essa alíquota da contribuição previdenciária dos servidores públicos, como inconstitucional.[172]

Segundo a inicial, o partido sustenta a evidente inconstitucionalidade formal, uma vez que, estaria ausente, nos requisitos necessários, "a ausência de urgência", muito menos, inexistir "im-

172 BRASIL. Supremo Tribunal Federal. **Ação Direta de Inconstitucionalidade nº 5809** - DF, Partido Socialismo e Liberdade – Psol. Relator: Min. Ricardo Lewandowski, Decisão Monocrática. Brasília, DF, 18 de dezembro de 2017. Disponível em: <http://stf.jus.br/portal/jurisprudencia/visualizarEmenta.asp?s1=000373295&base=baseMonocraticas>. Acesso em: 23 jan. 2019. p. 1-28.

previsibilidade ou contingência que reclame a edição de medida provisória", bem como a evidente inconstitucionalidade material, uma vez que a sua vigência acabaria por ofender o direito adquirido (art. 5º, XXXVI, da CR); e a irredutibilidade dos vencimentos dos ocupantes de cargos públicos (art. 37, XV, da CR), o que, em outras palavras, caracterizaria, evidente retrocesso social.

Diante disso, entendendo estar clara a evidente probabilidade do direito, o perigo de dano estaria evidenciado "[...] pelo fato óbvio de que uma medida provisória produz seus efeitos com força de lei desde o momento de sua publicação [...]"[173], sendo, assim, requerida, cautelarmente, a suspensão da eficácia da Medida Provisória nº 805/2017.

Monocraticamente, o Ministro Ricardo Lewandowski, em 18 de dezembro de 2017, decidindo a cautelar formulada pelo PSOL, entendeu em fase embrionária, estar presente os requisitos autorizadores ao deferimento parcial da medida cautelar, uma vez que ao majorar a alíquota da contribuição previdenciária dos servidores públicos, "[...] o art. 37 da MP 805, ao alterar a redação da Lei 10.887, acaba por regular a Constituição Federal, o que é vedado pelo art. 246 da Carta Maior [...]"[174], fora do período previsto pelo artigo supratranscrito.

Sustenta ele, ainda, que o uso da Medida Provisória seria instrumento disposto ao Chefe do Executivo e, por conta disso, ao adotá-las, seria um fato dato que "ele poderia fazer tudo com tais instrumentos", como é o caso da desconstituição dos "direitos adquiridos, outorgados por lei formal, por meio de um ato unilateralmente subscrito. Nem mesmo uma lei posterior de mesmo nível hierárquico poderia fazê-lo

173 Ibid., p. 26.

174 BRASIL. Supremo Tribunal Federal. **Ação Direta de Inconstitucionalidade nº 5809** - DF, Partido Socialismo e Liberdade – Psol. Relator: Min. Ricardo Lewandowski, Decisão Monocrática. Brasília, DF, 18 de dezembro de 2017. Disponível em: <http://stf.jus.br/portal/jurisprudencia/visualizarEmenta.asp?s1=000373295&base=baseMonocraticas>. Acesso em: 23 jan. 2019. online.

Assim, observando a urgência na prestação jurisdicional, conduziu seu voto, mesmo que seja de maneira cautelar, suspendendo o texto da Medida Provisória, uma vez que está, mais que evidente, que a aplicação da norma "poderá cristalizar iniquidades" e, nesse momento que se avizinham "os recessos parlamentar e judiciário, impossibilitando, portanto, a imediata análise da cautelar pelo Plenário desta Suprema Corte", impõe-se ao Poder Judiciário a função premente de "[...] resguardar direitos e prevenir a prática de ilegalidades como medida de prudência, até que o Plenário deste Supremo Tribunal possa se debruçar de maneira vertical e definitiva sobre as causas da querela."[175]

Assim, pautando na patente violação ao art. 246 da Constituição Federal de 1988, deferiria em parte a cautelar, *ad referendum* do Plenário do Supremo Tribunal Federal, suspendendo a eficácia dos arts. 1° ao 34 e 40, I e II, bem como a eficácia do art. 4°, I e II, § 3° e art. 5°, todos da Lei 10.887/2004, com a redação que lhe foi dada pela MP 805/2007.

Ressalta-se que o voto concedido pelo Ministro Ricardo Lewandowski, além de caminhar por dentro das regras do direito, se constrói em consonância com o texto constitucional, quando, comparando ao admitido pelo art. 246, observa-se que a Medida Provisória nº 805/2017 acaba por limitar o alcance da vedação aos artigos da Constituição, acabou por ser alterada, por meio de emenda promulgada entre 1° de janeiro de 1995 até a Emenda n° 32, de 2001.

Se a EC n° 41, segundo explica o Ministro, veio a ser editada em 19 de dezembro de 2003, o fez fora do lapso temporal contemplado pelo artigo legal tido por violado. A invocação da inconstitucionalidade é mais que latente. Assim, ao nosso ver, é incompreensível andar, rumo a esta medida cautelar, qualquer indicação que registre ativismo no ato de suspensão da vigência do dispositivo previsto na Medida Provisória nº 805/2017.

175 Ibid., online.

Por fim, em outubro de 2018, o povo brasileiro elegeu para ocupar a cadeira presidencial, com 57,8 milhões de votos, Jair Messias Bolsonaro. No total, 55,13% dos votos válidos, o, agora, Presidente da República, construiu sua eleição pautando-se numa agenda reformista que buscaria - em resumo - modificar o *status quo* do sistema político. Foi, com essa ideia, que Jair Bolsonaro veio a ser empossado Presidente da República.

No primeiro dia de seu governo, o Presidente da República Jair Messias Bolsonaro, ao editar a Medida Provisória nº 870/2019, alterou a organização básica dos órgãos da Presidência da República e dos Ministérios.

Quase que de maneira sequencial, o PSB, ao tomar ciência do conteúdo da aludida Medida Provisória, ajuizou a Ação Declaratória de Inconstitucionalidade nº 6.062/DF[176]. O objetivo, em suas linhas, seria de impedir "o mais profundo retrocesso no tratamento da temática indígena no país, desde a promulgação da Constituição de 88"[177].

Assim, a Medida Provisória nº 870/2017, na análise do partido, teria alterado a política demarcatória das terras indígenas, submetendo, não mais à FUNAI o dever de fazer. Agora, o licenciamento ambiental com impacto em terras indígenas passaria ao comando da Secretaria de Assuntos Fundiários do MAPA, passando a frustrar "a dimensão objetiva do direito previsto no art. 231 da Constituição - particularmente a sua faceta de direito à organização adequada"[178].

Ao final, o partido político requeria, de maneira cautelar, a suspensão da eficácia da expressão "terras indígenas" contida no

---

176 Há 4 Ações Declaratórias de Inconstitucionalidade que estão apensadas a esta. São elas: A ADI nº 6172, 6173, 6174 e 6175. Em todas, se discutia a possibilidade de reedição da MP 886 na mesma sessão legislativa.

177 BRASIL. Supremo Tribunal Federal. **Ação Direta de Inconstitucionalidade nº 6.062** - DF, Partido Socialista Brasileiro – PSB. Relator: Min. Roberto Barroso, DF, 18 de dezembro de 2017. Disponível em: < http://redir.stf.jus.br/paginadorpub/paginador.jsp?docTP=TP&docID=749064771&prcID=5623726#>. Acesso em: 23 jan. 2019. p. 1-42.

178 Fl. 9.

art. 21, inciso XIV, da Medida Provisória nº 870/2019 e, por arrastamento, a eficácia dos seguintes preceitos – ou expressões contidas em preceitos –, do Decreto nº 9.667/2019.

O Ministro Luis Roberto Barroso, ao receber a inicial, indeferiu a medida cautelar, tendo em vista que "no plano abstrato, não se vislumbra inconstitucionalidade evidente, nem perigo na demora. Porém, não se deve ignorar a força normativa dos fatos"[179].

Ao final, alertara quanto à possibilidade de, no mundo real, constatar ocorrência da violação à Constituição, "por exemplo, pela omissão na demarcação de terras indígenas, em contraste com a série histórica sob o regime constitucional de 1988 –, aí estará justificada a intervenção deste Tribunal" [180].

Ocorre que o Congresso Nacional, escrutinando a MP nº 870/2019, que transferia para o Ministério da Agricultura, Pecuária e Abastecimento ("MAPA") as competências relacionadas às terras indígenas, historicamente, vinculadas à FUNAI, especialmente ao seu processo de identificação, delimitação, demarcação e registro e demarcação, acabou rejeitando, no processo legislativo, essas modificações.

No mesmo dia da publicação da referida lei de conversão – Lei nº 13.844/2019 – o Presidente da República editou novo ato, a Medida Provisória nº 886, buscando, em suma, alterar a lei recente para repetir as mudanças que o Congresso já teria rechaçado.

Foi, aí, que o partido, evidenciando a ofensa aos princípios da separação de poderes, democracia e devido processo legislativo, passou a requer a concessão de medida cautelar para que fosse suspensa a eficácia do art. 1° da MP n° 886/2019, nas partes em que altera a

179 Online http://stf.jus.br/portal/jurisprudencia/listarJurisprudencia.asp?s1=%28ADI%24%2ESCLA%2E+E+6062%2ENUME%2E%29+NAO+S%2EPRES%2E&base=baseMonocraticas&url=http://tinyurl.com/yydpk4ll.

180 Online http://stf.jus.br/portal/jurisprudencia/listarJurisprudencia.asp?s1=%28ADI%24%2ESCLA%2E+E+6062%2ENUME%2E%29+NAO+S%2EPRES%2E&base=baseMonocraticas&url=http://tinyurl.com/yydpk4ll.

Lei n° 13.844/2019 para incluir as expressões "terras indígenas" ao seu art. 21, inciso XIV; "e das terras tradicionalmente ocupadas por indígenas" ao seu art. 21, § 2°; e "observado o disposto no inciso XIV do caput e no § 2° do art. 21" ao seu art. 37, inciso XXI, uma vez que a reedição da Medida Provisória violaria o art. 62, § 10, da CF/88.

Após a emenda da inicial, o Relator, ao deferir a cautelar, concordou com a tese que indicava a reedição da Medida Provisória na mesma sessão legislativa, hipótese, esta, vedada pelo Art. 62, § 10º, da CF/88.

Logo, a suspensão da vigência da Medida Provisória, nos termos propostos pela ADI nº 6.062/DF, como pode ser visto, foi construído dentro das regras do Estado Democrático de Direito e em harmonia com o texto constitucional, quando reconhece que a matéria lançada na nova medida provisória possuía mesmo conteúdo da Medida Provisória rejeitada, na mesma sessão legislativa, pelo Congresso Nacional, hipótese vedada pela Constituição Federal.

Desde o 1º de janeiro de 1995 à 22 de novembro de 2019, os partidos políticos, sob todos os aspectos, tenderam a questionar a constitucionalidade das Medidas Provisórias editadas pelos Presidentes da República. Diante disso, percebeu-se que, nesse largo conjunto de questionamentos, cerca de 148 decisões exaradas pela suprema corte.[181]

Desse total de decisões, destacamos existir 19 decisões liminares que, de maneira adequada, se aprontavam em deferir os pedidos

181 Esta quantidade de decisões reúnem as finais (que caminham pela improcedência, pelo não conhecimento, por não identificar, pela procedência, bem como, pela procedência em parte), decisões em recurso (como as nascidas no conhecimento, não provimento e pelo provimento em Agravo regimental, nos Embargos declaratórios, não conhecidos, os recebidos e os que foram recebidos como agravo regimental desde logo não provido, os que foram recebidos em parte, os rejeitados e os de reconsideração), as interlocutórias, liminares (que adotaram o rito do Art. 12, Lei 9.868/99, as deferidas, as Deferidas em parte, as Indeferidas, as não identificadas e as prejudicadas) e, por fim, as decisões que acabavam por sobrestar os processos.

formulados pelo Partido Político com representação no Congresso Nacional, suspendendo a vigência da Medida Provisória e, consequentemente, a agenda política do Presidente da República.

Conforme se viu nas 19 cautelares concedidas dentro das ADIs, é possível dividi-las, após análise do conteúdo de cada decisão, em 3 grupos bem distintos: i) as que não possuíam resquícios de ativismo judicial; ii) as que tinham, em seu conjunto, ao menos um voto ativista e, por fim, iii) as que eram flagrantemente ativistas.

Desse modo, enquanto as ADI n°s 2.005, 2.125, 2.473, 3.068, 3.964, 4.048, 4.049, 5.809 e 6.062, não apresentaram qualquer resquício de ativismo judicial em seus conteúdos, as ADIs n°s 1.576, 1.597, 1.664, 1.771, 1.721, 1.975 e 2083, apresentaram, ao menos, um voto ativista em seu conteúdo, e as ADIs n°s 2.290, 3.467 e 5.513, apresentaram-se como as flagrantemente ativistas e, consequente, constituídas fora das balizas do texto constitucional.

► **Gráfico 1 – Relação do nº de decisões que mandaram suspender, cautelarmente, a vigência o instituto normativo**

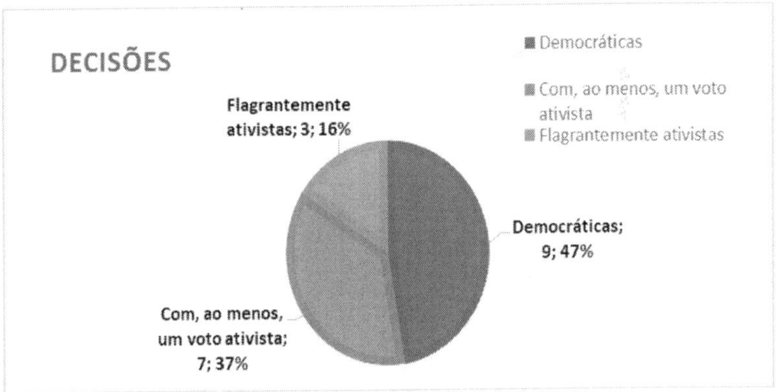

Fonte: elaborado pelo autor (2019).

Durante os oito anos do governo FHC, em onze oportunidades, os partidos políticos com representação no Congresso Nacional, atuando, claramente, como oposição, deram conta de suspender a vigência das Medidas Provisória no curso do mandato de quem as editou, conforme pode se ver abaixo:

► Tabela 3 - Relação entre Partidos da Coalizão e os que tentam, por meio da Suprema Corte, barrar a agenda política do governo[182]

	Data da Coalizão		Partidos da Coalizão	Partidos Políticos que conseguiram, por meio das ADIs em Face das MPs formuladas pelo PR, suspensão cautelar da vigência do texto normativo.
	Início	Fim		
FHC	01/01/1995	25/04/1996	PSDB, PFL, PMDB e PTB[183]	-
	26/04/1996	31/12/1998	PSDB, PFL, PMDB, PTB e PPB[184]	PL – ADI 1.576 PT, PDT e PSB – ADI 1.597 PT, PDT e PC do B – ADI 1.664 PT, PDT e PC do B – ADI 1.717 PT, PDT e PC do B – ADI 1.721
	01/01/1999	05/03/2002	PSDB, PFL, PMDB e PPB	PT, PDT e PC do B – ADI 1.975 PC do B e PSB – ADI 2.005 PT e PV – ADI 2.083 PT – ADI 2.125 PSL – ADI 2.290 PT, PC do B, PDT e PSB – ADI 2.473
	06/03/2002	31/12/2002	PSDB, PMDB e PPB[185]	-

Fonte: elaborado pelo autor (2019)

---

182 A constituição dessa tabela extrai, do Banco de Dados Legislativo – CEBRAP, a lista de coalizão majoritária ao longo dos quatro períodos do Governo de Fernando Henrique Cardoso.

183 A coalizão nasceu após a eleição presidencial e legislativa.

184 No curso do mês de abril, o PPB acaba entrando na coalizão governamental.

185 No curso do mês de março, o PFL acaba saindo da coalizão governamental.

No curso dos oito anos do governo Lula, em apenas duas oportunidades, os partidos políticos, também, na condição de oposição, deram conta, pela via do Supremo Tribunal Federal, de suspender cautelarmente a vigência da Medida Provisória, em sede de controle abstrato, no curso do mandato de quem as editou. Eis o recorte:

► Tabela 4 - Relação entre partidos da coalizão e os que tentam, por meio da Suprema Corte, barrar a agenda política dos dois governos Lula[186]

<table>
<tr><th rowspan="2"></th><th colspan="2">Data da Coalizão</th><th rowspan="2">Partidos da Coalizão</th><th rowspan="2">Partidos Políticos que conseguiram, por meio das ADIs em Face das MPs formuladas pelo PR, suspensão cautelar da vigência do texto normativo.</th></tr>
<tr><th>Início</th><th>Fim</th></tr>
<tr><td rowspan="8">LULA</td><td>01/01/2003</td><td>22/01/2004</td><td>PT, PL, PCdoB, PSB, PTB, PDT, PPS e PV.</td><td>PFL – ADI 3068</td></tr>
<tr><td>23/01/2004</td><td>31/01/2005</td><td>PT, PL, PCdoB, PSB, PTB, PPS, PV e PMDB</td><td>-</td></tr>
<tr><td>01/02/2005</td><td>19/05/2005</td><td>PT, PL, PCdoB, PSB, PTB, PV e PMDB</td><td>PSDB – ADI 3467</td></tr>
<tr><td>20/05/2005</td><td>22/07/2005</td><td>PT, PL, PCdoB, PSB, PTB e PMDB</td><td>-</td></tr>
<tr><td>23/07/2005</td><td>31/12/2006</td><td>PT, PL, PCdoB, PSB, PTB, PMDB e PP.</td><td>-</td></tr>
<tr><td>01/01/2007</td><td>01/04/2007</td><td>PT, PR, PCdoB, PSB, PTB, PMDB, PP e PRB</td><td>-</td></tr>
<tr><td>02/04/2007</td><td>27/09/2009</td><td>PT, PR, PCdoB, PSB, PTB, PMDB, PP, PDT e PRB</td><td>PSDB, PPS e DEM – ADI 3964
PSDB – ADI 4048
PSDB – ADI 4049</td></tr>
<tr><td>28/09/2009</td><td>31/12/2010</td><td>PT, PR, PCdoB, PSB, PMDB, PP, PDT e PRB</td><td>-</td></tr>
</table>

Fonte: elaborado pelo autor (2019).

186 A constituição dessa tabela extrai, do Banco de Dados Legislativo – CEBRAP, a lista de coalizão majoritária ao longo dos oito anos do governo Lula.

O ambiente, também, se repete nos quase 6 anos de governo de Dilma. conforme se vê na tabela nº 3, logo abaixo: Chama a atenção que, dos 39 provimentos jurisdicionais, apenas a ADI nº 5513 deu conta de suspender cautelarmente à vigência do texto normativo no curso do mandato presidencial de quem as editou.

▶ Tabela 5 - Relação entre partidos da coalizão e os que tentam, por meio da Suprema Corte, barrar a agenda política dos dois governos Dilma

	Data da Coalizão		Partidos da Coalizão	Partidos Políticos que conseguiram, por meio das ADIs em Face das MPs formuladas pelo PR, suspensão cautelar da vigência do texto normativo.
	Início	Fim		
DILMA	01/01/2011	01/03/2012	PT, PR, PCdoB, PSB, PMDB, PDT e PP[187]	-
	02/03/2012	02/10/2013	PT, PR, PCdoB, PSB, PMDB, PDT, PP e PRB[188]	-
	03/10/2013	31/12/2014	PT, PR, PCdoB, PMDB, PDT, PP e PRB[189]	-
	01/01/2015	18/03/2015	PT, PMDB, PCdoB, PDT, PR, PRB, PP, PROS, PSD e PTB[190]	-
	19/03/2015	16/03/2016	PT, PMDB, PCdoB, PDT, PR, PRB, PP, PSD e PTB[191]	-

187 Eleições presidencial e legislativa.

188 PRB entra.

189 PSB sai.

190 Eleições presidencial e legislativa.

191 PROS sai.

	Data da Coalizão		**Partidos da Coalizão**	**Partidos Políticos que conseguiram, por meio das ADIs em Face das MPs formuladas pelo PR, suspensão cautelar da vigência do texto normativo.**
	Início	Fim		
DILMA	17/03/2016	30/03/2016	PT, PMDB, PCdoB, PR, P, PSD e PTB[192]	-
	31/03/2016	12/04/2016	PT, PCdoB, PR, PP, PSD e PTB[193]	-
	13/04/2016	31/10/2016	PT, PCdoB, PR, PSD e PTB[194]	SD – ADI 5513

Fonte: elaborado pelo autor (2019).[192-193-194]

Também esteve, na oposição, o único provimento jurisdicional que deu conta de suspender medida provisória no curso do mandato de quem editou, como foi a ADI 5809.

▶ Tabela 6 - Relação entre partidos da coalizão e os que tentam, por meio da Suprema Corte, barrar a agenda política do governo Temer

	Data da Coalizão		**Partidos da Coalizão**	**Partidos Políticos que conseguiram, por meio das ADIs em Face das MPs formuladas pelo PR, suspensão cautelar da vigência do texto normativo**
TEMER I	01/11/2016	17/05/2017	PMDB, PPS, DEM, PSDB, PRB, PR, PSD, PTB e PP[195]	-
TEMER II	18/05/2017	31/12/2018	PMDB, DEM, PSDB, PRB, PR, PSD, PTB e PP[196]	PSOL – ADI 5809

Fonte: elaborado pelo autor (2019).[195-196]

192 PRB sai.

193 PMDB sai.

194 PP sai.

195 Impeachment de Dilma

196 PPS sai.

Em todos os 19 provimentos jurisdicionais, independente da qualidade do conteúdo de cada um deles, além do fato de terem sido conquistados pelos partidos políticos de oposição, há quatro situações que chamam bastante atenção.

Primeiro, o fato de que, em tese, o Supremo Tribunal Federal, quando questionado por partidos políticos, em sede de controle abstrato, não tende a interferir nas opções políticas do Presidente da República. Para isso, basta olhar que, durante os quase 25 anos na Democracia Presidencialista brasileira, o Supremo Tribunal Federal, em 148 vezes, teve de falar, ao ser questionado por partidos políticos com representação no Congresso Nacional, acerca de possíveis inconstitucionalidades nas Medidas Provisórias editadas pelo Presidente da República.

É, nesse conjunto de decisões, que se colheu a presença, em 19 oportunidades, de decisões cautelares que mandavam suspender a vigência do texto normativo. Ou seja, em 12,83 % dos casos, o Supremo Tribunal Federal acabou decidindo pela suspensão.

Segundo, porque, após realização de análise conteudista das 19 oportunidades que reconheciam, em alguma medida, o direito de suspensão da vigência do texto, foi, em apenas 3 delas (cerca de quase 2% do total de ADIs e 17% dos provimentos deferidos pelo STF), que a atuação judicante, na configuração defendida, acabou lesando o pacto democrático, incutindo, na qualidade do julgado, desejos diversos do que imporia o compromisso democrático (Fala-se, especificamente, das regras impostas pela legislação infra constitucional e pela Constituição Federal de 1988).

Estão nas decisões cautelares exaradas na ADI nº 2.290, ADI nº 3.467 e na ADI nº 5.513, segundo os critérios estabelecidos nesta dissertação, a caracterização de atuação ativista que, conforme já fora mencionado, estariam marcadas pelo uso de argumentos de cunho moral, ideológico, político, religioso e etc., retirando, do Direito, a força de sua autonomia. No local da lei, brotam-se as convicções pessoais de quem as julga.

Por terceiro, a porta autorizadora do Supremo Tribunal Federal, a suspensão cautelar da vigência das Medidas Provisórias, sempre, está na caracterização da presença do *periculum in mora*, que se constitui, na valoração por parte do intérprete em, não o fazendo, acabar. Isso gera dano ao direito que se busca tutelar na via principal, e do *fumus boni iuris*, que, em resumo, diz respeito a inquestionável relevância do direito, somada ao alto grau de probabilidade de êxito no pedido.

Por fim, há, ainda uma última constatação após a detida análise dos 19 julgados exarados pela Suprema Corte brasileira. Desde o primeiro julgamento pelo qual se concedia a suspensão cautelar de dispositivo da Medida Provisória, nos termos formulados pelos partidos políticos, como é o caso da ADI nº 1.576, ao último, que é a ADI nº 5.809, a Suprema Corte construiu seus passos, orientado, em essência, pela modificação do texto constitucional pela Emenda Constitucional nº 32/2001 que acabou nascendo para imprimir, além de diversos limites à edição do diploma, coerência em seu uso.

Até os idos de 2001, prevalecia a orientação de que os requisitos de relevância e urgência seriam conceitos políticos e, por isso, não era cabível orientação judicante quanto às suas razões. Contudo, com a mudança dos parâmetros promovidos pela EC nº 32/2001, o cabimento dos requisitos à edição da Medida Provisória transmudou-se e, ao invés de ser um cheque em branco aberto a qualquer tipo de escolha, a Constituição Federal de 1988 passou a oferecer diversos limites à sua produção.

Se antes, os requisitos possuíam a crença de serem conceitos políticos e, por isso, com ampla margem de liberdade para decidir, hoje, não mais. Prova, disso, está na alteração legislativa, promovida pelo Congresso Nacional, que é a EC nº 32/2001, que evidenciou limites a sua aplicação, e, também, na mudança de postura por parte do Poder Judiciário que, nos termos da ADI nº 2348[197], ao fulmi-

197 Apesar de paradigmática, a Ação Declaratória de Inconstitucionalidade nº 2.348 acaba não entrando no âmbito da pesquisa, justamente, porque tem, como

nar medida provisória em razão do não cumprimento do requisito constitucional de urgência, judicializou a questão, passando a tratar esse requisito sob um outro ângulo de visão, superando, assim, entendimento anterior.

É, nesse sentido, que se encaixam, também, os julgados cautelaras nas ADIs nº 3964 e nº 4048. Enquanto a primeira caracterizava-se como sendo a responsável por suspender a eficácia da Medida Provisória que teria, na mesma sessão legislativa, reeditado uma outra, revogada dias antes, a segunda teria suspendido a abertura de créditos extraordinários no valor global de mais de R$ 5.5 bilhões de reais, sob a escusa de que, aquelas, apesar de urgentes, não estariam abrangidas pelo requisito da imprevisão e, por isso, inconstitucionais, seriam.

Do 1º dia de janeiro de 1995 ao 22º dia do mês de novembro de 2019, conforme já se viu, A Suprema Corte brasileira teve que se posicionar, diante das inconstitucionalidades lançadas pelos partidos políticos em face de Medidas Provisórias editadas pelo Presidente da República, em 147 ocasiões. Destas tantas, em 1 oportunidades, o STF, objetivamente, interferiu na agenda política do país. Desse conjunto, em apenas 3 oportunidades, foi ativista e, à revelia do que mandava o texto constitucional, aplicou entendimento diverso, suspendendo, assim, o pacto democrático.

Diante da incapacidade da minoria em produzir resultado na seara política, há um caminho natural de, também, fazer uso dos tribunais a fim de buscar eventual direito sufragado nas urnas. A clara influência por parte do Presidencialismo de Coalizão nas matérias que a Suprema Corte, adequadamente, passa a julgar. Evidenciando, assim, a judicialização da política como um fato irreversível do constitucionalismo moderno.

legitimado, o Governador do Estado do Amazonas e, não, partido político com representação no Congresso Nacional.

Todavia, não há como apontar que, nesses 24 anos de Democracia Presidencialista brasileira, o Supremo Tribunal Federal, quando questionado por partidos políticos, atuam suspendendo as regras de direito e, consequentemente, influenciando no andar do País sob as escolhas do Presidente da República, não podendo, o mesmo, ser alocado como tribunal de repescagem às demandas perdidas pela política.

Destarte, a regra, se há de se ter alguma, é de que as demandas perdidas na política tendem a não ser modificadas pelo exercício judicante do Supremo Tribunal Federal que, o qual neste recorte, privilegia o exercício democrático, mantendo, na imensa maioria dos casos, maior respeito às balizas constitucionais e, consequentemente, ao Estado Democrático de Direito.

6

EM LINHAS MAIS DIRETAS

i) O Golpe de 64 é reflexo da postura adotado pelo Brasil como parte da guerra civil internacional que seguia sendo realizada contra a expansão do comunismo;

ii) A Crise de legitimidade aliada à violência do modo peculiar de governar do regime ditatorial fez surgir, no seio da sociedade, importante movimento social e político que buscava, não só o direito ao voto, mas, também, em reestabelecer uma nova ordem constitucional;

iii) O Governo de José Sarney, apesar da proximidade com o regime ditatorial, foi o grande responsável por marcar o voto popular nas eleições e por entregar ao país uma nova promessa de país, cristalizada na Assembleia Nacional Constituinte;

iv) A Assembleia Nacional Constituinte nasceu buscando concretizar, em seu texto, duas bases bem específicas: tinha de ser parlamentarista, porque era latente a necessidade de reequilíbrio estatal, e com farto conteúdo social;

v) A opção pelo Parlamentarismo prevaleceu, na Assembleia Nacional Constituinte, até comissão de sistematização, justamente, por ter, em sua memória, a viva lembrança do processo de esvaziamento de suas funções;

vi) A Assembleia Nacional Constituinte teria organizado, num mesmo texto constitucional, o presidencialismo, o federalismo, o bicameralismo, o multipartidarismo e a representação proporcional, passando a dar, ao sistema político, uma configuração específica que, em conjunto, acabara por produzir largo potencial desestabilizador dos fatores comportamentais dos poderes da república. Era, então, o formato de apresentação do famigerado Presidencialismo de Coalizão, marcado pela instabilidade e pelo alto risco, cuja sustentação do governo se basearia, quase que exclusivamente, no desempenho corrente da coalizão presidencial em responder rápido as demandas da sociedade que o elegeu;

vii) A arqueologia constitucional centralizou, na figura dos partidos políticos, a possibilidade de preponderação sobre um congresso que está disposto a cooperar e votar de maneira disciplinada as mais diversas vontades do Poder Executivo;

viii) Há, nas mãos do Chefe do Executivo, múltiplos instrumentos que acabam por possibilitar a consecução dos termos lançados na agenda de governo, dos quais, destaca-se a Medida Provisória, prevista no art. 62 da CF/88, que, além de inovar o ordenamento jurídico abstrata e concretamente, é capaz de centralizar a agenda política do país garantindo a execução da governabilidade;

ix) A Medida Provisória, ao garantir interferência na pauta das casas do Congresso Nacional, se mostra como o instrumento mais vistoso e estratégico do Presidente da República, o que evidência, na relação entre os poderes, a condição de maior produtor legal ao Chefe do Executivo;

x) O Presidencialismo de Coalizão acaba por tornar hegemônica a posição governamental, desagradando, de sobremaneira, a oposição que, percebendo claramente a autorização constitucional para a judicialização da política, acaba encaminhando esta tensão para dentro do Supremo Tribunal Federal;

xi) O século XX acabou gerando, para o Constitucionalismo moderno, a expansão de um surto democrático a diversos países, dos quais, destaca-se o Brasil. Além da codificação de um texto constitucional que centralizasse a base da Declaração de Direitos do Homem e do Cidadão, esse novo ambiente, percebendo a insuficiência do positivismo jurídico e do silogismo como fundamento à resolução de conflito, aproximou, um outro paradigma a fim de possibilitar maior coerência e integridade do Direito;

xii) Situando essa virada paradigmática no giro linguístico, esse novo ambiente acabava por decompor a norma em abstrato. Se antes, ela era subsumida, agora, ela passa a existir antes do caso em concreto. Cinge-se, aqui, o texto legal da norma produzida;

xiii) Transitando dessa antiga concepção autoritária, Friedrich Muller acabou construindo a Teoria Estruturante do Direito que constituiria a norma jurídica de cada caso (real ou fictício) na presença de dois requisitos: o programa e o âmbito da norma;

xiv) Enquanto o programa da norma se caracterizaria na simples prescrição juspositiva (o texto da lei e/ou da Constituição), o âmbito da norma se evidenciaria na inflexão, por parte do intérprete, na extração do sentido daquilo que o texto quer, através dos elementos não linguísticos;

xv) É importante deixar claro haver na Teoria Estruturante do Direito um claro impedimento ao intérprete, quando veda ao âmbito normativo o direito de confrontar o programa normativo e, consequentemente, o texto constitucional, que é o limite máximo;

xvi) Esse novo paradigma, informado por constituições que positivam direitos fundamentais, acabam por autorizar a quem detém prerrogativa fundacional de lê-los a expansão de sua atuação, passando, ao final, por governar a Democracia com base no Direito;

xvii) A expansão do poder judicial, convencionalmente chamada de Judicialização da Política, possui lastro em oito condições facilitadoras de sua execução: a democracia, a presença de um ordenamento baseado na separação dos poderes, o acesso universal à justiça, a presença de uma carta de direitos, o uso dos tribunais por grupos de interesse e pela oposição, a ineficácia das instâncias representativas e a certa delegação de suas funções ao Poder Judiciário;

xviii) A Judicialização da Política possibilita o deslocamento das questões, do centro do Poder Legislativo, para o plano da Justiça Constitucional;

xix) Enquanto judicializar significa tratar judicialmente questões autorizadas pelo texto constitucional, o ativismo judicial se evidenciaria por fatores de ordem comportamental que, impondo as convicções pessoais do julgador (tais como ideologias, aspectos religiosos, interesses ou objetivos pessoais), suspenderia as regras de Direito, pondo em xeque a sua autonomia;

xx) Diante das mais variadas formas de definir aquilo que seria ativismo judicial, emprestando da filosofia de Wolfgang Stegmüller, é possível apontar, ao fator comportamental, a evidente poluição semântica;

xxi) O ativismo judicial, por suplantar o caminho democrático brotada da deliberação política, sem ter lastro em nada, evidencia o quão pernicioso é para o Estado Democrático de Direito;

xxii) O ativismo judicial, normalmente, se manifesta por meio de enunciados performativos que, segundo se viu, não descrevem ou registram algo, impedindo, assim, abstrair validade em sua fundamentação;

xxiii) Há dois enunciados performativos que acabam por sustentar qualquer tipo de ativismo: a presença de suposto déficit legislativo e a razão de que o Judiciário não agiria de ofício. Em ambos casos, inexiste autorização constitucional para agir afastando os termos descritos pelas regras democráticas;

xxiv) A Judicialização da Política não pode ser um álibi à prática do ativismo;

xxv) A desinstitucionalização e, consequente, sustação da autonomia do Direito tem fundamento na equivocada recepção de três teorias estrangeiras: na jurisprudência dos valores, no realismo norte-americano e na teoria da argumentação de Robert Alexy;

xxvi) O uso equivocado do Direito, além de fazer esvair parcela considerável da liberdade constitucional, acaba por possibilitar a criação, através das arbitrariedades interpretativas, de um Estado de Exceção Hermenêutico;

xxvii) A engenharia constitucional, além de garantir aptidão à aprovação do projeto político eleito pelo povo, dá, ao Presidente da República, as rédeas da condução dos rumos da nação, desagradando, de sobremaneira, à oposição que, percebendo inexistir tantos elementos ao atravancamento dessas escolhas, tenta, não só pela via regular, que é o Congresso Nacional, mas, também, pela via da Suprema Corte brasileira, o protelamento ou o questionar do resultado, atraindo para a casa constitucional a condição de árbitro do conflito pelas demandas mal resolvidas na política;

xxviii) Desde o 1º dia de janeiro de 1995 ao 22º dia do mês de novembro de 2019, a Suprema Corte brasileira teve que se posicionar em 148 ocasiões. Destas em 19 oportunidades, o STF, objetivamente, acabou interferindo na agenda política do país sendo, em apenas 3 delas, o apontamento do ativismo judicial à revelia do que mandava o texto constitucional;

xxix) Diante da incapacidade da minoria que, quase sempre, é oposição, em produzir resultado na seara política, tem-se visível um caminho natural de se fazer uso dos tribunais a fim de acolher eventual direito sufragado nas urnas;

xxx) Há clara influência do Presidencialismo de Coalizão na Judicialização de diversos assuntos que, invariavelmente, são levados ao Supremo Tribunal Federal que, adequadamente, ao julgar, faz nascer dúvidas quanto a sua função institucional de guarda do texto constitucional;

xxxi) Nesses últimos quase 25 anos da Democracia Presidencialista brasileira, o Supremo Tribunal Federal, quando questionado por partidos políticos, ao atuar suspendendo as Medidas Provisórias e, consequentemente, influenciando na forma de como o país anda sob as escolhas do Presidente da República, não se porta como tribunal de repescagem às demandas perdidas na política;

xxxii) As demandas perdidas na política, ao menos nesse recorte, não tendem a ser modificadas pelo exercício do Supremo Tribunal Federal;

xxxiii) O Supremo Tribunal Federal, quando se vê questionado por partidos políticos em face de possíveis inconstitucionalidades das medidas provisórias editadas, tende a privilegiar o exercício democrático, mantendo, na imensa maioria das vezes, o respeito às balizas estabelecidas pelo texto constitucional.

7
CONCLUSÃO

O Golpe de 64 impôs, a toda a sociedade civil, gravíssimas violações a liberdades, e atuou banindo a atividade política e perseguindo os opositores do regime. Fator, este, que, além de produzir grave crise de legitimidade do regime ditatorial, gerou, no seio da sociedade, diversas manifestações em prol do restabelecimento da Democracia, pondo, a Assembleia Nacional Constituinte, como a mais nova unanimidade nacional.

Inicialmente ajustada na formação de um país Parlamentarista, justamente por estar viva na memória do constituinte, o processo de esvaziamento das funções legislativas do Congresso Nacional, foi, através dos debates lançados pela Emenda Lucena que se deu conta de convencer a Assembleia Nacional Constituinte de que, além de atender o clamor popular que se manifestava, nas ruas, pelo direito ao voto, o novo sistema possibilitaria o consenso parlamentar, justamente, porque entregaria, ao Congresso Nacional, o dever constitucional de controle do poder ao ter de converter – e consequentemente, escrutinar os requisitos da edição das Medidas Provisória – em lei. Estava, aí, a semente dos primeiros reflexos daquilo que viria ser, no futuro, chamado por Abranches de Presidencialismo de Coalizão.

O Presidencialismo de Coalizão, que nasce após o ajuntamento, por parte do Constituinte, no mesmo texto, "[...] o presidencialismo, o federalismo, o bicameralismo, o multipartidarismo e a representação proporcional [...]"[1], é um sistema político marcado pela instabilidade, de alto risco, cuja sustentação teria de basear, quase que exclusivamente, no desempenho corrente do governo em responder rápido as demandas da sociedade que o elegeu.

Para isso, o faz, condicionando pelos diversos instrumentos dispostos às mãos do Presidente da República, a gerar a aprovação daquilo que, em tese, teria sido eleito pelo voto popular. Destes instrumentos, destaca-se o mais importante de todos, previsto no art. 62 da Constituição Federal, que á e Medida Provisória.

A Medida Provisória, além dos diversos outros ativos eleitorais, fazendo gerar, rumo ao Congresso Nacional, um único caminho possível que é a submissão à agenda política do Poder Executivo, que força, o Congresso Nacional, a votar as bases da agenda eleita pelo povo. A conclusão que se extrai, da engenharia constitucional, está no fato de que elas não teriam sido "desenhadas para vetar, para paralisar."[2]

A hegemonia do Poder Executivo gera, na concretização das opções do Presidente da República, o encaminhamento desta tensão para dentro do Poder Judiciário que, pela autorização constitucional, passa a ter de se acostumar a responder aos diversos questionamentos lançados por diferentes partidos políticos, sobretudo os de oposição, quanto à insatisfação com o modo de governar acaba por se se apresentar.

A judicialização da política, no pós-segunda Guerra Mundial, deu, às sociedades modernas, a característica de serem um fato da vida. É comum que se abra espaço, conforme pode ser visto nas condições facilitadores a atuação do poder judiciário, justamente, pela sua função institucional de proteção ao texto constitucional.

---

1 ABRANCHES, Sérgio Henrique H. de. O presidencialismo de coalizão: o dilema institucional brasileiro. **Revista de Ciências Sociais**, Rio de Janeiro, v. 31, n. 1, p. 10, 1998.

2 LIMONGI, Fernando. A democracia no Brasil: presidencialismo, coalizão partidária e processo decisório. **Novos estudos – CEBRAP**, São Paulo, n. 76, p. 32, nov. 2006. Disponível em: <http://dx.doi.org/10.1590/S0101-33002006000300002>. Acesso em: 20 jan. 2018.

Todavia, não pode, sob escusa alguma, essa judicialização ser álibi ao ativismo judicial, que se configura quando determinada postura do intérprete acabe se constituindo na suspensão dos termos da legalidade vigente (CF + leis) para fazer prevalecer, em sua decisão, elementos de sua própria subjetividade, seja ela de viés ideológico, político, religioso etc.

Além de pernicioso ao Estado Democrático de Direito, faz criar um estado de exceção hermenêutica, marcadamente prevista por atividades arbitrárias que acabam por tratar, o manejo do Direito, sem as premissas necessárias, que é a coerência e a racionalidade jurídica.

A Democracia Presidencialista brasileira, diante da Judicialização da Política, impõe variados reflexos ao plenário do Supremo Tribunal Federal, justamente, porque, gera, diante do acúmulo de instrumentos dispostos às mãos do Presidente da República, a centralização da agenda política do País, diante do pouco poder de reação por parte da oposição política.

Assim, é um fato da vida brasileira, o convite institucional, por parte da oposição, para que o Supremo Tribunal Federal passe a se comportar como um grande árbitro do conflito, forçando, em última instância, a transformação da casa num local de repescagem das desmandas perdidas na política para, lá, tentar suspender a vigência das medidas provisórias no curso do mandato de quem as editou.

A colheita dos dados no sítio eletrônico do Supremo Tribunal Federal, desde o 1° de janeiro de 1995 a 31 de dezembro de 2018, acabou gerando resultados de cunho quantitativo e de cunho qualitativo.

Quanto a primeira, durante esses 24 anos, a atuação da Suprema Corte gerou 3.744 decisões dos mais variados tipos. Deste conjunto, quando as requisições nasciam nos partidos políticos com representação no Congresso Nacional, a fim de questionar a constitucionalidade das Medidas Provisórias, a casa teve de se manifestar em 147 oportunidades, das quais, destacam-se 19 Ações Declaratórias de Inconstitucionalidade que, em tese, teriam suspendido cautelarmente a vigência das Medidas Provisórias no curso do mandato presidencial de quem as editou.

Com relação a segunda, não há como apontar, para o Supremo Tribunal Federal, ao avalizar os pedidos de inconstitucionalidades, lançado pelos Partidos Políticos com representação no Congresso Nacional, em face de Medidas Provisórias, que o mesmo tende a ser ativista, quando suspende cautelarmente vigência do texto normativo no curso do mandado de quem as editou.

Em todos os 18 provimentos jurisdicionais, independente da qualidade do conteúdo de cada uma delas, além do fato de terem sido conquistados pelos partidos políticos de oposição, é importante registrar que o Supremo Tribunal Federal, quando questionado por partidos políticos, em sede de controle abstrato, não tende a interferir nas opções políticas do Presidente da República.

Para isso, a observação, durante os 24 anos na Democracia Presidencialista brasileira, nas 147 vezes que o Supremo teve de falar aos partidos políticos que lhes questionavam em, apenas 19 vezes (Ou seja, em quase 15%), emitiu cautelares mandando suspender a vigência do texto normativo.

Quanto a esse número, é importante dizer que, dessas 18 oportunidades que reconheciam, em alguma medida, o direito de suspensão da vigência do texto, em apenas nas ADI nº 2.290, ADI nº 3.467 e na ADI nº 5.513 (no total de 3 e cerca de 2% das ADIs totais e 12,83% destes provimentos), a atuação judicante, pautada na definição fixada neste trabalho, acabou lesando o pacto democrático, incutindo, na qualidade do julgado, estariam marcadas pelo uso de argumentos de cunho moral, ideológico, político, religioso etc., retirando, do Direito, à força de sua autonomia.

É inegociável que, a porta autorizadora do Supremo Tribunal Federal, a suspensão cautelar da vigência das Medidas Provisórias, está, sempre, na caracterização da presença de dois requisitos: o *periculum in mora*, que se constitui, na valoração por parte do intérprete em, não o fazendo, acabar gerando dano ao direito que se busca tutelar na via principal, e o *fumus boni iuris* que, em resumo, diz respeito à inquestionável relevância do direito, somada ao alto grau de probabilidade de êxito no pedido.

Ademais, há, ainda constatação de que após analisar os 18 julgados exarados pela Suprema Corte brasileira, desde o primeiro julgamento, como é o caso da ADI nº 1.576, ao último, que é a ADI nº 5.809, a Suprema Corte tendeu a construir seus passos, orientado, em essência, na forma do texto constitucional, inclusive, como após alteração da mesma pela Emenda Constitucional nº 32/2001.

Até os idos de 2001, prevalecia a orientação de que os requisitos de relevância e urgência seriam conceitos políticos e, por isso, não seria cabível orientação judicante quanto às suas razões. Todavia, com a mudança dos parâmetros promovidos pela EC nº 32/2001, o cabimento dos requisitos à edição da Medida Provisória transmudou-se e, ao invés de ser um cheque em branco aberto a qualquer tipo de escolha, a Constituição Federal de 1988 passou a oferecer diversos limites à sua produção, como está nos termos da ADI nº 2.348[3] que, ao fulminar Medida Provisória em razão do não cumprimento do requisito constitucional de urgência, judicializou a questão, passando a tratar esse requisito sob um outro ângulo de visão. Era a superação do entendimento anterior.

É, nesse sentido, que se encaixam os julgados cautelaras nas ADIs nº 3.964 e nº 4.048. Enquanto à primeira caracterizava-se como sendo a responsável por suspender a eficácia da Medida Provisória que teria, na mesma sessão legislativa, reeditado uma outra, revogada dias antes, a segunda teria suspendido a abertura de créditos extraordinários no valor global de mais de R$ 5.5 bilhões de reais, sob a escusa de que, aquelas, apesar de urgentes, não estariam abrangidas pelo requisito da imprevisão e, por isso, inconstitucionais, seriam.

Do 1º dia de janeiro de 1995 ao 21ª dia do mês de novembro 2019, conforme já se viu, a Suprema Corte brasileira teve que se posicionar, em 148 ocasiões. Destas tantas, em 19 oportunidades,

3 Apesar de paradigmática, a Ação Declaratória de Inconstitucionalidade nº 2.348 acaba não entrando no âmbito da pesquisa, justamente, por que tem, como legitimado, o Governador do Estado do Amazonas e, não, partido político com representação no Congresso Nacional.

o STF, objetivamente, interferiu na agenda política do país. Desse conjunto, em apenas 3 oportunidades, pode ser apontada como ativista e, à revelia do que mandava o texto constitucional, passou a aplicar entendimento diverso, suspendendo, assim, os termos descritos pelo Constituinte.

Diante da incapacidade da minoria em produzir resultado na seara política, há um caminho natural de, também, fazer uso dos tribunais a fim de buscar eventual direito sufragado nas urnas. Além disso, a clara influência por parte do Presidencialismo de Coalizão nas matérias que a Suprema Corte, adequadamente, passa a julgar, além de evidenciar a judicialização da política como um fato irreversível do constitucionalismo moderno, põe à prova a atuação da corte em seu dever institucional de guarda do texto.

Assim, não há como apontar que, nesses últimos 25 anos de Democracia Presidencialista brasileira, o Supremo Tribunal Federal, quando questionado por partidos políticos, passaram a atuar suspendendo as Medidas Provisórias e, consequentemente, influenciando - diretamente - - no andar do País sob as escolhas do Presidente da República. O Supremo Tribunal Federal, nesta hipótese, não se porta como tribunal de repescagem às demandas perdidas pela política.

Essas demandas, quando perdidas na política, tendem a não ser modificadas pelo exercício judicante do Supremo Tribunal Federal que, ao menos nesse recorte, privilegia o exercício democrático, mantendo, na gigantesca maioria dos casos, respeito às balizas constitucionais e, consequentemente, do Estado Democrático de Direito.

Portanto, é do Direito às respostas questionadoras do instituto que acabe possuindo a faceta jurídica. Quanto a ele, não basta, apenas, vontade de uma maioria absoluta, que é ocasional e, sim, ínsito respeito às balizas constitucionais. É do Direito, aquilo que o Direito diz ser, sendo ele o único caminho que consolida o Estado Democrático de Direito.

REFERÊNCIAS

ABBOUD, Georges. **Discricionariedade administrativa e judicial**. São Paulo: Revista dos Tribunais, 2014. E-book.

______. **Discricionariedade administrativa e judicial**: o ato administrativo e a decisão judicial. São Paulo: Revista dos Tribunais, 2014.

______. **Processo constitucional brasileiro**. 2. ed. São Paulo: Revista dos Tribunais, 2018. E-book.

______. Submissão e juristocracia. **Revista de Processo**, São Paulo, v. 258, p. 519-527, ago. 2016.

ABBOUD, Georges; NERY JR, Nelson. Ativismo Judicial como conceito natimorto para consolidação do Estado Democrático de Direito: as razões pelas quais a Justiça não pode ser medida pela vontade de alguém. In: DIDIER JR., Fredie et. al. (Org.). **Ativismo judicial e garantismo processual**. Salvador: Juspodivm, 2013.

ABRANCHES, Sérgio Henrique H. de. O presidencialismo de coalizão: o dilema institucional brasileiro. **Revista de Ciências Sociais**, Rio de Janeiro, v. 31, n. 1, p. 5-38, 1998.

AMARAL JUNIOR, José Levi Mello do. Comentário ao Art. 62. In: CANOTILHO, J. J. Gomes et al. (Coords.). **Comentários à Constituição do Brasil**. São Paulo: Saraiva: Almedina, 2013. p. 2419-2434.

AMES, Barry. **Os entraves da democracia no Brasil**. Rio de Janeiro: Fundação Getúlio Vargas. 2003.

ANDRADE, Auro Moura. Na presidência do Congresso Nacional, declara vaga a Presidência da República. In: GRANDES momentos do parlamento brasileiro. Brasília: Senado Federal, 1998. v. 1, CD 4.

ARANTES, Rogério Bastos. **Judiciário e política no Brasil**. São Paulo: Idesp; Sumaré: Fapesp; Educ, 1997.

AVELINO FILHO, George; BIDERMAN, Ciro; BUENO, Natália Salgado. **Além da ponta do iceberg**: transferências voluntárias e a política de distribuição de recursos. [S.l.: S.n.], 2015.

AVRITZER, Leonardo. **Impasses da democracia no Brasil**. Rio de Janeiro: Civilização Brasileira, 2016.

AYRES Britto ressalta derrubada da Lei de Imprensa como maior legado. **G1**, Rio de Janeiro, 15 nov. 2012. Disponível em: <http://g1.globo.com/globo-news/no-

ticia/2012/11/ministro-ressalta-derrubada-da-lei-de-imprensa-como-maior-legado.html>. Acesso em: 29 set. 2018.

BARCELOS, Guilherme. **Judicialização da política e ativismo judicial**. Florianópolis: Habitus, 2018.

BARROSO, Luís Roberto. A reconstrução democrática do Brasil. **Justiça & Cidadania**, Rio de Janeiro, 12 jul. 2011. Disponível em: <https://www.editorajc.com.br/a-reconstrucao-democratica-do-brasil/>. Acesso em: 15 set. 2018.

______. **Curso de Direito Constitucional Contemporâneo**: os conceitos fundamentais e a construção do novo modelo. São Paulo: Saraiva, 2009.

______. Judicialização, ativismo judicial e legitimidade democrática. In: COUTINHO, Jacinto N. M. et al. **Constituição e ativismo judicial**: limites e possibilidades da norma constitucional e da decisão judicial. Rio de Janeiro: Lumem Juris, 2011.

______. **O novo Direito Constitucional brasileiro**: contribuições para a construção teórica e prática da Jurisdição Constitucional no Brasil. Belo Horizonte: Editora Fórum, 2014.

______. Vinte anos da Constituição de 1988: a reconstrução democrática do Brasil. **Justitia**, São Paulo, v. 65, n. 198, p. 255-267, jan./jun. 2008. Disponível em: <http://bdjur.stj.jus.br/dspace/handle/2011/31319>. Acesso em: 15 mar. 2010.

BASTOS, Elide Rugai et al. **Conversa com sociólogos brasileiros**. São Paulo: Editora 34, 2006.

BERGAMO, Monica. STF se unirá por defesa de negros, gays mulheres e liberdade de expressão, diz Barroso. **Folha de São Paulo**, São Paulo, 30 out. 2018. Disponível em: <https://www1.folha.uol.com.br/colunas/monicabergamo/2018/10/protecao-de-direitos-fundamentais-deve-unir-correntes-distintas-do-stf.shtml>. Acesso em: 19 jan. 2019.

BERTONCELO, Edison Ricardo Emiliano. "Eu quero votar para presidente": uma análise sobre a Campanha das Diretas. **Lua Nova**, São Paulo, n. 76, p. 169-196, 2009. Disponível em: <http://dx.doi.org/10.1590/S0102-64452009000100006>. Acesso em: 18 dez. 2018.

BILLAFAN, Valéria da Costa Lima. **Atuação do legislativo frente ao presidencialismo de coalizão**. 2012. 79f. Monografia (Especialização) – Curso de Instituições e Processos Políticos do Legislativo, Câmara dos Deputados, Brasília, 2012.

BOBBIO, Norberto; MATTEUCCI, Nicola; PASQUINO, Gianfranco. **Dicionário de política**. Brasília: Editora da UnB, 2010.

BRANCO, Paulo Gustavo Gonet. Em busca de um conceito fugidio: o ativismo judicial. In: FELLET, André; GIOTTI DE PAULA, Daniel; NOVELINO, Marcelo. (Org.). **As novas faces do ativismo judicial**. Salvador: Juspodivm, 2011.

BRANCO, Paulo Gustavo Gonet; MENDES, Gilmar Ferreira. **Curso de Direito Constitucional**. 8. ed. São Paulo: Saraiva, 2013.

BRASIL. Câmara dos Deputados. **Glossário do Portal da Câmara dos Deputados**. Brasília: Câmara dos Deputados, c2006. Disponível em: <http://www2.camara.leg.br/glossario>. Acesso em: 2 set. 2006.

______. Constituição (1988). **Constituição da República Federativa do Brasil**. Brasília: Senado Federal, 1988.

______. Presidência da República. Ato Institucional nº 5. **Diário Oficial da União**: Brasília, 13 dez. 1968. Seção 1, p. 10.801.

______. Supremo Tribunal Federal. **Ação Direta de Inconstitucionalidade nº 1.576** - DF, Partido Liberal - PL. Relator: Min. Marco Aurélio. Brasília, DF, 19 de abril de 1997a.

______. Supremo Tribunal Federal. **Ação Direta de Inconstitucionalidade nº 1.597** - DF, o Partido dos Trabalhadores - PT, Partido Socialista Brasileiro - PSB e Partido Democrático Trabalhista - PDT. Relator: Min. Neri Junior. Brasília, DF, 19 de novembro de 1997b.

______. Supremo Tribunal Federal. **Ação Direta de Inconstitucionalidade nº 1.664** - DF, O Partido Democrático Trabalhista - PDT, o Partido dos Trabalhadores - PT e Partido Comunista do Brasil - PC do B. Relator: Min. Octávio Gallotti. Brasília, DF, 13 de novembro de 1997c.

______. Supremo Tribunal Federal. **Ação Direta de Inconstitucionalidade nº 1.717** - DF, Partido Democrático Trabalhista - PDT, o Partido dos Trabalhadores - PT e o Partido Comunista do Brasil - PC do B. Relator: Min. Sydney Sanches. Brasília, DF, 12 de dezembro de 1997d.

______. Supremo Tribunal Federal. **Ação Direta de Inconstitucionalidade nº 1.721** - DF, Partido dos Trabalhadores - PT, Partido Democrático Trabalhista - PDT e pelo Partido Comunista do Brasil - PC do B. Relator: Min. Ilmar Galvao. 19 de dezembro de 1997e.

______. Supremo Tribunal Federal. **Ação Direta de Inconstitucionalidade nº 1.717** - DF. Relator: Min. Sydney Sanches. Brasília, DF, 22 de setembro de 1999a.

______. Supremo Tribunal Federal. **Ação Direta de Inconstitucionalidade nº 1.975** - DF, Partido dos Trabalhadores - PT. Relator: Min. Carlos Velloso, 20 de maio de 1999b.

______. Supremo Tribunal Federal. **Ação Direta de Inconstitucionalidade nº 2.005** - DF, Partido Comunista do Brasil - PC do B e o Partido Socialista Brasileiro - PSB. Relator: Min. Neri da Silva. Brasília, DF, 26 de maio de 1999c.

______. Supremo Tribunal Federal. **Ação Direta de Inconstitucionalidade nº 2.083** - DF, O Partido dos Trabalhadores - PT e o Partido Verde - PV. Relator: Min. Moreira Alves. Brasília, DF, 7 de dezembro de 1999d.

______. Supremo Tribunal Federal. **Ação Direta de Inconstitucionalidade nº 2.125** - DF, Partido dos Trabalhadores - PT. Relator: Min. Maurício Correia. Brasília, DF, 6 de abril de 2000a.

______. Supremo Tribunal Federal. **Ação Direta de Inconstitucionalidade nº 2.083** - DF. Relator: Min. Moreira Alves. Brasília, DF, 3 de agosto de 2000b.

______. Supremo Tribunal Federal. **Ação Direta de Inconstitucionalidade nº 2.290** - DF, Partido Social Liberal - PSL. Relator: Min. Moreira Alves. Brasília, DF, 18 de outubro de 2000c.

______. Supremo Tribunal Federal. **Ação Direta de Inconstitucionalidade nº 2.473** - DF, Partido dos Trabalhadores - PT, o Partido Comunista do Brasil - PC do B, Partido Democrático Trabalhista - PDT e Partido Socialista Brasileiro - PSB. Relator: Min. Neri da Silva. Brasília, DF, 13 de setembro de 2001.

______. Supremo Tribunal Federal. **Ação Direta de Inconstitucionalidade nº 3.068** - DF, Partido da Frente Liberal - PFL. Relator: Min. Marco Aurélio. Brasília, DF, 9 de dezembro de 2003.

______. Supremo Tribunal Federal. **Ação Direta de Inconstitucionalidade nº 3.068** - DF, Partido da Frente Liberal - PFL. Relator: Min. Marco Aurélio, Decisão Monocrática. Brasília, DF, 1 de julho de 2004. Disponível em: <http://stf.jus.br/portal/jurisprudencia/listarJurisprudencia.asp?s1=%28ADI%24%2ESCLA%2E+E+3068%2ENUME%2E%29+NAO+S%2EPRES%2E&base=baseMonocraticas&url=http://tinyurl.com/kowhvqa>. Acesso em: 22 jan. 2019.

______. Supremo Tribunal Federal. **Ação Direta de Inconstitucionalidade nº 3.467** - DF, Partido da Social Democracia Brasileira - PSDB. Relator: Min. Marco Aurélio, Decisão Monocrática. Brasília, DF, 23 de maio de 2005. Disponível em: <http://stf.jus.br/portal/jurisprudencia/listarJurisprudencia.asp?s1=%28ADI%24%2ESCLA%2E+E+3467%2ENUME%2E%29+NAO+S%2EPRES%2E&base=baseMonocraticas&url=http://tinyurl.com/nx848xt>. Acesso em: 22 jan. 2019.

______. Supremo Tribunal Federal. **Ação Direta de Inconstitucionalidade nº 3.964** - DF, O Partido da Social Democracia Brasileira - PSDB, o Partido Popular Socialista - PPS e o Democratas - DEM. Relator: Carlos Ayres Britto. Brasília, DF, 12 de dezembro de 2007.

______. Supremo Tribunal Federal. **Ação Direta de Inconstitucionalidade nº 4.048** - DF, Partido da Social Democracia Brasileira - PSDB. Relator: Min. Gilmar Mendes. Brasília, DF, 14 de maio de 2008a.

______. Supremo Tribunal Federal. **Ação Direta de Inconstitucionalidade nº 4.049** - DF, Partido da Social Democracia Brasileira - PSDB. Relator: Min. Carlos Ayres Britto. Brasília, DF, 5 de novembro de 2008b.

______. Supremo Tribunal Federal. **Ação Direta de Inconstitucionalidade nº 5.513** - DF, Relator: Min. Gilmar Mendes: Brasília, DF, 30 de abril de 2016. Disponível em: <http://stf.jus.br/portal/jurisprudencia/listarJurisprudencia.asp?s1=%28ADI%24%2ESCLA%2E+E+5513%2ENUME%2E%29+NAO+S%2EPRES%2E&base=baseMonocraticas&url=http://tinyurl.com/zod4scq>. Acesso em: 22 jan. 2019.

______. Supremo Tribunal Federal. **Ação Direta de Inconstitucionalidade nº 5.809** - DF, Partido Socialismo e Liberdade - Psol. Relator: Min. Ricardo Lewandowski, Decisão Monocrática. Brasília, DF, 18 de dezembro de 2017.

Disponível em: <http://stf.jus.br/portal/jurisprudencia/visualizarEmenta.asp?s1=000373295&base=baseMonocraticas>. Acesso em: 23 jan. 2019.

BRASIL. Supremo Tribunal Federal. **Ação Direta de Inconstitucionalidade nº 6.062** – DF, Partido Socialista Brasileiro – PSB. Relator: Min. Roberto Barroso, DF, 18 de dezembro de 2017. Disponível em: < http://redir.stf.jus.br/paginadorpub/paginador.jsp?docTP=TP&docID=749064771&prcID=5623726#>. Acesso em: 24 jan. 2019. p. 1-42.

BULOS, Uadi Lammêgo. **Curso de Direito Constitucional**. 8. ed. São Paulo: Saraiva, 2014.

CABRAL, Bernardo. [Discurso]. **Diário Oficial da Assembleia Nacional Constituinte**, Brasília, p. 8745, 23 mar. 1988. Disponível em: <http://imagem.camara.gov.br/Imagem/d/pdf/211anc23mar1988.pdf#page=19>. Acesso em: 22 set. 2018.

CAMARGO, Daniela Arguilar; HERMANY, Camargo. Prefeito de coalizão: análise dos efeitos na esfera local. **Revista Direito Fundamentais & Democracia**, Curitiba, v. 22, n. 3, set./dez. 2017.

CENTRO BRASILEIRO DE ANÁLISE E PLANEJAMENTO. **Banco de Dados Legislativos do CEBRAP**. São Paulo: CEBRAP, 2018.

CITTADINO, Gisele. Judicialização da política, constitucionalismo democrático e separação de poderes. In: VIANNA, Luiz Werneck (Org.). **A democracia e os três poderes no Brasil**. Belo Horizonte: UFMG: IUPERJ, 2002.

______. **Pluralismo, direito e justiça distributiva**. 4. ed. Rio de Janeiro: Lumen Juris, 2013.

CLÉVE, Clemerson Merlin. **Direito Constitucional brasileiro**: organização do estado e dos poderes. São Paulo: Revista dos Tribunais, 2014. v. 2.

______. **Medidas provisórias**. 3. ed. São Paulo: Revista dos Tribunais, 2010.

DALLARI, Dalmo de Abreu. **Elementos de Teoria geral do Estado**. São Paulo: Saraiva, 2011.

FERRAZ JUNIOR, Tercio. O Judiciário frente à divisão dos poderes: um princípio em decadência?. **Revista USP**, São Paulo, v. 21, p. 12-21, 1994. Disponível em: <https://doi.org/10.11606/issn.2316-9036.v0i21p12-21>. Acesso em: 18 jan. 2019.

FERREIRA FILHO, Manoel Gonçalves. **Curso de Direito Constitucional**. 37. ed. São Paulo: Saraiva, 2011.

FIGUEIREDO, Argelina Cheibub. Coalizões governamentais na democracia brasileira. **Revista Primeiros Estudos**, São Paulo, v. 6. n. 3, p. 159-196, 2012.

FIGUEIREDO, Argelina Cheibub; LIMONGI, Fernando. **Executivo e legislativo na nova ordem constitucional**. 2. ed. Rio de Janeiro: Editora FGV, 2001.

______. Mudança constitucional, desempenho do Legislativo e consolidação institucional. **Revista Brasileira de Ciências Sociais**, São Paulo, v. 10, n. 29, p. 175-200, 1995.

______. Poder de agenda e políticas substantivas. In: INÁCIO, Magna; RENNÓ, Lúcio (Org.). **Legislativo brasileiro em perspectiva comparada**. Belo Horizonte: UFMG, 2009. p. 77-104.

FIGUEIREDO, Juliana Baldoni. O colégio de líderes: surgimento e evolução. **E-legis**, Brasília, n. 8, p. 6-33, 1° sem. 2012.

FRAGA, Plinio. **Tancredo Neves, o Príncipe Civil**. Rio de Janeiro: Objetiva, 2017.

FREITAS, Andréa. **O presidencialismo da coalizão**. Rio de Janeiro: Fundação Konrad Adenauer, 2016.

FRÜHLING, Cecília Hugo. Reforma judiciária e democratização na América Latina. **Revista do Serviço Público**, Brasília, v. 48, n. 1, p. 91-125, 2014.

GARAPON, Antoine. **O juiz e a democracia**: o guardião das promessas. Tradução Maria Luiza de Carvalho. Rio de Janeiro: Revan, 1999.

GASPARI, Elio. **A Ditadura envergonhada**. São Paulo: Companhia das Letras, 2002.

HOBSBAWNM, Eric. **Globalização, democracia e terrorismo**. São Paulo: Companhia das Letras, 2007.

KRUEL, General Amauri. Kruel ergue II exército contra comunismo. **Jornal do Brasil**, Rio de Janeiro, 01 abr. 1964.

LAVER, Michael; SCHOFIELD, Norman. **Multiparty government**: the politics of coalition in Europe. Ann Arbor: The University of Michigan Press, 1990.

LIMONGI, Fernando. A democracia no Brasil: presidencialismo, coalizão partidária e processo decisório. **Novos estudos – CEBRAP**, São Paulo, n. 76, p. 17-41, nov. 2006. Disponível em: <http://dx.doi.org/10.1590/S0101-33002006000300002>. Acesso em: 20 jan. 2018.

______. O poder executivo na constituição de 1988. In: OLIVEN, Ruben George; RIDENTI, Marcelo; BRANDÃO, Gildo Marçal (Orgs.). **A constituição de 1988 na vida brasileira**. São Paulo: Hucitec: ANPOCS, 2008.

LIMONGI, Fernando; FIGUEIREDO, Argelina. Bases institucionais do Presidencialismo de Coalizão. **Lua Nova: Revista de Cultura e Política**, São Paulo, n. 44, p. 81-106, 1998. Disponível em: <http://dx.doi.org/10.1590/S0102-64451998000200005>. Acesso em: 12 ago. 2018.

LUCENA, Humberto. [Discurso]. **Diário da Assembleia Nacional Constituinte**, Brasília, p. 8738, 23 mar. 1988. Disponível em: http://www2.camara.leg.br/atividade-legislativa/plenario/discursos/escrevendohistoria/Humberto-Lucena-8738.pdf. Acesso em: 22 set. 2018.

MAINWARING, Scott; PEREZ LINAN, Aníbal. Disciplina partidária: o caso da Constituinte. **Lua Nova**, São Paulo, n. 44, p. 107-136, 1998. Disponível em: <http://ref.scielo.org/5mtb3s>. Acesso em: 15 jun. 2018.

MARTINS, Ives Gandra da Silva. **Comentários à Constituição do Brasil**. 2. ed. São Paulo: Saraiva, 1995. v. 4, t. 1.

MENDES, Gilmar Ferreira et al. **Comentários à Constituição do Brasil**. São Paulo: Saraiva, 2013.

MENEZES, Andrea Christina de Souza Barcelos. **Medida provisória e principais propostas de aperfeiçoamento**: análise crítica. Brasília: [s.n.], 2007.

MIRANDA, Geralda Luiza de. A delegação aos líderes partidários na Câmara dos Deputados e no Senado Federal. **Revista de Sociologia e Política**, Curitiba, v. 18, n. 37, p. 201-225, out. 2010.

MOISÉS, José Álvaro. A corrupção afeta a qualidade da democracia? **Em Debate**, Belo Horizonte, v. 2, n. 5, p. 27-37, maio 2010.

______. **O papel do Congresso Nacional no Presidencialismo de Coalizão**. Rio de Janeiro: Konrad-Adenauer-Stiftung, 2011.

MONTEIRO, Jorge Vianna. **Como funciona o governo**: escolhas públicas na democracia representativa. Rio de Janeiro: Editora FGV, 2007.

MONTESQUIEU, C.-L. S. Barão de la Brède et de. **Do espírito das leis**. Tradução Fernando Henrique Cardoso e Leôncio Martins Rodrigues. São Paulo: Difusão Européia do Livro, 1962.

MOREIRA, Luiz. Judicialização da política no Brasil. **Le Monde Diplomatique Brasil**, São Paulo, 1 fev. 2013. Disponível em: <https://diplomatique.org.br/judicializacao-da-politica-no-brasil/>. Acesso em: 3 jun. 2013.

______. **Judicialização da política**. São Paulo: [s.n], 2012.

MUDROVITSCH, Rodrigo de Bittencourt. Poder executivo forte. **Observatório da Jurisdição Constitucional**, [S.l.], v. 1, p. 73-83, 2014.

MULLER, Friedrich. Teoria moderna e interpretado dos direitos fundamentais. Especialmente com base na teoria estruturante do direito. **Anuario Iberoamericano de Justicia Constitucional**, [s.l.], n. 7, p. 315-327, 2003.

NOGUEIRA, André Magalhães. Centrão. In: ENCICLOPÉDIA Jurídica da Centro de Pesquisa e Documentação de História Contemporânea do Brasil. [s.l.]: FGV. Disponível em: <http://www.fgv.br/cpdoc/acervo/dicionarios/verbete-tematico/centrao>. Acesso em: 4 nov. 2018.

ORGANIZAÇÃO DAS NAÇÕES UNIDAS. **Carta das Nações Unidas**, [S.l.], 1945.

PACTO Internacional dos Direitos Civis e Políticos, de 16 de dezembro de 1966. Adotado pela Resolução nº 2.200 A (XXI) da Assembleia Geral da Organização das Nações Unidas, em 16 de dezembro de 1966, vigente desde 23 de março de 1976 e ratificado pelo Brasil em 24 de janeiro de 1992. Disponível em: <http://www.rolim.com.br/2002/_pdfs/067.pdf>. Acesso em: 20 fev. 2018.

PEIXOTO, João Paulo Machado. **Presidencialismo no Brasil**. Brasília: Senado Federal, 2015.

PINTO, Júlio Roberto de Souza. Abrindo a caixa de ferramentas do Congresso Nacional. **Revista Jurídica Consulex**, [s.l.], ano 12, n. 283, 31 out. 2008.

POGREBINSCHI, Thamy. **Judicialização ou representação?** Política, Direito e democracia. São Paulo: Elsevier, 2011.

POWER, Timothy. Presidencialismo de Coalizão e o design institucional no Brasil: o que sabemos até agora? In: SATHLER, André; BRAGA, Ricardo. **Legislativo pós-1988**: reflexões e perspectivas. Brasília: Câmara dos Deputados, 2015.

RAMOS, Elival da Silva. **Ativismo judicial**: parâmetros dogmáticos. São Paulo: Saraiva, 2010.

ROCHA, Lara Bonemer Azevedo da; BARBOSA, Claudia Maria. O papel dos precedentes para o controle do ativismo judicial no contexto pós-positivista. **Revista Brasileira de Políticas Públicas**, Brasília, v. 5, n. Especial, p. 115-133, 2015.

ROSA, Lucas Faber de Almeira. Para que serve a separação de poderes? Breves considerações sobre o papel do Poder Judiciário no Presidencialismo de Coalizão. **Observatório da Jurisdição Constitucional**, ano 8, n. 1, p. 43-56, jan./jul. 2015.

ROSAVALLON, Pierre. **La contrademocracia**: la política en la era de la desconfianza. Buenos Aires: Manatial, 2007.

SADER, Emir. Constituinte, democracia e poder. In: SADER, Emir et al. **Constituinte e democracia no Brasil hoje**. São Paulo: Brasiliense, 1985.

SAMPAIO, José Adércio Leite. **A Constituição reinventada pela jurisdição constitucional**. Belo Horizonte: Editora Del Rey, 2002.

SAMPAIO, Marco Aurélio. **A medida provisória no presidencialismo brasileiro**. São Paulo: Malheiros, 2007.

SANTOS, Boaventura de Sousa. **A crítica da razão indolente**: contra o desperdício da experiência. São Paulo: Cortez, 2000.

SANTOS, Fabiano. **O poder legislativo no presidencialismo de coalizão**. Belo Horizonte: Editora UFMG, 2003.

SANTOS, Rafael Freitas dos. **Poder de agenda e participação legislativa no presidencialismo de coalizão brasileiro**. 2010. Dissertação (Mestrado em Ciência Política) - Faculdade de Filosofia, Letras e Ciências Humanas, Universidade de São Paulo, São Paulo, 2010.

SARLET, Ingo Wolfgang. **A eficácia dos direitos fundamentais**. 4. ed. Porto Alegre: Livraria do Advogado, 2015.

SARNEY derrota Ulysses e aprova o presidencialismo. **Folha de São Paulo**, São Paulo, 23 mar. 1988. Política, p. A-5. Disponível em: <https://www2.senado.leg.br/bdsf/bitstream/handle/id/123335/23%20a%2025%20de%20marco%20-%200031.pdf?sequence=1>. Acesso em: 25 set. 2018.

SCHIER, Paulo Ricardo. Presidencialismo. In: CAMPILONGO, Celso Fernandes; GONZAGA, Alvaro de Azevedo; FREIRE, André Luiz (Coords.). **Enciclopédia jurídica da PUC-SP**. São Paulo: Pontifícia Universidade Católica de São Paulo, 2017. Tomo: Direito Administrativo e Constitucional. Vidal Serrano Nunes Jr., Maurício Zockun, Carolina Zancaner Zockun, André Luiz Freire (coord. de tomo). Disponível em: <https://enciclopediajuridica.pucsp.br/verbete/38/edicao-1/presidencialismo>. Acesso em: 6 set. 2018.

SCHWARCZ, Lilia Moritz; STARLING, Heloisa Murgel. **Brasil**: uma biografia. São Paulo: Companhia das Letras, 2015.

SILVA, José Afonso da. Estrutura e funcionamento do poder legislativo. **Revista de Informação Legislativa**, Brasília, v. 47, n. 187, p. 137-154, jul./set. 2010.

______. **Poder constituinte e poder popular (estudos sobre a Constituição)**. São Paulo: Malheiros, 2000.

______. Prefácio. In: LIMA, João Alberto de Oliveira; PASSOS, Edilenice; NICOLA, João Rafael. **A gênese do texto constitucional**. Brasília: Senado Federal, 2013.

SODRÉ, Habacuque Wellington Sodré. As deficiências da atuação legislativa como fator de ativismo: hipertrofia e omissão legislativa: uma análise da sociologia jurídica sobre o caso brasileiro de ativismo judicial. **Direito Público (IOB)**, Brasília, ano 8, n. 43, p. 160-194, jan./fev. 2012.

STF será 'zagueiro' da Constituição, diz Toffoli. **Terra**, [S.l.], 19 nov. 2018. Disponível em: <https://www.terra.com.br/noticias/brasil/stf-sera-zagueiro-da--constituicao-diz-toffoli,c3574e186a565012ecdfc49be1fc7f1aufz2ux0h.html>. Acesso em: 19 jan. 2019.

STRECK, Lenio Luiz. **30 anos da CF em 30 julgamentos**: uma radiografia do STF. Rio de Janeiro: Forense, 2018.

______. As recepções teóricas inadequadas em *terrae brasilis*. **Revista de Direitos Fundamentais e Democracia**, Curitiba, v. 10, n. 10, p. 2-37, jul./dez. 2011.

______. Democracia, jurisdição constitucional e presidencialismo de coalizão. **Observatório da Jurisdição Constitucional**, Brasília, ano 6, v. 1, p. 207-222, maio 2013.

______. **Hermenêutica jurídica e(m) crise**: uma exploração hermenêutica da construção do Direito. 11. ed. Porto Alegre: Livraria do Advogado, 2014.

______. **Jurisdição constitucional e hermenêutica**: uma nova crítica do Direito. Porto Alegre: Livraria do Advogado, 1999.

______. **O que é isto**: decido conforme a minha consciência? Porto Alegre: Livraria do Advogado, 2013.

______. Os dilemas da representação política: o estado constitucional entre a democracia e o presidencialismo de coalizão. **Direito, Estado e Sociedade**, Rio de Janeiro, n. 44, p. 83-101, jan./jun. 2014.

______. **Verdade e consenso**: Constituição, hermenêutica e teorias discursivas. 4. ed. São Paulo: Saraiva, 2011.

______. **Dicionário de hermenêutica**: quarenta temas fundamentais da teoria do Direito à luz da crítica hermenêutica do Direito. Belo Horizonte: Letramento, 2017.

STRECK, Lenio Luiz; BARRETO, Vicente de Paulo; TOMAZ DE OLIVEIRA, Rafael. Ulisses e o Canto das Sereias: ativismos judiciais e o perigo da instauração de um "terceiro turno da Constituinte". **Revista de Estudos Constitucionais, Hermenêutica e Teoria do Direito (RECHTD)**, São Leopoldo, v. 1, n. 2, p. 75-83, jul./dez. 2009.

STRECK, Lenio Luiz; BARRETTO, Vicente de Paulo; OLIVEIRA, Rafael Tomaz. Normas constitucionais inconstitucionais. **Consultor Jurídico**, São Paulo, 19 jul. 2009. Disponível em: <https://www.conjur.com.br/2009-jul-19/confiar-interpretacao-constituicao-poupa-ativismo-judiciario?pagina=4>. Acesso em: 19 jan. 2019.

STRECK, Lenio Luiz; OLIVEIRA, Marcelo Andrade Cattoni de. Comentário ao artigo 64, § 1º. In: CANOTILHO, J. J. Gomes et al. (Coords.). **Comentários à Constituição do Brasil**. São Paulo: Saraiva: Almedina, 2013. p. 1.155-1.156.

______Comentário ao artigo 64. In: CANOTILHO, J. J. Gomes et al. (Coords.). **Comentários à Constituição do Brasil**. São Paulo: Saraiva: Almedina, 2018. p. 2199-2202.

TATE, C. Neal; VALLINDER, Torbjõrn. **The global expansion of judicial power**: the judicialization of politics. Nova York: New York University Press, 1995.

TAVARES, Marcelo Leonardo. Semipresidencialismo no Brasil: por que não? **Revista de informação legislativa: RIL**, v. 54, n. 215, p. 59-78, jul./set. 2017. Disponível em: <http://www12.senado.leg.br/ril/edicoes/54/215/ril_v54_n215_p59>. Acesso em: 20 jan. 2018.

TEMER, Michel. **Elementos de Direito Constitucional**. 18. ed. São Paulo: Malheiros, 2001.

TEUBNER, Günther. **El derecho como sistema autopoiético de la sociedad global**. Traducción de Manuel Cancio Meliá. Lima: ARA Editores, 2005.

TOLEDO, Caio Navarro de. 1964: o golpe contra as reformas e a democracia. **Revista Brasileira de História**, São Paulo, v. 24, n. 47, p. 13-28, 2004. Disponível em: <http://ref.scielo.org/gf64j5>. Acesso em: 8 jun. 2018.

TONELLI, Maria Luiza Quaresma. **A judicialização da política e a soberania popular**. 2013. 126 f. Tese (Doutorado) - Faculdade de Filosofia, Letras e Ciências Humanas, Departamento de Filosofia, Universidade de São Paulo, São Paulo, 2013.

TRINDADE, André Karam; OLIVEIRA, Rafael Tomaz de. O ativismo judicial na débâcle do sistema político: sobre uma hermenêutica da crise. **Revista Eletrônica do Curso de Direito da UFSM**, Santa Maria, v. 11, n. 2, p. 751-772, 2016.

______. Os impactos do ativismo judicial no sistema político: notas sobre a relação entre o Judiciário e os demais poderes em tempos de crise política. In: LEITE, George Salomão; STRECK, Lenio Luiz; NERY JR., Nelson. **Crise dos poderes da República**: judiciário, legislativo e executivo. São Paulo: Revista dos Tribunais, 2017.

VASCONCELOS, Cláudio Beserra de. Os militares e a legitimidade do regime ditatorial (1964-1968) a preservação do Legislativo. **Varia História**, Belo Horizonte, v. 29, n. 49, p. 333-358, jan./abr. 2013.

VERBICARO, Loiane Prado. **Judicialização da política, ativismo e discricionariedade judicial**. São Paulo: Lumen Juris, 2017.

______. **O protagonismo judicial e a ilegitimidade democrática da judicialização da política**. 2011. 135 f. Dissertação (Mestrado) - Universidade Federal do Pará, Centro de Ciências Jurídicas do Pará, Belém, 2011.

VIANA, Luiz Werneck et al. **A judicialização da política e das relações sociais no Brasil**. Rio de Janeiro: Renavan, 2014.

______. Dezessete anos de judicialização da política. Tempo **Social**, São Paulo, v. 19, n. 2, p. 39-85, nov. 2007. Disponível em: <http://ref.scielo.org/6qhjgx>. Acesso em: 22 jan. 2019.

VIANA, Luiz Wernek. Judicialização política. In: AVRITZER, Leonardo et al. (Org.). **Dimensões políticas da justiça**. São Paulo: Civilização Brasileira, 2013.

VIANA, Luiz Wernek; VIEIRA, Oscar Vilhena. Império da lei ou da corte? **Revista USP**, São Paulo, n. 21, p. 70-77, 1994. Disponível em: <https://doi.org/10.11606/issn.2316-9036.v0i21p70-77>. Acesso em: 23 jan. 2018.

VICTOR, Sergio Antonio Ferreira. **Presidencialismo de coalizão**: exame do atual sistema de governo brasileiro. São Paulo: Saraiva, 2015.

WOLKMER, Antonio Carlos. **Ideologia, Estado e Direito**. 4. ed. São Paulo: Revista dos Tribunais, 2001.

EDITORA
JusPODIVM
www.editorajuspodivm.com.br